A GUIDE OF NEWS ACTIVITIES FOR CORPORATE CONVERGENCE MEDIA

企业融媒体采编业务指南

国网浙江省电力有限公司课题组 ◎ 编著

GUIDE OF NEWS ACTIVITIES FOR CORPORATE CONVERGENCE MEDIA

中国电力出版社
CHINA ELECTRIC POWER PRESS

图书在版编目（CIP）数据

企业融媒体采编业务指南 / 国网浙江省电力有限公司课题组编著. —北京：中国电力出版社，2020.1

ISBN 978-7-5198-4272-7

Ⅰ . ①企… Ⅱ . ①国… Ⅲ . ①电力工业－新闻采访－指南 ②电力工业－新闻编辑－指南 Ⅳ . ① G212.1-62 ② G213-62

中国版本图书馆 CIP 数据核字（2020）第 023425 号

出版发行：中国电力出版社

地　　址：北京市东城区北京站西街 19 号（邮政编码 100005）

网　　址：http: //www.cepp.sgcc.com.cn

责任编辑：杨敏群　刘红强　高　畅（010-63412531）

责任校对：黄　蓓　常燕昆

装帧设计：赵丽媛

责任印制：钱兴根

印　　刷：三河市万龙印装有限公司

版　　次：2020 年 3 月第一版

印　　次：2020 年 3 月北京第一次印刷

开　　本：787 毫米 ×1092 毫米　16 开本

印　　张：17.75

字　　数：292 千字

定　　价：85.00 元

编写组

组　　长　余兆忠　吴常苗

副 组 长　董毓华　陆勇锋　钟丽军

编写人员　章其鹤　陈海明　徐俊钐　王　琳　张子凡　王　晓
　　　　　陈丽莎　黄　琳　张正华　李丰盈　项　丹　邓　通
　　　　　黄俊杰　朱斐白　陈　聪　洪　隽　吕丹丹

前　言

中国共产党自成立之日起就始终高度重视宣传思想工作，在革命斗争和实践马克思主义中国化的路途中，从未放弃对宣传思想工作的积极探索。党的十八大以来，以习近平总书记为核心的党中央同样对党的宣传和舆论引导工作给予高度重视，习总书记亲自主持召开了一系列重要会议并发表重要讲话，深刻系统地回答了宣传工作的方向性、全局性、战略性重大问题。2019 年 4 月 19 日，习近平总书记主持召开中央政治局会议，会上审议通过了《中国共产党宣传工作条例》（简称《条例》)。《条例》的制定和颁布，标志着我党宣传工作科学化规范化制度化建设迈上新的台阶，在党的宣传事业发展史上具有重要的里程碑意义。《条例》对宣传工作的定位作用、指导思想和根本任务进行了明晰：宣传工作是党的一项极端重要的工作，是坚持党的政治路线、加强党的政治建设、加强党的思想政治领导、巩固党的群众基础和执政基础的重要方式，是为实现党的主张和奋斗目标动员组织党员、干部和群众所进行的理论武装、舆论引导、思想教育、文化建设、文明培育等工作和活动，宣传工作是党领导人民不断夺取革命、建设、改革胜利的优良传统和政治优势。宣传工作要坚持以马克思列宁主义、毛泽东思想、邓小平理论、"三个代表"重要思想、科学发展观、习近平新时代中国特色社会主义思想为指导，牢固树立政治意识、大局意识、核心意识、看齐意识、坚定中国特色社会主义道理自信、理论自信、制度自信、文化自信，坚决拥护习近平总书记党中央的核心、全党的核心地位，坚决维护党中央权威和集中统一领导，担当举旗帜、聚民心、育新人、兴文化、展形象的使命任务，促进全体人民在理想信念、价值理念、道德观念上紧紧团结在一起，为夺取新时代中国特色社会主义伟大胜利、实现中华民族伟大复兴的中国梦提供思想保证、舆论支持、精神动力和文化条件。此外，《条例》还明确了我党宣传工作的根本任务是"一个高举""两个巩固""三个建设"，即高举中国特色社会主义伟大旗帜，巩固马克思主义在意识形态领域的指导地位，巩固全党全国人民团结奋斗的共同思想基础，建设具有强大凝聚力和引领力的社会主义意识形态，建设具有强大生命力和创造力的社会主义精神文明，建设具有强大感召力和影响力的中华文化软实力。

具体到新闻宣传工作的实践中，习近平总书记曾多次强调要把握媒体规律，重视推进融媒体宣传。在 2018 年 8 月 21—22 日的全国宣传思想工作会议上，习近平总书记指出，要做好做强马克思主义宣传教育工作，还要加强传播手段和话语方式创新，让党的创新理论"飞入寻常百姓家"，要扎实抓好县级融媒体中心建设，更好地引导群众、服务群众。2019 年 1 月 25 日，习近平总书记在主持十九届中共中央政治局第十二次集体学习发表的讲话中强调了推动媒体融合向纵深发展的重要性。他指出，推动媒体融合发展、建设全媒体成为我们面临的一项紧迫课题。要运用信息革命成果，推动媒体融合向纵深发展，做大做强主流舆论，巩固全党全国人民团结奋斗的共同思想基础，为实现"两个一百年"奋斗目标、实现中华民族伟大复兴的中国梦提供强大精神力量和舆论支持。他强调，全媒体不断发展，出现了全程媒体、全息媒体、全员媒体、全效媒体，信息无处不在、无所不及、无人不用，导致舆论生态、媒体格局、传播方式发生深刻变化，新闻舆论工作面临新的挑战。我们要因势而谋、因势而动、顺势而为，加快推动媒体融合发展，使主流媒体具有强大的传播力、引导力、影响力、公信力，形成网上网下同心圆，使全体人民在理想信念、价值信念、道德观念上紧紧团结在一起，让正能量更强劲、主旋律更高昂。

不同于党和国家主办的权威主流媒体，国有企业在做好党的宣传工作的同时，还要积极打造和传播企业的良好品牌形象，并以此彰显和展示党和国家的良好形象。品牌是企业最重要的无形资产，是企业最有价值的资源之一，是企业打造核心竞争力的关键要素之一。从国家发展层面看，品牌是国家软实力的重要构成，是国家综合竞争实力的重要体现，也是国家参与经济全球化的重要资源。从企业品牌与国家品牌的关系来看，企业品牌是国家品牌或国家形象的重要构成，企业品牌的建设情况，特别是企业品牌在国际品牌竞争中的实力与排名情况，综合体现了一个国家的经济实力和科技水平，能够给该国的国家软实力带来影响。正因为如此，近年来企业品牌建设受到广泛重视，将企业品牌建设上升到国家战略高度逐步成为共识。

早在 2014 年 5 月，习近平总书记在河南考察时强调，要"推动中国制造向中国创造转变、中国速度向中国质量转变、中国产品向中国品牌转变"。这为我国企业和行业的品牌建设，为以品牌建设推动产业结构转型升级，为中国品牌的打造都指明了方式路径和方向目标。此后，围绕如何从具体产品到企业以及产业行业等不同层级进行品牌塑造和建设，围绕如何提高中国品牌的数量和品质，不断提升品牌的价值，进而提升中国制造和中国服务整体品牌的国际影响力，成为中国企业、产业以及中国经济转型升级，积极参与经济全球化，推动"一带一路"建设等一系列工作的重要主线。2017年4月，国务院同意自2017年起将每年的5月10日设立为"中国品牌日"，标志着企业品牌发展战略上升为国家品牌战略的重要标志，包括企业品牌在内的品牌建设成为中国向世界全面展示改革开放政治、经济、文化和社会发展成果的重要载体，成为中国文化、价值观与世界进行交流的重要载体。中国品牌特别是企业产品和服务品牌成为海外公众接触和感知中国，体验中国文化魅力的重要桥梁。

当然，相较于西方发达国家的品牌建设水平和国际知名品牌的数量和质量，特别是科技创新类的品牌数量，我国的品牌建设水平、品牌核心竞争力与世界一流企业和世界主要发达国家仍有一定的差距。其中，中国企业的自身综合竞争实力整体有待提升，特别是引领类的科技创新水平等还相对落后是主要原因。另一方面，也与品牌建设重视不够，对品牌塑造特别是品牌价值的塑造重视不足，品牌传播方法和宣传手段欠缺等有一定关联。在此背景下，如何对标国际一流企业品牌进行价值塑造和品牌传播，发挥品牌传播的带动作用，将品牌战略上升成为企业的核心发展战略，加强品牌管理，重视品牌传播，提升品牌价值，全方位增强品牌核心竞争力，成为中国企业品牌建设和新闻宣传工作的重要课题。

国家电网有限公司作为关系国民经济命脉和国家能源安全的特大型国有重点骨干企业，作为全球最大的公用事业企业，根据国务院国资委的要求，正在按"三个领军""三个领先""三个典范"的标准，努力在优化配置国际电力资源、引领全球电网技术发展、具有全球能源转型发展话语权和影响力方面成为领军企业；在运营效率、经济效益、优质服务方面成为领先企业；在践行新发展理念、履行社会责任、打造全球知名品牌方面成为典范企业。与此相对应，塑造与之相匹配的"国家电网"品牌，推动公司品牌价值迈入世界品牌10强前列，也成为品牌建设的战略目标。在世界品牌实验室 (World Brand Lab) 公布的2019年《中国500最具价值品牌》排行榜中，国家电网以 4575.36 亿元的品牌价值蝉联榜首,品牌价值连续 13 年攀升。

在国家电网有限公司品牌价值持续增长的背后,核心动能是国家电网有限公司以科技创新为核心动力,对电网高科技、自主知识产权等一系列创新技术的持续重视,主要体现为专利数量、科技成果、研究能力的持续增长。在用户能够体验和感知到的品牌服务方面,国家电网有限公司"人民电业为人民"的企业宗旨早已深入人心。国家电网有限公司一直致力于为客户提供"你用电·我用心"的贴心服务,构建"环节少、时间短、造价低、服务优"的办电新模式,不断助力营商环境持续改善。在服务和参与"一带一路"倡议,进行海外发展与品牌建设方面,国家电网有限公司通过投资运营巴西、菲律宾、葡萄牙、澳大利亚、意大利、希腊和香港等国家和地区的骨干能源网,并在巴西、埃及等国家建设国家级骨干网、跨国联网、中低压配网等大型电网工程,将具有中国特色的"国家电网"品牌进行了有效的落地输出和传播,助力国家电网不断向世界一流品牌迈进。

站在新时代的历史起点,新时代国家电网有限公司新闻宣传和品牌建设目标的升级变化,以及因信息技术广泛应用、移动互联网普及所带来的舆论格局调整和媒体融合新生态的变革,都对品牌建设和新闻宣传工作提出了新的要求。

在新闻宣传的导向方面,需要深入把握新时代的历史使命,牢牢把握正确的政治方向,把握舆论引导和意识形态工作的主导权、主动权;在新闻宣传的内容方面,需要根据新时代的要求,结合企业发展战略需求,对提升企业品牌形象有传播价值的事实、事件和人物等进行深度梳理,发现和挖掘新的时代价值,寻求其与彰显时代以及"世界一流"品牌目标的核心关联;在新闻宣传的对象方面,需要根据传播环境特别是媒体融合生态变化的要求,从社会公众和用户的需求出发,改变传统的单向传播方式,通过以用户为中心的交互式传播,提升品牌与用户之间的互动和参与;在新闻宣传的渠道方式方面,需要根据社会信息传播方式、公众媒介接触与使用以及意见表达渠道的变化,整合运用包括传统主流媒体、新型传播机构、网络传播平台以及社交个人媒体等多元渠道,提升新闻宣传的到达率;在新闻宣传的覆盖区域方面,除了深耕国内传播外,还要进一步探索和深化国际传播,在国家电网有限公司业务覆盖和将要覆盖地区讲好"国网故事",传播好"国网声音",为国家电网有限公司的国际化发展赢得更多的理解和支持,为塑造世界一流"国家电网"品牌提供先导支持。

这些变化和要求，都对国家电网有限公司新闻宣传人员的综合理论素质和专业能力提出了新的要求。新闻宣传人员要不断更新理论知识，提高政治素质，掌握复合专业知识，全面、系统、规范提升相应的专业能力。正如习近平总书记在2018年全国宣传思想工作会议上对宣传干部的能力素质要求，宣传工作人员要不断掌握新知识、熟悉新领域、开拓新视野，增强本领能力，加强调查研究，不断增强脚力、眼力、脑力、笔力，努力打造一支政治过硬、本领高强、求实创新、能打胜仗的工作队伍。

为此，国网浙江省电力有限公司课题组在全面摸底调研新闻宣传和品牌建设工作以及相关工作人员状况与诉求的基础上，编写了《企业融媒体采编业务指南》，期望通过系统、科学的调查和诊断，通过系统的规划和研究，全方位提升宣传工作人员的政治理论素质和专业工作能力，并结合媒体融合生态下大数据、跨学科、超学科等发展特征，对宣传工作人员的拓展能力进行了归纳和展望，更好地适应企业新闻宣传和品牌建设工作需要，成为宣传工作人员的日常工具书。

限于编者水平，书中难免疏漏与错误，请读者批评指正。

编者

2019 年 12 月

目录
CONTENTS

第一章
新闻宣传和品牌建设工作概论

近年来，随着中国经济的健康稳步发展、中国的国际地位也在持续不断提升，"品牌"逐渐成为深化中国经济改革、赢得国内外消费者认同、改变国际公众对华认知的新支点。2015 年 5 月 8 日，中国国务院印发的《中国制造 2025》明确提出："中国速度向中国质量转变，中国产品向中国品牌转变"❶。由此可见，"品牌战略"已经上升为我国发展的重要战略之一。《中国制造 2025》强调，"加强质量品牌建设"是实现"中国制造 2025"战略目标的九大战略举措之一；要建设制造强国，必须依托中国品牌；中国品牌价值的提升有利于进一步提升中国制造的整体形象。

追本溯源，有关"品牌"的理论主要源自西方，特别是第二次世界大战后经济快速恢复和发展的美国，这些理论在中国改革开放之后大量涌进中国，并与中国的国情相融合，极大促进了中国市场经济的发展，助力了中国企业的成长，也推动了高校及科研机构展开与品牌相关的研究。到现在，品牌观念和意识已经逐渐在中国的语境中生根发芽，深刻地影响着企业和市场，甚至整个国家的发展。

与品牌研究和实践密切相关的是"传播"。由于传播实践、媒体渠道、公众认知等都是品牌塑造和发展不可或缺的因素，因此两者渐渐走近，并组合构成了"品牌传播"的研究领域。与品牌理念类似，有关"传播"的理论溯源也主要源于西方，特别是美国。传播研究在美国的出现要早于品牌研究，第二次世界大战前，美国社会学、心理学、政治学等领域的学者就已经大范围地开展了有关传播的研究，并在战后创建了"传播

---

❶ 国务院印发《中国制造 2025》[N]. 人民日报，2015, 5(20):01.

学"的学科体系。"传播"是一个很广阔的领域，涵盖了新闻、舆论、宣传、沟通、信息传递、受众等诸多方面的问题，涉及社会学、心理学、政治学、新闻学、文化研究等诸多领域。同样，品牌也跨越了很多学科，涉及营销学、管理学、广告学、传播学、文化等，是典型的跨学科或超学科研究。传播与品牌都体量巨大，组合起来似乎要容纳更大的领域。不过，今天我们提及"品牌传播"的时候，主要涉及的是有关品牌本身、品牌与企业及消费者关系的各个方面。

中国著名的营销学专家、中山大学教授卢泰宏将西方品牌研究的历史分为五个阶段：品牌阶段、品牌战略阶段、品牌资产阶段、品牌管理阶段和品牌关系阶段❶。本书对西方品牌研究脉络的梳理借鉴了他的分段理论，但是由于这五大阶段在时间和理论上重合太多，并且没有涉及近期的相关理论和实践，所以本书对"品牌"研究的梳理主要基于领域进行区分，而非根据时间分期，并将时间放宽到 2010 年之后。而对于现代"营销学之父"菲利普·科特勒（Philip Kotler）和全球知名的营销学专家凯文·凯勒（Kevin L. Keller）等集大成者的理论，多个领域都会涉及。"品牌战略"和"品牌管理"虽然在语义上有很大差别，但在具体的理论和实践层面上相互之间多有关联，菲利普·科特勒和凯文·凯勒等营销界的著名学者也从未对两者进行明确区分。为了便于区分，本书仍然借鉴了卢泰宏教授的观点进行了相对的区分，并梳理了品牌领域的相关理论（见表 1-1）。需要注意的是，品牌界定、品牌战略与管理和品牌生态三个方面都与品牌传播有着直接的关系，可以算作是其主要的领域范围，但品牌资产与品牌传播的相关性相对较弱，不过作为"品牌"研究领域中非常重要的一部分，我们仍将它视为与"品牌传播"有着重要间接关系的领域。而宣传营销、新闻宣传、宣传人才和品牌故事则是作为与品牌和企业发展密切相关的两方面进行理论和实践的补充与延伸。

表 1-1   品牌理论概述

序号	领域	时间	核心内容
1	品牌界定	20 世纪 50 年代	品牌的内涵与特性
2	品牌形象	20 世纪 50 年代	品牌塑造

---

❶ 卢泰宏，吴水龙，朱辉煌，何云 . 品牌理论里程碑探析 [J]. 外国经济与管理，2009，31(1)：32-42.

续表

序号	领域	时间	核心内容
3	品牌定位	20 世纪 70 年代	品牌在市场与消费者心中的独特位置
4	品牌体验	20 世纪 80 年代	品牌满足消费者的体验性需求
5	品牌资产	20 世纪 80 年代	品牌价值的积累与评估
6	品牌联盟	20 世纪 90 年代	品牌与品牌进行联合并共同销售
7	品牌关系	20 世纪 90 年代	品牌与消费者的各种关系
8	品牌生态	20 世纪 90 年代	品牌与企业的生存环境
9	品牌社区	21 世纪初	品牌与消费者的社区认同
10	互联网与品牌	21 世纪初	品牌与互联网带来的变革

第一节　品牌界定

　　美国著名的营销学家，被誉为现代"营销学之父"的菲利普·科特勒曾言："营销的艺术大致上也就是建立品牌的艺术"❶。英语里的"品牌（brand）"一词源于古挪威语的"brandr"，意思是"打上烙印"，这和现代英语中的"品牌"的概念有很大的相关性。第一次工业革命之后，现代企业在西方蓬勃发展起来，它们一开始主要专注于产品本身的质量、功能、价格等因素。而后，在 19 世纪逐渐开始使用特定商标、标识进行商品区分，并在报纸上打广告吸引消费者。这种营销现象的出现为品牌理念的提出和发展奠定了社会历史基础。进入 20 世纪，品牌的意识逐渐出现并发展起来。

　　学界和业界普遍认为，1950 年是品牌理念真正诞生之年。这一年，大卫·奥格威（David Ogilvy）在广告和市场营销领域首次提出了品牌的观念，这被国内外学者普遍视为开启了现代品牌的理论探索与研究的先河 ❷。品牌理念一经提出，就受到学界和业

---

❶　菲利普·科特勒.营销策略 [M].高登第，译.北京：中信出版社，2007：68.
❷　卢泰宏，吴水龙，朱辉煌，等.品牌理论里程碑探析 [J].外国经济与管理，2009，31(1)：32-42.

界的广泛关注，人们开始关注什么是品牌，以及为何需要品牌等问题。

1955 年，伯利·加德纳（Burleigh B. Gardner）和西德尼·莱维（Sidney J. Levy）在《哈佛商业评论》上发表了一篇有关品牌的论文《产品与品牌》❶。这被视为第一篇系统阐述品牌内涵和功能的文章。他们认为，产品和品牌之间有着复杂的关系，并共同与消费者产生联系，被消费者所认知及评估，直接或间接影响了消费者的观念和行为。同时，他们分析了品牌的特征，认为根据品牌具有的特征可以区分不同的产品，但更深层的意义在于它可以引起消费者不同的情感和态度。品牌的特征需要通过精心设计来构建，这样才能赢得消费者的尊重。品牌特征不仅能有别于竞争者，而且能通过消费者的联想在一定时期内将特定的内涵传递给消费者。

这种理念在当时是非常前卫的，它从功能性角度阐释了什么是"品牌"，而且深入解释了品牌如何通过区分差异性产品来影响消费者，他们的研究已经深入探讨了品牌之于消费者心理的影响作用。

品牌理念被广泛关注之后，美国营销协会（American Marketing Association，AMA）于 1960 年提出了一个相对比较全面的界定："品牌是一个名称、名词、符号、象征、设计或它们的组合，旨在标识出某一个卖方或一组卖方所销售的产品或服务，并把它们与其竞争对手的产品与服务区分开来"❷。这一定义主要包含了两方面的含义：一方面是品牌本身的表达形式或构成形式，品牌必须能够以某种形式呈现于公众面前，而且呈现或表达的形式有很多种；另一方面是其基本的功能和作用，这与加德纳和莱维的观点基本一致，也就是品牌具有区别性功能或差异性的特征，并且，品牌是能够传达意涵的，也就是能够通过意义的传递来影响消费者。这两方面的阐释既涉及了企业和产品，也涉及了消费者或社会公众。这个定义获得了学界和业界的普遍接受，对品牌研究的影响直至今日。

现代"营销学之父"菲利普·科特勒在其代表作《营销管理》中，一直坚持采用美国营销协会对品牌的基本界定。该书 1967 年发行第 1 版后，迅速风靡全球，被誉为

❶ Burleigh B. Gardner, Sidney J. Levy. The Product and the Brand [J]. *Harvard Business Review*, 1955(3-4)：33-39.
❷ 菲利普·科特勒, 凯文·莱恩·凯勒. 营销管理.15 版 [M]. 何佳讯, 等译. 上海：上海人民出版社, 2016：682.

004

营销界的"圣经"，至2016年已经发行了15版，该书已经成为营销领域里销量最高的书籍，在中国也久负盛名。科特勒对这个定义的推崇，使得这个界定获得了学界和业界的广泛认同。

不过，随着品牌研究和实践的发展，以及社会历史的变迁，围绕品牌的研究越发深入，也越发全面。众多的学者和业内专业人士看到了品牌中潜藏的各种各样的意义和作用。比如，2003年，凯文·凯勒在《品牌价值链》一文中指出，品牌的功能可以从企业和消费者两方面进行阐释：对于企业而言，品牌涉及产品价位、融资能力、市场竞争、企业利润、企业价值等；而对于消费者而言，品牌可以简化消费购买决策、成为产品质量保证、降低购买风险、促成消费者对品牌的信任和忠诚等[1]。可以说，品牌已经涉及一个企业的方方面面，企业的任何言行、任何活动、任何媒体呈现，都与其品牌密切相关。

第二节　品牌战略与管理

20世纪50年代兴起的"品牌"理念迅速在学界和业界产生了巨大的影响。企业开始关注自身的品牌问题，致力于通过品牌的塑造来提升企业的形象，赢取消费者的认同，为产品的营销提供有利的条件，以便在市场竞争中占据更加有利的地位。因此，品牌逐渐成为企业发展的重要战略考量和策略选择，影响了企业发展过程中的各种决策。与此同时，学界围绕品牌的研究也不断深入，相关的新理念和新策略不断提出，为企业的发展和品牌实践提供了重要的理论基础和支持。

"品牌"逐渐成为企业发展的重要战略，意味着它所具有的地位和影响力正不断得到增强。泰米·阿宾博拉（Temi Abimbola）认为"品牌战略（brand Strategy）"强调的是"企业与其外部环境之间根深蒂固的持续性和关联性的关系"[2]，也就是说，品牌的战略指向

[1] Keller, K L and Lehmann, D R. The brand value chain:Optimizing strategic and financial brand performance[J]. *Marketing Management*, 2003，(5/6)：26-31.
[2] Abimbola,Temi; Kocak, Akin. Brand, organization identity and reputation: SMEs as expressiveorganizations[J]. *Qualitative Market Research: An International Journal*, 2007, 10(4)：416-430.

的是如何为企业建立良好的关系、构建有利的竞争和成长环境。同时，围绕企业的这种需求进行管理架构的完善和改革。企业的发展战略和管理围绕着品牌出现了一种"品牌化（branding）"的转变，这为企业的发展提供了新的理念和路径。

在"品牌战略"领域，涉及的主要问题有企业的形象建构、企业的市场决策、企业产品与品牌的战略规划、企业在营销方面的管理等。本书梳理了这些问题具体涉及的维度，主要包括品牌形象（brand image）、品牌定位（brand positioning）、品牌体验（brand experience）、品牌联盟（brand alliance）、品牌关系（brand relationship）和品牌社区（brand community）。

一、品牌形象

"品牌形象"是品牌战略中第一个重要的研究和实践路径。20世纪50年代，大卫·奥格威在提出品牌理念的同时，也从品牌塑造的角度提出了品牌形象理论，奥格威也因此被誉为"品牌形象之父"。他认为品牌形象是指顾客对品牌的感知，是顾客对品牌的联想。他强调品牌形象的重要性，认为"每一则广告都应该看成是对品牌形象这种复杂现象在做贡献。如果你具有这种长远的眼光，许许多多日常的麻烦事都会化为乌有"，他指出95%的广告在创作时都缺乏长远的打算，有些广告年复一年，但是始终没有为企业或品牌树立一个具体的形象。他认为，广告人要替客户"以高瞻远瞩的眼光来为他们的品牌树起明确突出的个性"❶。这就是奥格威要说明的品牌形象。奥格威在《一个广告人的自白》中，为广告人提出了11条"戒律"，其中第10条就是围绕品牌形象提出的。20世纪50年代之后，品牌形象逐渐被世人熟知，并成为影响企业发展和市场营销的关键因素。

在营销学领域，与品牌形象研究相辅相成的是"CIS"理论，即企业识别系统（corporate identity system）。学界和业界普遍认为，20世纪初，德国AEG（Augemeine Elektricitts—Gesell schaft）电器公司开始有意识地为公司产品设计特定的标识，这是CIS的诞生。那个时代还没有普遍认知的品牌观念。企业为了赢得市场竞争，在产品上做足文章，贴上一个有个性的标识成为一种有趣的手段，这也为品牌理念的诞生奠定了基础。CIS理论快速发展是在第二次世界大战后，大卫·奥格威提出品牌形象论之

---

❶ 大卫·奥格威.一个广告人的自白 [M].林桦，译.北京：中信出版社，2015:114-117.

后，CIS 也逐渐深入到企业的发展战略中，可以说，品牌形象论与 CIS 携手促进了企业品牌的传播与发展。CIS 理论主要包括：理念识别（mind identity）、视觉识别（visual identity）和行为识别（behavior identity）三个方面。企业通过这三个识别系统将企业的各种信息传递给企业的内部公众和外部公众。

内部公众包括企业内部的普通员工、管理层、股东等，内部公众应该对企业的理念、视觉和行为识别有比较深入的共识和认同，同时也转换为企业识别的载体，将企业的理念、视觉和行为传达给外部公众。如此一来，企业的识别逐渐发展成为内部公众和外部公众都了解和认同的企业文化。这种企业文化以及三种识别形式对企业的品牌和市场竞争有着重要的直接或间接的影响。企业的外部公众主要是消费者、经销商、媒体、政府部门，以及其他普通公众等。企业的识别系统将为他们呈现企业的形象，良好的识别呈现有助于企业塑造良好的企业形象，增强公众对企业的认同感和信任度，最终达到增加企业销售、提升利润的目的。品牌与企业识别系统相辅相成，企业的理念需要在品牌中呈现出来，品牌的解读需要依据或呈现企业的理念；企业的视觉呈现需要企业特有的 Logo 或标识，而品牌可以直接以这种 Logo 或标识呈现；企业的行为，特别是社会行为，需要贴上品牌的标签，呈现为特定品牌的行为，而品牌也需要在社会行为中加强公众对品牌的认知和理解。

随着品牌研究的推进，品牌形象逐渐成为品牌领域里的基础性理论和实践路径，之后又有诸多学者对此进行了深入的研究和论述。比如，1987 年，亨利·阿塞尔（Henry Assael）重新界定了"品牌形象"，他认为其本质是消费者对品牌的总体感知，是依据消费者对有关品牌的推断形成的，这种推断基于外部的刺激或想象，是消费者从经验中形成的对产品的信念[1]。由于人们意识中的事物总是相互关联的，所以，有逻辑的信息会形成比较长期、稳定的记忆，因此，能够稳定在人们头脑中的品牌形象对人们的生活有很大的影响，并能够影响人们的购买决策。也正是基于此，亚历山大·比尔（Alexander L. Biel）将"品牌形象"界定为消费者记忆中关于品牌的所有联想的总和[2]。而"营销学之父"菲利普·科特勒和凯文·凯勒则详细论述了品牌形象背后的巨大商

[1] 亨利·阿塞尔. 消费者行为和营销策略 [M]. 韩德昌，等译. 北京：机械工业出版社,2000:101.

[2] Alexander L. Biel. How Brand Image Drives Brand Equity[J]. *Journal of Advertising*.

业价值，他们认为品牌形象能超越有形产品本身，是公司无形的资产，能形成竞争优势，更能给公司带来实质性的利润 ❶。

二、品牌定位

2001 年，美国营销协会评选出了有史以来对美国营销影响最大的观念"定位论（positioning）"。1972 年，艾·里斯（Al Ries）和杰克·特劳特（Jack Trout）在《广告时代》杂志上三期连载了论文《定位时代来临了》（The Positioning Era Cometh），提出了定位理论 ❷，这标志着"定位论"的诞生。之后，两人在 1979 年的著作《定位：争夺用户心智的战争》一书中，用描述性、形象化的语言详细阐述了定位的内涵和功用 ❸。该书迅速风靡世界，也畅销中国，成为影响非常广泛的营销学、品牌学著作。

卢泰宏教授在中译本的《定位》一书中对两人形象化的描述进行了总结，他认为："定位"的内涵体现了广告的目标，就是"使某一品牌、公司或产品在消费者心目中获得一个据点，一个认定的区域位置，或者占有一席之地"。品牌应该努力达到"先入为主"的效果，这涉及到具体的定位策略，主要有：集中火力在消费者心中创造出一个心理位置；创造第一，特别是"第一说法、第一事件、第一位置"；要体现差异性，不是产品的具体功能，而是品牌之间的类的区别 ❹。

也就是说，企业需要将产品或者服务在潜在的消费者心目中嵌入一个合适的位置。这种理论的产生与现实社会的经济、市场发展有着紧密的联系。随着市场竞争的激烈程度不断提高，广告的海量信息对消费者的狂轰滥炸让公众应接不暇，消费者对于各类相似信息根本无法清晰区别。品牌定位理念大师艾·里斯和杰克·特劳特认为，我们处于媒体爆炸、产品爆炸、广告爆炸的时代，因此，如何让消费者快速地对产品或企业有基本的感性认知和了解就成为企业需要认真琢磨的问题。所以，企业的品牌定位成为打通消费者和公众认知的关键一步。

---

❶ Kotler P, Keller K L, and Lu Taihong.*Marketing management in China*[M].Singapore:Prentice Hall, Pearson Education South Asia Pte Ltd., 2009.

❷ Al Ries, and Jack Trout. The Positioning Era Cometh[J]. Advertising Age, 1972, Apr. 24:35.38, May. 1:51-52.54, May. 8:114.116.

❸ Al Ries, and Jack Trout.*Positioning:The battle for your mind*[M].New York:McGraw-Hill, 1979.

❹ 卢泰宏.导读 [A].见:艾·里斯，杰克·特劳特.定位 [M].王恩冕，于少蔚，译.北京:中国财政经济出版社，2002.

为了能够在消费者心目中占据有利的位置，有效的定位策略也成为企业必须关注的问题。艾·里斯和杰克·特劳特认为，企业的定位要尽可能地抢先一步，即占据先机，抢先在消费者心中树立一个位置会比后来者要有利得多，这也符合中国人"先入为主"的理念。其次，定位要体现"差异化"，独特的个性特征是产品和品牌给消费者留下深刻印象的重要因素❶。

卢泰宏认为，西方营销学的发展从 20 世纪 50 年代到 70 年代经历了三个阶段：第一阶段是 USP 时代，罗瑟·瑞夫斯（Rosser Reeves）在 20 世纪 50 年代提出了"独特的销售主张（Unique Selling Proposition，USP）"理论，其强调产品具体的特殊功效和利益，着眼点是具体的产品或物；第二阶段是"品牌形象论"阶段，以大卫·奥格威为代表，他提出的品牌形象论在 20 世纪 60 年代得到广泛的应用和发展，其强调形象塑造的长远投资，着眼点是艺术或视觉的效果；第三阶段就是"定位论"时代，艾·里斯和杰克·特劳特在 20 世纪 70 年代提出的定位理论迅速被业界和学界接受并推广，其强调在消费者心理的独特位置，着眼点是心理上的认识❷。

"品牌形象论"和"定位论"成为品牌研究史上的常青树，"形象"与"定位"也成为企业必须进行战略考量的角度，影响了企业的发展和重大决策。一直有许多学者致力于推进两种理论的发展，比如，林恩·阿普什（Lynn B. Upshaw）在 1993 年提出了"顾客定位"的理念，她认为品牌定位决定了品牌在顾客心中的位置，并影响了产品在其生活中所扮演的角色，企业要赢得顾客，就必须站在顾客的立场和角度思考产品和品牌的问题❸。

三、品牌体验

在营销领域中，"体验（experience）"一词的出现，具有革命性的意义。"体验"意味着在经营活动中，企业或经营主体与消费者或顾客的关系的重大改变，前者必须让后者进入到实际的使用中、感受中，让消费者或顾客能够在亲身经历中对产品或品牌

---

❶ 艾·里斯，杰克·特劳特.定位 [M].王恩冕，于少蔚，译.北京：中国财政经济出版社，2002.

❷ 卢泰宏，吴水龙，朱辉煌，等.品牌理论里程碑探析 [J].外国经济与管理，2009,31(1):3.

❸ Upshaw, Lynn B. *Building Brand Identity: A Strategy for Success in a Hostile Marketplace*[M]. New Jersey: Wiley, 1995.

产生认同或满意，这就可以直接促成消费行为的发生。而如何让消费者和顾客身临其境、如何营造这种氛围并提供便利的条件等问题就成为日常经营管理必须面临的挑战。

1986 年，惠恩·帕克（C. Whan Park）、伯纳德·雅沃尔斯基（Bernard J. Jaworski）、黛博拉·麦金尼斯（Deborah J. Maclnnis）在合著的论文《战略品牌理念——形象管理》中提出，企业的品牌是要满足消费者的三种需求：功能性需求（functional needs）、象征性需求（symbolic needs）和体验性需求（experiential needs）❶。功能性需求是促发消费者寻求产品，解决消费相关的问题；象征性需求是一种内在的需求，比如自我提升、角色定位、团队成员关系、自我认同等；而体验性需求则是消费者对产品提供的感官快乐、多样性、认知刺激等方面的向往。这三位学者在 20 世纪 80 年代提出的这种理念非常具有开创性。他们站在消费者的立场上思考营销活动，不仅为品牌、品牌管理、品牌传播，而且为营销学的发展提供了一个崭新的维度："体验"。

多年以后的 1999 年，贝恩德·施米特（Bend Schmit）才在《营销管理学刊》发表了论文《体验式营销》，开创了"体验式营销（Experiential Marketing）"研究的先河。"体验式营销"与品牌有着非常紧密的关系。施米特提出了顾客体验管理的概念，他认为企业应从战略高度管理顾客对产品（或公司）的体验过程，同时指出，感官体验、情感体验、思考体验、行动体验、关联体验这五类体验有助于提升品牌及产品在消费者心中的印象❷。同在 1999 年，约瑟夫·派恩（B. Joseph Pine II）和詹姆斯·吉尔摩（James H. Gilmore）出版了《体验经济》一书，其中写道："服务提供商，在这方面有明显的优势，因为他们不专注于有形的商品，他们能够致力于改善顾客们在购物或接受服务时所处的环境，或者使顾客迷恋于企业精心营造的温馨氛围，或者引导顾客参与其中，以便将服务转化为难忘的体验"❸。营造难忘的氛围，提供让消费者流连忘返的服务，这就是"体验"给产品和品牌带来的市场机遇，也是对消费者的深刻影响。

---

❶ Park C.W., Jaworski B.J. and MacInnis D.J. Strategic Brand Concept-Image Management[J]. *Journal of Marketing*,1986(50):135-145.

❷ Schmitt, Bernd. Experiential Marketing[J]. *Journal of Marketing Management*,1999,15(1-3):53-67.

❸ 约瑟夫·派恩，詹姆斯·吉尔摩.体验经济 [M].毕崇毅，译.北京：机械工业出版社，2016.

四、品牌联盟

"品牌联盟"是和"品牌组合"相关性很高的一个理论观点，但是两者的重点有着很大的不同。"品牌组合"是从战略的层面上，探讨品牌如何通过联合占据市场的有利地位，促进企业产品销售和品牌发展；但在"品牌联盟"的维度，讨论的侧重点切入到了品牌联合之后的日常经营管理层面。1994 年，阿卡什·劳（Akshay R.Rao）和罗伯特·罗依克特（Robert W. Ruekert）在文章《作为产品质量标志的品牌联盟》中提出了这个概念。他们探讨的主要问题是围绕品牌联合之后产生的成本与利润，以及品牌联盟的种类等，他们认为，"品牌联盟"指两个或两个以上现有品牌合并为一个联合品牌，以某种方式共同销售，而联盟合作的方式则是多种多样的 ❶。

20 世纪 90 年代，跨国企业、跨行业集团企业的发展仍然非常强劲，利用公司外部的成功品牌促进企业的发展、创建新的产品或品牌已经成为常见的营销现象，在国内外的餐饮、零售、航空、金融、地产等各个行业都大行其道。进入到 21 世纪，这种品牌联盟的现象逐渐开始引发学者们的深入思考和反思。比如，2008 年，凯文·凯勒在《战略品牌管理（第 4 版）》中总结了品牌联盟的优缺点，其优点有：能借用品牌所需要的专长；能利用本不具有的品牌资产的杠杆效应；能降低产品的推出费用；能将品牌含义扩展到相关品类中以扩展品牌意义或增加品牌接触点；能增加额外收入来源。但其也有诸多缺点：品牌控制力减弱；面临品牌资产稀释的风险；可能产生负面反馈效应；品牌缺乏聚焦性和清晰性；公司注意力也会被分散或转移 ❷。

五、品牌关系

1983 年，伦纳德·贝里（Leonard Berry）提出了"关系营销"（Relationship Marketing）的概念 ❸，他认为在营销活动中，需要协调企业、消费者、公众等各方之间的关系，这种关系的建立和维护直接影响了企业产品的销售和品牌的建立。在 20 世纪

---

❶ Rao Akshay R. and Ruekert Robert W. Brand Alliances as Signals of Product Quality[J].*Sloan Management Review*, 1994, 36(1):87-97.

❷ 凯文·莱恩·凯勒. 战略品牌管理 .4 版 [M]. 吴水龙，何云，译 . 北京 : 中国人民大学出版社，2014.

❸ Berry, Leonard L..Relationship Marketing[A]. In Emerging Perspectives on Services Marketing[C], eds. Leonard L. Berry, G. L. Shostack, and G. D. Upah, 1983:25-28. Chicago, Ill.: American Marketing Association.

80 至 90 年代，"关系营销"逐渐成为一种被广泛接受和重视的营销范式，并且渐渐进入品牌研究领域。

1998 年，苏珊·福尼尔（Susan Fournier）在论文《消费者与他们的品牌：在消费者研究中发展关系理论》中深入分析了多种品牌与消费者的关系，用隐喻的方式描述了 15 种品牌与消费者的关系模式❶：包办婚姻（arranged marriages）、临时朋友（casual friends/buddies）、权宜婚姻（marriages of convenience）、专一伙伴（committed partnerships）、最佳友谊（best friendships）、有区别的友谊（compartmentalized friendships）、血缘关系（kinships）、反弹式/回避式关系（rebounds/avoidance-driven relationship）、儿时友谊（childhood friendships）、求爱关系（courtships）、依赖关系（dependencies）、放纵关系（flings）、敌意关系（enmities）、私密关系（secret affairs）和奴役关系（enslavements）。这 15 类关系非常形象地描述了消费者与品牌之间的关系特征，可以说，能够想象到的都可以列入其中。但是这 15 种关系过于具体，也过于形象化，对于企业来说很难全部掌握，在具体的操作层面上，也难以避免重叠和交叉的问题。

"品牌关系"的理念一经提出就吸引了众多学者的关注，但分析的角度各有不同。2001 年，潘卡·阿加沃尔（Pankaj Aggarwal）在论文《品牌关系标准对消费者态度和行为的影响效果》中，将消费者和品牌的关系分为两大类：交易关系（exchange relationship）和共享关系（communal relationship）❷。这两种关系都对消费者的态度和行为产生着影响。交易关系，是指利益被给予并有回报；共享关系，是指利益被给予以显示对他人需求的关切。也就是说，前者涉及的是具体使用的功能性作用或影响，而后者涉及的是对情感和心理上的作用和影响。企业要建立良好的消费者与品牌的关系，必须关注共享关系的维护。

卢泰宏教授认为，品牌关系之所以能开辟最新的学术领域，主要有五方面的背景原因：体验经济的到来、品牌的消费者导向、关系营销的盛行、顾客关系资产受到认同和

---

❶ Fournier, Susan.Consumers and Their Brands: Developing Relationship Theory in Consumer Research [J]. *Journal of Consumer Research*, 1998, 24(4):343-373.

❷ Aggarwal, P.The effects of brand relationship norms on consumer attitudes and behavior[J].*Working Papers-University of Toronto Rotman School of Management*, 2001: 1-58.

品牌个性的奠基性研究❶。可以说，品牌关系是一个多维的概念或者研究领域，可以从不同的视角去研究消费者与品牌之间的关系。起初的品牌关系研究认为，品牌涉及的关系是品牌与产品或市场的关系、品牌与顾客或消费者之间的关系。但是，随着众多学者加入探讨，关系维度正在被不断拓展，有些学者认为，品牌关系也应是品牌与利益相关者的关系，以及品牌与相关品牌之间的关系，这种观点将品牌组合、品牌联盟也纳入了品牌关系的领域中。而还有学者认为，除了上述的品牌与相关因素的关系外，还需要关注品牌与资源、环境的关系，这就涵盖了下文要涉及的品牌生态领域。这种不断拓展的"关系"研究的确可以围绕品牌建立一个庞大而系统的关系体系，但是为了避免其研究领域和边界的无限扩大，本书主要将"品牌关系"限定在一个相对狭义的领域中，即消费者与品牌的关系。而其他相关问题的研究则在其他部分有所涉及。

六、品牌社区

"社区（community）"的概念是现代社会学、心理学、政治学等领域的一个重要概念，"社区"指涉一个群体，其中的成员有相对较强的认同感，在认知和行为方面有较多的相似性。"认同（identification）"则是社会心理学、文化研究等领域中的重要概念，许多学者都已经深入展开了有关组织成员"认同"的研究，比如，简·达顿（Jane E. Dutton）等学者在 1994 年提出的："组织认同感（organizational identification）是组织成员用界定组织的相同属性来界定自己的程度"❷。也就是说，如果一个成员用"创新"来界定其所在的组织，那么他能够用什么样的"创新"程度来界定自己，这种"程度"呈现了他对组织的认同程度。认同感是组织成员的社会身份和自我表达的重要依据。认同感比较高也就意味着组织成员对组织的满意度和忠诚度比较高。

"品牌社区"的理念与以上的理论和观点密切相关。2005 年，勒内·阿尔哥什莫（René Algesheimer）、乌特帕尔·霍拉基尔（Utpal M. Dholakia）、安德里亚斯·海尔曼（Andreas Herrmann）在三人合著的论文《品牌社区的社会影响：来自欧洲汽车

---

❶ 卢泰宏，周志民 . 基于品牌关系的品牌理论 : 研究模型及展望 [J]. 商业经济与管理，2003,(2):4-8.

❷ Dutton, J E, Dukerich, J M, and Harquail, C V.Organizational images and member identification[J]. *Administrative Science Quarterly*, 1994, 39:239 -263.

俱乐部的证据》中提出了"品牌社区"的概念❶。他们认为"品牌社区"直接影响了消费者的动机和行为，构成了消费者的认同。他们用"品牌社区认同（brand community identification）"来描述这种新型的"社区认同"，以及消费者在这种社区认同中的心理状态和行为特征。他们认为，这种认同会让消费者产生持续购买动机（continuance intentions）、推荐动机（recommendation intentions）和参与动机（participation intentions）。消费者一旦产生了对某种品牌的认同，进入"品牌社区"，就会主动地为该品牌的推广和发展做出贡献。企业在日常品牌管理中，要重点考虑的问题也就涉及如何构建一个认同感比较高的"品牌社区"，如何维护"品牌社区"中消费者的利益。

第三节 品牌资产

20世纪七八十年代以来，跨国公司并购频发，商品价值不仅仅是产品本身价值的呈现，更是所代表的企业及其品牌的总体价值的呈现。相似功用或具有相似使用价值的产品，可能会由于不同的品牌而价格差异巨大，品牌本身甚至可以高价出售。同时，品牌价值也被一些评估机构测算并传播，产生进一步的市场影响力。这些新形势让公司更加重视品牌的价值积累，学界也随即提出了"品牌资产"的理念。

"品牌资产"是品牌研究和品牌实践发展的必然产物。品牌直接和企业的市场利润相关，一个好的品牌可以作为一种无形资产，必要时可以转化为庞大的有形资产。品牌所代表的价值越来越难以忽视，相关的研究也不断拓展并深入，从营销学跨到了经济学、金融、统计学等领域。虽然从这些角度看，"品牌资产"和"品牌传播"的关系并不大，但无可置疑的是，品牌之所以可以蕴含如此大的价值，是和消费者的认知、情感、行为等因素紧密相关的，也就和传播的过程和效果密切相关。因此，我们仍然将"品牌资产"作为"品牌传播"领域中的重要一环。

---

❶ Algesheimer, Rene, Dholakia,Utpal M., and Hermann, Andreas.The social influence of brand community:Evidence from European carclubs[J].*Journal of Marketing*,2005, 69(Jul.):19-34.

一、基本界定

在品牌研究的领域中，"品牌资产"这个概念的争议性很大。汉语语境中的"品牌资产"要比英文中的直译词汇"brand asset"大得多，基本上可以涵盖英文中"brand asset""brand equity""brand value"三个相关概念的意涵，后两个可以直译为"品牌权益"和"品牌价值"。这并非是汉语在翻译中出了问题，主要是因为西方学者，主要是美国学者在进行"品牌资产"研究的时候，使用了具有交叉性的三个术语，它们的边界难以明确划分，意涵相互重叠。中国有些学者尝试着对三个概念进行了相对地区分："品牌资产"主要侧重品牌资产财务价值评估，也就是品牌资产的价格评估上；"品牌权益"主要侧重对品牌价值形成的机理及其测评的研究，探索品牌权益的构成要素及相互关系；"品牌价值"主要侧重从经济学上描述品牌资产的使用价值和价值等[1]。

但是，目前多数西方学者更倾向于使用"brand equity"来代表这个领域的研究，比如戴维·阿克、凯文·凯勒、彼得·法夸尔（Peter Farquhar）等。中国著名的营销学教授卢泰宏也坚持用"品牌资产"来翻译"brand equity"。因此，本书使用的"品牌资产"概念主要对应的英文是"brand equity"。

1989 年，彼得·法夸尔在《管理品牌资产》一文中，将"品牌资产"定义为"品牌赋予产品的附加值"[2]，这是学界首次明确阐释了"品牌资产"的内涵，从而开启了一个庞大的新领域的研究。他引用了惠恩·帕克、伯纳德·雅沃尔斯基、黛博拉·麦金尼斯在合著的论文《战略品牌理念——形象管理》中提出的品牌呈现于三个平台的观点[3]，认为品牌资产管理也应该在这三个平台中呈现：介绍（introduction），构建一个品牌的初步印象；阐释（elaboration），让品牌容易被记住；强化（fortification），让品牌的价值延伸到其他产品。法夸尔认为，在这三个平台上，可以集中呈现出品牌的价值。

1991 年，戴维·阿克，即"品牌个性"提出者詹妮弗·阿克的父亲，在著作《管理品牌资产》一书中论述道，品牌资产是与品牌、名称、标识、符号等相关联的一系

---

[1] 徐伟，刘银国，吴烨 . 品牌权益概念研究综述：辨析与启示 [J]. 经济问题探索，2010,11:71-74.

[2] Farquhar, Peter H. Managing brand equity[J].*Marketing Research*, 1989, 1(3):24-33.

[3] Park, C.W., Jaworski, B.J. and Maclnnis, D.J. Strategic Brand Concept-Image Management[J]. *Journal of Marketing*,1986(50):135-145.

列资产或负债，它可能增加或减少相应产品或服务对公司和顾客的价值❶。戴维·阿克提出了著名的品牌资产"五星模型"，他认为品牌资产应该包括品牌认知（name Awareness）、品牌忠诚（brand loyalty）、感知质量（perceived quality）、品牌联想（brand association）和其他专有资产（如专利、商标、渠道关系等）五个维度。"品牌认知"是品牌的知名度，反映了消费者的知晓程度，呈现的是品牌的影响范围。"品牌忠诚"是指消费者对于品牌偏爱的反应，反映了消费者对一种品牌的信任和依赖程度，直接影响了消费者重复购买行为的频次，也决定了商品在市场上的竞争力。"感知质量"主要是指品牌形象，即消费者对某一品牌的总体感受或者说在品质上的整体印象。品牌形象不等于商品本身的质量，但是，品牌形象是以商标所标示的商品的质量为基础，必须依赖于该品牌所对应的商品的功能、特点、可信赖性、耐用性、外观和服务等影响商品质量的因素。"品牌联想"是指人们的记忆中与品牌相连的各种事物，它虽然是人们的一种意识，但是却具有品牌资产的作用，因为它可以直接影响消费者对品牌信息的记忆，帮助消费者进行消费决策；同时，"品牌联想"也涉及品牌的个性特征，有助于品牌的差异性区别，可以帮助消费者将不同品牌进行区别，因此，这就直接影响了品牌的忠诚度和品牌的信誉度。

戴维·阿克的研究让品牌资产的研究逐渐走向成熟，并吸引了更多的学者加入。1993年，亚历山大·比尔（Alexander L. Biel）在《品牌形象如何驱动品牌资产》一文中指出，品牌资产是来自企业本身的生产活动、产品销售和企业其他有形资产以外的溢价，品牌为一个企业带来的利益在于拥有品牌比不拥有品牌能够获取更高的利润和市场份额，品牌形象本身直接影响了品牌资产的价值大小❷。

同在1993年，凯文·凯勒针对品牌资产提出了著名的"基于消费者的品牌资产"（Customer-Based Brand Equity，CBBE）理念，这成为品牌资产理论成熟的标志。凯勒自己将CBBE界定为：消费者回应品牌营销中由于不同的品牌认知产生的差异性效果❸。这个模型如其题名，是以消费者为核心构建的品牌资产架构，这也成为后来品牌

❶ 戴维·阿克.管理品牌资产[M].吴进操，常小虹，译.北京：机械工业出版社，2012./David A. Aaker. *Managing Brand Equity*[M].Columbus: Free Press, 1991.
❷ Alexander L. Biel. How Brand Image Drives Brand Equity[J]. *Journal of Advertising Research*, 1993(6):6-12.
❸ Keller K L.Conceptualizing, measuring, and managing customer-based brand equity[J].*Journal of Marketing*, 1993, 57(1):1-22.

资产领域中的主流趋势。CBBE理念主要探讨了品牌资产的来源，以及如何提升品牌资产。凯勒的基本观点就是，要基于消费者去提升企业的品牌资产。他认为，影响品牌资产的最重要因素是品牌认知（brand knowledge），包括两个要素：品牌知晓（brand awareness）和品牌形象（brand image）。企业要想成功地提升"基于消费者的品牌资产"，必须做好以下几点：一是营销者应该有广阔的视野去制定营销决策；二是界定他们想让消费者记住的品牌知识结构；三是评估不断增加的可选策略，尤其是多样的营销传播策略；四是在营销决策中要有长远眼光；五是追踪测量消费者的品牌知识结构；六是评估核心品牌形象潜在的延伸可能。

2006年，凯文·凯勒和唐纳德·莱曼（Donald R. Lehmann）在合著的文章中，又提出了品牌价值链的扩展模型，主要分为公司行为、消费者对品牌的感知、消费者对品牌的行为和对金融市场的影响❶四个阶段。他们认为，最重要、最核心的部分是第二个阶段，因而要围绕消费者的认知采取一系列的措施。

二、评估模型

由于品牌资产所呈现的价值在市场上的影响力越来越大，因而，越来越多的行业机构和学者开始研究如何对品牌资产进行有效评估。总体而言，对品牌资产的评估可以分为三大类：一是对品牌交易价值进行客观的财务数据分析，体现的是品牌的交易价值；二是对消费者进行调查，以评价品牌的内在价值；三是结合前两种方法，采用消费者主观评价和客观数据相结合的多维分析方法。

戴维·阿克1991年提出的"五星模型"同时也是一个评估模型，也是综合型评估方法的代表。他提出了品牌资产评估五大方面的"十要素"：忠诚度评估（价差效应、满意度），质量感知（品质认知、受欢迎程度），联想性（价值认知、品牌个性、企业联想），知名度评估（品牌知名度），第五组则代表来自于市场而非消费者的信息，即市场状况评估（市场占有率、渠道覆盖率）❷。这个评估模型结合了主观评价因素和客观

❶ Keller K L, D R Lehmann.Brands and branding:Research findings and future priorities[J].*Marketing Science*, 2006, 25(6):740-759.
❷ 戴维·阿克.管理品牌资产 [M].吴进操，常小虹，译.北京：机械工业出版社，2012. /David A. Aaker. *Managing Brand Equity* [M]. Columbus: Free Press, 1991.

市场状况的数据，对 20 世纪 90 年代的品牌资产评估产生了很大的影响。

另一个影响广泛的评估模型也诞生于 20 世纪 90 年代，由英国的英特品牌公司（Interbrand）提出。该公司创建于 1974 年，现在隶属于宏盟集团（Omnicom Group），英特品牌是世界上最早研究品牌评价的机构之一。他们提出的评估模型也同时考虑客观与主观两方面的因素：客观因素包括市场占有率、产品销售量和利润状况；主观因素是品牌强度。两者的结合形成了英特品牌评估模型的计算公式：$V = P \times S$（V 为品牌价值；P 为品牌带来的净利润；S 为品牌强度倍数）。品牌的净利润与行业的资本产出率、可归于品牌下的税前利润相关，通过对资本收益的计算，可以确定品牌的净收益。难点在于如何确定"品牌强度"这个比较主观的因素。英特品牌公司建立了一个由七个因素构成的评价模型，见表 1-2[1]：

表 1-2   英特品牌公司评价模型

评价因素	含义	权重（%）
领导力（Leadership）	品牌的市场地位	25
稳定力（Stability）	品牌维护消费者特权的能力	15
市场力（Market）	品牌所处市场的成长和稳定情况	10
国际力（Internationality）	品牌穿越地理文化边界的能力	25
趋势力（Trend）	品牌对行业发展方向的影响力	10
支持力（Support）	品牌所获持续投资和重点支持程度	10
保护力（Protection）	品牌的合法性和受保护的程度	5

中国学者也尝试着提出一些评估模型。2002 年，卢泰宏教授在论文中提出品牌资产评估的三类基本构成要素：财务要素（成本、溢价、附加现金流），市场要素（市场表现、业绩、竞争力、股市表现）和消费者要素（态度、行为、信仰认知、认同、购买意愿）[2]。这些要素和国外的主客观因素结合的思路基本一致。

---

[1] 刘晓云. 品牌价值评估研究：理论模型及其开发应用 [M]. 杭州：浙江大学出版社，2013.
[2] 卢泰宏. 品牌资产评估的模型与方法 [J]. 中山大学学报（社会科学版），2002(3).

第四节 品牌生态

"品牌生态（brand ecology）"是一个比较新的研究视角或领域，虽然有很多学者用"学"加以称呼，但是我们认为它只是一个研究领域，还远未成为一门学科。品牌研究的学者们，已经围绕着品牌对企业的方方面面进行了深入的研究，"品牌生态"研究是借用生态学和生态系统的观点，将品牌所处的环境解读为相互联系的有机整体，即"品牌生态系统"。他们研究的重点在于品牌系统与品牌所在的社会环境之间的相互关系。

1993 年，美国战略管理学家詹姆斯·摩尔（James F. Moore）在《哈佛商业评论》上发表了一篇题为《捕食者与被捕者：一种新的竞争生态》的文章，他在文中提出了"商业生态系统（business ecosystem）"的概念，他认为："商业生态系统"就如在其中的生物体组成部分，逐渐从随机的要素集合发展成为一种更加有结构的社区；任何"商业生态系统"都遵循着类似于生物体的发展规律，即出生（birth）、扩张（expansion）、成为领导（leadership）和自我革新（self-renewal）四个阶段❶。他认为，在"出生"阶段，企业需要向消费者和供应商介绍一种价值，埋下创新的种子，并在竞争中维护自己的观念；在"扩张"阶段，企业需要和供应商及伙伴共同开拓更大的市场，并打败竞争对手；在"获得领导力"的阶段，企业需要提供一种压倒性的视野，并鼓励供应商和消费者共同努力，在市场中维护一种强势的与其他竞争对手讨价还价的能力；在"自我革新"的阶段，要与创新者协作将新理念带入现存的生态系统中，同时要防止竞争对手的创新建立起可替代的生态系统。"丛林法则"并不是什么新理念，但是，摩尔对商业竞争的这番描述确实将"市场"变成了"有机生态系统"。

1996 年，詹姆斯·摩尔在他的代表作《竞争的衰亡》一书中，进一步系统阐释了相关的理论，他用非常生动的语言论述到："新的技术、商业进程、生命组织形式几乎以同样的方式入侵了整个传统商业。它们始于全球方兴未艾的资金流动和大规模的移

---

❶ James F. Moore. Predators and Prey: A New Ecology of Competition[J]. *Harvard Business Review,* 1993, May-Jun., 71(3):75-86.

民……强烈的压力使很多人在商业活动和生活中感到痛苦、困惑。对许多人来讲，经济和技术进步促成了夏威夷天堂的毁灭"❶。因此，他强调，在新的环境中，企业要想存活下去，必须保持不断革新的态势，企业必须"保卫革命"，企业面对的不是"新生"就是"死亡"。

这种"生态观"引起了一些学者的关注。1998年，迈克尔·波特（Michael E. Porter）在《哈佛商业评论》上发表了《企业群落和新竞争经济学》一文，论述了"企业群落"❷，涉及企业之间的生态关系。1998年，肯·巴斯金（Ken Baskin）在其专著《公司DNA：来自生物的启示》中阐释了"市场生态"的概念❸，讨论了市场中类似于生态系统的竞争关系。1999年，阿格涅斯卡·温克勒（Agnieszka Winkler）在《快速建立品牌》一文中讨论了"品牌生态环境"的问题❹。这些涉及品牌生态的研究不断深入并拓展了"品牌生态"领域的研究。非常具有代表性的是，迈克尔·穆恩（Michael Moon）2000年在《火炬品牌：网络经济时代的品牌铸造》一书中论述了"品牌"是具有的"生命性质"的❺，他所基于的时代背景与前面的学者已经有了很大的不同，他面向的是网络时代。

第五节　宣传营销

互联网深刻地影响并改变着人类社会，它如同洪水一般，席卷了人类生存的每一寸空间、每一个研究领域。回顾品牌研究、营销学研究发展的历史就会发现，互联网

---

❶ James F. Moore. *The Death of Competition*[M]. New York: Harper Collins Publishers, 1996./詹姆斯·弗·穆尔. 竞争的衰亡：商业生态系统时代的领导与战略 [M]. 梁骏，等译. 北京：北京出版社 ,1999.

❷ Michael E. Porter. Cluster and the New Economics of Competition[J]. *Harvard Business Review,* 1998, Nov-Dec., 76(6):77-90.

❸ Ken Baskin. *Corporate DNA: Learning from Life*[M]. New York: Routledge, 1998./肯·巴斯金. 公司 DNA：来自生物的启示 [M]. 刘文军，译. 北京. 中信出版社 ,2001.

❹ Agnieszka Winkler.*Warp-Speed Branding: The Impact of Technology on Marketing*[M]. New Jersey: Wiley, 1999./温克勒. 快速建立品牌：新经济时代的品牌策略 [M]. 赵怡，译. 北京：机械工业出版社 ,2000.

❺ Michael Moon. Doug Millison. *Firebrands: Building Brand Loyalty in the Internet Age*[M]. New York: McGraw-Hill Osborne Media, 2000./迈克尔·穆恩. 火炬品牌：网络经济时代的品牌铸造 [M]. 侯佳奇，译. 北京：机械工业出版社 ,2002.

成为了新时代品牌研究和实践的重要标志。

杰瑞·麦卡锡（Jerry McCarthy，亦 E. Jerome McCarthy）在 1960 年出版的《基础营销学：一种管理方法》一书中，提出了著名的"4P"营销理论，即产品（Product）、价格（Price）、渠道（Place）和推广（Promotion）❶。多年以后，鲍勃·劳特朋（Bob Lauterborn）于 1990 年在文章《新营销词调：4P 退去，4C 登场》中，针对 4P 理论的不足提出了著名的 4C 理论，即：消费者（Customer）、成本（Cost）、便利（Convenience）和沟通（Communication），它的核心改变是将营销和企业发展转向以消费者的需求为中心❷。

然而，时过境迁，互联网的崛起，改变了整个时代发展的脉络和脚步，品牌传播和市场营销也无法置身事外。2001 年，迪尔德丽·布瑞肯里奇（Deirdre Breakenridge）在《品牌的革命》中提出了互联网时代品牌塑造的新"4P"理论❸，即认可（permission）、渗透（Penetration）、人性化（Personalization）和收益性（Profitability）。"认可"是指消费者的认可；"渗透"是指通过合理地分配网络品牌的广告投入来提升品牌的诚信度；"人性化"是指通过人性化方式去了解你的顾客，掌握他们的需求，让顾客在因特网上体验一种非常有人情味的购物经历；"收益性"是指品牌"触网"后所带来的动力，它将为提升品牌的影响力提供更多条件。同在 2001 年，美国学者赛奇·蒂玛奇福（Serge Timacheff）在《网络时代的品牌：网络时代持久品牌五步曲》一书中提出了基于互联网构建品牌的五个重要步骤，即发现阶段，构思阶段，文字表达、视觉、感觉及有形的表达阶段，以及执行阶段❹。这五个阶段都与强大的网络要素直接相关，而且互相关联，相辅相成，其运作方式和过程已经和传统的品牌塑造有了极大的不同。

2005 年，Markplus 咨询公司提出了"营销 3.0"的概念，这是对全新的网络时代营销变革的概念性总结。"营销学之父"菲利普·科特勒受到启发，于 2010 年出版了著

---

❶　E. Jerome McCarthy. *Basic Marketing: A Managerial Approach*[M]. Homewood: Richard D. Irwin, Inc., 1960.

❷　Bob Lauterborn. New Marketing Litany: Four Ps Passé: C-Words Take Over[J]. *Advertising Age*, 1990, 61(41): 26-26.

❸　迪尔德丽·布瑞肯里奇. 品牌的革命 [M]. 刘雅鹏，译. 北京：电子工业出版社，2002.

❹　Serge Timacheff, and Douglas E. Rand. *From Bricks to Clicks: 5 Steps to Creating a Durable Online Brand*[M]. Columbus: McGraw-Hill, 2001. / 赛奇. 网络时代的品牌 [M]. 石晓军，译. 北京：企业管理出版社,2002.

名的《营销3.0：从产品到顾客，再到人文精神》一书，对营销1.0、营销2.0、营销3.0时代进行了系统的梳理和总结❶，见表1-3。

表1-3 营销时代划分

	营销1.0	营销2.0	营销3.0
时期	1950S—1960S	1970S—1980S	1990S—2000S
立足点	以产品为中心	以消费者为中心	以价值为中心
营销特点	营销策略	营销战略	合作的、文化的、精神的营销
营销目的	销售产品	满足并维护消费者	让世界变得更好
沟通方式	一对多的大众传播	微观细分	消费者互通
技术基础	工业革命	信息技术	新浪潮科技
品牌的力量来源	营销者/企业	营销者/企业	消费者

他认为，营销3.0时代是一个参与化的时代，需要合作营销；也是一个全球化矛盾的时代，需要文化营销；更是一个创造性的时代，需要精神营销。"品牌"的理念贯穿在他整个营销的研究和实践中。并且，他对营销时代的分期方式也体现出了"品牌"的重要性。

然而，时代的发展的洪流是如此的迅猛，社会变革的脚步从未有一刻的停息。2016年，科特勒出版了新的著作《营销4.0：从传统到数字》，他界定了又一个新的时代："营销4.0"时代，见表1-4。科特勒毫无隐晦地断言：在这个时代之前，一切都是"传统"。这个时代最大的特征就是大数据，在大数据时代，消费者在消费认知、购买行为、推荐与分享等方面都有着新的特征❷。在这个时代中，消费者的"品牌推荐率（Brand Advocacy Ratio）"成为衡量营销活动的重要标准，因为，消费者在网络自媒体终端的分享可以营造出远远超越营销活动本身的巨大社会传播力和影响力。

❶ 菲利普·科特勒.营销3.0:从产品到顾客，再到人文精神[M].毕崇毅，译.北京:机械工业出版社，2011.

❷ 菲利普·科特勒.营销4.0:从传统到数字[M].王赛，译.北京:机械工业出版社，2018. /Philip Kotler, Hermawan Kartajaya, Iwan Setiawan.*Marketing 4.0: Moving from Traditional to Digital*[M]. New Jersey: Wiley, 2016.

表 1–4　　　　　　　　　　营销 4.0

时期	2010 年至今
立足点	以消费者—品牌关系为中心
营销特点	大数据支持的营销
营销目的	品牌的互动、忠诚、记忆、推荐
沟通方式	普遍性的网络连通
技术基础	人机互联 / 人工智能
品牌的力量来源	消费者

　　互联网的另一个划时代的影响是"新媒体（New Media）"的崛起。"新媒体"这个词最初是由美国哥伦比亚广播公司技术研究所所长彼得·戈尔德马克（Peter Carl Goldmark）于 1967 年提出的。戈尔德马克的职业领域是电视，他所说的"新媒体"就是指电视。第二次世界大战后，电视作为一种新媒体进入美国的千家万户，对人们的生活、工作、学习等带来了深刻的影响。但是，"新（new）"这个词的相对性很强。在 21 世纪的今天，电视早已和广播、报纸一起被打入了"传统媒体"的范畴。新媒体主要指的是基于互联网技术，借助电脑、手机等终端，可以融合各种图文、视听等形式的媒体，它传播速度快、互动性强，内容的生产和传播彻底打破了传统媒体的时空界限。今天的新媒体对人类的思想和生活带来了翻天覆地的革命性改变，同时也给企业的品牌传播带来了新挑战和新机遇。

第六节　新闻宣传

　　"宣传（propaganda）"一直与企业推广有着密不可分的关系，新闻传播学科对"宣传"的研究可以为此提供重要的支持。

　　传播学奠基人之一的哈罗德·拉斯韦尔（Harold Lasswell）在其 1927 年出版的代表作《世界大战中的宣传技巧》中将宣传定义为："它仅仅指通过重要的符号，或者更具体但不那么准确地说，就是通过故事、谣言、报道、图片以及社会传播的其他形式，来控制意见。"❶ 从拉斯韦尔的界定中可以看到，他强调宣传的"途径"和"目的"，途径包括"故事、谣言、报道、图片以及社会传播的其他形式"，而目的则是"控制意见"。拉斯韦尔在两次世界大战期间，针对战争中的宣传活动进行了系统性的研究，这对后来的新闻传播学科、舆论研究、媒介研究都产生了重要影响。中国的权威辞书《辞海》将宣传定义为："个人或团体借助于各种媒介表达自己的观念或主张，以影响受众的态度和思想的社会活动"❷，这个界定仍然沿袭了拉斯韦尔的主要观点，但是将具有鲜明权力色彩的"控制"替换成了中性的"影响"。

拉斯韦尔之后，西方许多学者对宣传的技巧和途径进行了深入的研究。比如，阿尔弗雷德·李（Alfred McClung Lee）与伊丽莎白·李（Elizabeth Briant Lee）在 1939 年合著的《宣传的完美艺术》（The Fine Art Of Propaganda）中，将宣传的技巧分为：辱骂法、光辉泛化法、转移法、证词法、平民百姓法、洗牌作弊法和乐队花车法❸ 七种。这些技法有的已经成为经典的宣传方式，如"乐队花车法"，就是要通过大肆宣传让公众觉得每个人都是这样做的，因而也应该采取类似的行动。传播学的另一个奠基人卡尔·霍夫兰（Carl Hovland）在第二次世界大战前后长期受聘担任美国陆军新闻与教育署心理研究室主任，主持了一系列以鼓舞士气为宗旨的有关宣传效果的心理实验。他在代表作《传播与劝服》中提出，影响"劝服"的因素有三个：劝服者条件、信息本身的劝服力以及问题的排列技巧❹ 。通过提高劝服者的可信度，增强信息的真实性和吸引力，并运用一定的表达技巧，就可以大大提升公众的接受度。

在我国，宣传这个词常常和"新闻"联结在一起。新闻宣传主要指通过新闻渠道和手段进行的宣传活动。新闻宣传工作是我党长期以来高度重视的一个重要领域。早在井冈山革命根据地时期，毛泽东就强调指出："红军的宣传工作是红军的第一个重大的工作"。后来，他又指出："共产党是左手拿传单右手拿枪弹才可以打倒敌人的"。通过宣传来传播中国共产党的正确思想，争取民心民意，是获得革命胜利的关键所在。之后的我国历任领导人都非常重视新闻宣传工作，并深入阐释了它在意识形态、国家

---

❶ 哈罗德·拉斯韦尔 . 世界大战中的宣传技巧 [M]. 张洁，田青，译 . 北京：中国人民大学出版社，2003:22.

❷ 夏征农，陈至立，等 . 辞海 .6 版 [M]，上海：上海辞书出版社，2009:2593.

❸ Alfred McClung Lee, Elizabeth Briant Lee. *The Fine Art Of Propaganda*[M]. London :Octagon Books, 1972.

❹ 卡尔·霍夫兰 . 传播与劝服 [M]. 张建中，等译 . 北京：中国人民大学出版社，2015.

治理、内政外交等各个方面的重要意义。2013年8月19日，习近平在全国宣传思想工作会议上指出"宣传思想工作就是要巩固马克思主义在意识形态领域的指导地位，巩固全党全国人民团结奋斗的共同思想基础"。2016年2月19日，他在新闻舆论工作座谈会上再次指出："做好党的新闻舆论工作，事关旗帜和道路，事关贯彻落实党的理论和路线方针政策，事关顺利推进党和国家各项事业，事关全党全国各族人民凝聚力和向心力，事关党和国家前途命运"。在此次座谈会上，习近平总书记还提出："党的新闻舆论工作要适应国内外形势发展，从党的工作全局出发把握定位，坚持党的领导，坚持正确政治方向，坚持以人民为中心的工作导向，尊重新闻传播规律，创新方法手段，切实提高党的新闻舆论传播力、引导力、影响力、公信力"。

　　2019年8月，中共中央印发《中国共产党宣传工作条例》（下称《条例》）进一步体现了以习近平同志为核心的党中央对宣传工作的高度重视，也标志着宣传工作科学化规范化制度化迈上了新台阶。《条例》中明确规定了宣传工作是党的一项极端重要的工作，是坚持党的政治路线、加强党的政治建设、加强党的思想政治领导、巩固党的群众基础和执政基础的重要方式，是为实现党的主张和奋斗目标动员组织党员、干部和群众所进行的理论武装、舆论引导、思想教育、文化建设、文明培育等工作和活动。《条例》明确指出做好宣传工作需要全党动手的必要性，规定了各级党委承担的宣传工作七项主要职责：一是贯彻落实党中央和上级党委关于宣传工作的决策部署以及指示精神，指导和督促检查下级党组织做好宣传工作；二是定期研究部署宣传工作重要工作和重大事项，每年向党中央或者上一级党委报告宣传工作情况；三是研究制定宣传工作的重要政策，按照权限制定宣传工作相关党内法规和规范性文件，推动制定宣传工作相关法律法规，并组织实施；四是牢牢掌握意识形态工作领导权，落实意识形态工作责任制；五是统筹社会主义精神文明建设和文化建设；六是领导宣传部门做好宣传工作，选优配强宣传系统领导班子和主要负责人，加强宣传干部、人才队伍建设；七是领导同级人大、政府、政协、法院、检察院、人民团体、企事业单位等做好本部门本单位本领域宣传工作。中央国有企业作为直接面对基层的宣传力量，在《条例》中也有明确的任务要求。具体到企业层面，《条例》要求在机构设置和工作力量上，国有以及国有控股企业党组织需设置宣传工作机构；在阵地建设上，规定各级党委和政府应当加强新时代文明实践中心、县级融媒体中心建设；在经费保障上，规定各级党委和政府应当加大经费投入，建立健全农村文化建设经费保障机制，支持基层文化设施建设和群众性文化活动开展，购买公共文化服务，加大优质文化产品和服务供给。❶

总的来说，宣传不仅与企业的品牌传播有着紧密的联系，也与我党的治国理政有着密切关系。企业的品牌传播可以说就是企业宣传，是通过各种媒介向社会公众传达关于企业、企业品牌、产品的各方面信息，以树立良好形象，增加市场收益。由于我国的央企和国企不仅仅是市场主体，也是党的新闻舆论工作的重要阵地，央企和国企在企业品牌传播的过程中，也肩负着新闻舆论宣传工作的职责。这就要求央企和国企要将两方面工作有机融合。

第七节　宣传人才

企业发展的根本保障之一是"人才（talent）"。从传统视角来看，涉及企业员工方面的事务，主要是人力资源（human resources，HR）领域处理或研究的问题。员工事务作为企业内部管理的重要部分，维系着企业的日常运营。然而，随着市场竞争的白热化，能够为企业贡献不同价值的各类人才，已经不仅仅是企业内部管理的问题，更是企业发展的战略问题，它直接影响到了企业品牌的构建与发展、企业产品的设计与生产，以及企业的各种重大决策。因此，业界和学界逐渐跳出 HR 的传统视域，开始从新的角度研究人才问题。

一、人才管理

"人才管理（talent management）"这个概念最初是由美国麦肯锡咨询公司在 1998 年的文章《人才之战》（The War for Talent）中提出来的❷。之后，逐渐有业界和学界的专家学者开始注意到这个问题。近几年，许多专家学者开始深入讨论"人才管理"问题。

---

❶ 新华网. 全面提升新时代宣传工作的科学化规范化制度化水平——中央宣传部负责人就《中国共产党宣传工作条例》答记者问 [OL],2019.

❷ Chambers, Elizabeth G.; Foulton, Mark; Handfield-Jones, Helen; Hankin, Steven M.; Michaels Ill, Edward G. The War for Talent[J].*McKinsey Quarterly*. 1998, 3:44-57.

对于什么是"人才管理",凯文·基奥恩(Kevin Keohane)在2014年的文章《搞好你的品牌和人才》中用描述性的语言论述到:"品牌管理"是帮你搞清楚你是谁、你代表什么,帮你确保人们知道你、知道你能为他们做什么、知道为什么应该买你的产品与服务;而"人才管理"则是帮助你找到合适的人帮你做这些事情❶。他认为,对待人才最重要的是帮助他们搞清楚四点:存在的目的、要取得的目标、要采取的战略,以及自己的独特定位。基奥恩在此谈到了人才的作用,也解释了人才管理的核心要素,更重要的是,他直接论述了品牌管理和人才管理的直接关系,从他的论点可见,人才管理是品牌管理的基础,因为品牌战略是需要人才来实现的。

人才如此重要,企业应该如何去做呢?2017年,大卫·文斯博格(David Winsborough)和托马斯·卡莫洛-普雷姆兹克(Tomas Chamorro-Premuzic)在《不可避免的拥抱:人力资源与市场营销》中论述说:在数据时代,企业要为人才去竞争,就像是为消费者去竞争;企业要让工作场所人性化;企业要为人才而公开透明❷。也就是说,企业要为了人才去竞争、为人才提供良好的工作环境、为人才改变内部的管理制度。制度的改变已经迫在眉睫。安娜·塔维斯(Anna Tavis)也在2017年发表的《人力资源与市场营销如何与人才品牌交织在一起》中表示:人力资源的未来将被数据、技术、品牌和营销的交互关系所决定❸,这种关系的桥梁就是人才。今天,面对新的时代问题,代表传统管理制度的HR已经不得不和数据、品牌等因素相互牵绊,并为此而迎接深刻的变革。

阿斯塔·萨万尼维钦(Asta Savanevičienė)和波鲁特·维奇奥斯凯特(Birutė Vilčiauskaitė)更加明确地提出,人才管理分为排他式人才管理(exclusive talent management)和包容式人才管理(inclusive talent management)两种形式。前者指去购买或引进已经明确存在的人才;后者指每个员工都可以在发展中成为人才。而不论是哪种管理方式,企业都需要通过 人才吸引与选择(talent attraction and selection)、人才发展(talent

❶ Keohane, Kevin. Get your brand and talent right[J]. *Training Journal*. May, 2014:28-32.

❷ Winsborough, David; Chamorro-Premuzic, Tomas. The Inevitable Embrace: HR and Marketing[J]. *People & Strategy*. 2017, 40(4):9-10.

❸ Tavis, Anna. How HR and Marketing Are Reinventing the Talent Brand Together[J].*People & Strategy*, 2017, 40(4):8-9.

development）、人才激励（talent motivation）和人才保留（talentretention）❶四种具体路径来进行管理。

二、雇主品牌

"雇主品牌（employer brand）"意味着企业在雇佣员工这个维度也会呈现出一种"品牌"的形象和价值。其涉及的核心问题就是：如何吸引并留住人才。这个概念的诞生要归因于1984年美国《财富》杂志举办的第一届"美国最佳雇主"的排名活动。该活动逐渐产生了影响力，并引发了业界和学界的广泛关注。十多年后，学者们开始探讨并研究"雇主"如何可以成为一种品牌的问题。

1996年，赛蒙·巴洛（Simon Barrow）和提姆·安博拉（Tim Ambler）在文章《雇主品牌》中提到：雇主品牌就是为企业管理提供一个统一的框架，以简化并专注于优先事宜，提高生产效率，提升人才招聘、保留和奉献的水平❷。而针对企业究竟应该如何创造自己的雇主品牌，许多学者也开始了深入探讨。

2002年，迈克尔·尤因（Michael T. Ewing）在文中论述说：企业要在潜在的劳动力市场建立一种形象，那就是，在你的企业工作，要比在其他企业都要好❸。其他学者有的甚至从这个角度给雇主品牌进行了界定。比如2004年，克莉丝汀·巴克豪斯（Kristin Backhaus）和苏林德·缇库（Surinder Tikoo）提出："雇主品牌"就是建立雇主可辨别的、独特的身份识别的过程，这种企业的理念将其自身与其他竞争者区分开来❹。其他学者还有认为雇主品牌就是组织作为雇主的独特形象❺，或认为组织在实际的和潜在的员工眼中的形象❻。

---

❶ Savanevičienė, Asta;Vilčiauskaitė, Birutė. Practical application of exclusive and inclusive talent management strategy in companies[J].*Business, Management & Education / Verslas, Vadybair Studijos*. 2017, 15(2):242-260.

❷ Barrow S., Ambler T. The Employer Brand[J]. *Journal of Brand Management*, 1996, 4(3):185-206.

❸ Ewing M.T., Pitt L.F., de Bussy N.M.,et al.Employment Branding in the Knowledge Economy[J]. *International Journal of Advertising*, 2002,21(1): 3-22.

❹ Backhaus K., Tikoo S. Conceptualising and Researching Employer Branding[J]. *Career Development International*, 2004,9(5):501-517.

❺ Knox S., Freeman C. Measuring and Managing Employer Brand Image in the Service Industry[J]. *Journal of Marketing Management*, 2006, 22: 695-716.

❻ Kimpakorn N., Tocquer G. Employees' Commitment to Brands in the Service Sector: Luxury Hotel Chains in Thailand[J]. *Journal of Brand Management*, 2009, 16(89): 532 - 544.

在激烈的人才争夺战中，企业要想发展得快而好，就必须在吸引人才和留住人才方面下功夫，这已经成为一个企业兴衰成败最关键的原因所在。因此，有学者如卡塔兹纳·拉左库（Katarzyna Lazorko）和玛塔·扎雅可（Marta Zajac）提出了一些原则性的建议：创造友善的工作环境；保证员工自我发展的可能性；创造组织活动的参与机会❶。

三、人才培训

品牌人才的培养可以从两方面进行分析和探讨：高校教育和企业培训。美国是比较早在高等教育中设置营销专业的国家。中国改革开放后，也在众多高校开设了市场营销专业及相关课程，经过几十年发展，中国高校的营销专业人才培养机制已经比较完善，但完善的教育体制并不等于人才满足了企业的需求。有学者认为，企业的人才培训已经成为影响企业升级发展的至关重要的战略行为，企业只有通过职业培训才能有效应对快速发展的经济和社会❷。本书主要从企业的角度出发来探讨企业人才培训（talent training）的原则、作用、范围、方法、效果等问题。

近些年来，企业培训更加深入和全面、更有针对性和系统性。比如，2013 年，查尔斯·万恰（Charles M. Vancea）等学者指出，当今的企业培训要围绕以下六个方面展开：培训相关性（Relevance of training）、培训对未来成功的实用性（Usefulness of training to future success）、培训接受者的控制（Training recipient control）、有效反馈（Effective feedback）、支持性和友好的氛围（Supportive and friendly climate）和培训的转化（Transfer of training）❸。这六个方面可以被视为人才培训的基本原则。这就意味着，企业要针对不同的员工展开有针对性的培训，培训应该是和员工的实际工作密切相关的，对未来工作有很大的帮助，培训过程要有良好的管理和把控，要了解员工的意见，

---

❶ Lazorko, Katarzyna, Zajac, et al. , Internal marketing and talent management as integral elements of employer branding strategies[J].*Economic Processes Management*,2014, 1:1-10.

❷ Farn-Shing Chen, Shih-Wei Hsu, Min-Che Hung,et al. .Application of the talent quality-management system to assess training effectiveness of enterprises[J].*The International Journal of Organizational Innovation*, 2016,8 (3):84-98.

❸ Charles M. Vancea, Irene Hau Siu Chowb, YongsunPaika ,et al. Analysis of Korean expatriate congruence with Chinese laborperceptions on training method importance: implications for global talent management[J].*The International Journal of Human Resource*.

要营造良好的人际环境，要快速把员工学得的技能转化为工作中的生产或行为效率。

针对具体的培训方式或方法，主要有两大类引起了业界和学界的关注和探讨，第一种是项目式教学法（project teaching method）[1]，第二种是问题导向学习法（problem-oriented learning method）[2]。企业往往会针对不同的工作岗位和实际问题进行不同方式的培训，有时也可以两者结合。

第八节　品牌故事

不同企业的发展历程往往可以从品牌的视角梳理，形成饶有特色的企业品牌故事。这些故事成为品牌理论和实践发展的重要案例。一方面，品牌理论的不断推陈出新为企业品牌实践提供了重要的理论指导和智力支持；另一方面，基于时代背景的企业品牌实践也为品牌理论的发展提供了现实基础。这里选取中国移动通信集团有限公司（简称中国移动）和中国南方航空集团有限公司（简称南方航空），两大央企作为案例。

一、中国移动

1. 品牌形象

2013年9月，中国移动开始正式采用正邦品牌顾问服务集团设计的品牌标识，新Logo以新的纽带相握为造型，延续了中国移动的品牌形象，使整个形象更加简洁动感、

---

[1] Wang Myrna Huixian, Dy Frederick, Vu Van Khien, et al. Structured EUS training program improved knowledge and skills of trainees: Results from the Asian EUS Group[J]. *Digestive Endoscopy,* 2015, 27(6): 687-691.

[2] Annette B, Christie V D, Craig M. Students as facilitators in a teacher training program: motivation for leadership roles[J]. *Environmental Science & Technology*, 2015, 36(17):3844-3849.

互通顺畅，也体现了互联网特征的延伸性。时尚、亲和、智慧的浅蓝色代替了过去强势、冰冷的色彩，一抹生机的绿色为企业注入创新活力与社会责任的品牌联想。新标志秉承"责任、卓越"的核心价值，体现了"移动改变生活"的战略愿景，强化了中国移动作为企业公民对国家、对社会的价值承诺。在2013年12月召开的"2013中国移动全球合作伙伴大会"上，中国移动推出了移动4G品牌"And! 和"。从字面上可以看出"and"是"和"的直译，"and"也是"a new dream"的首字头的缩写，寓意孕育着中国移动在4G时代的新梦想，而其中的感叹号则希望随时随地为客户带来惊喜。

2019年6月，中国移动推出"5G++"Logo，该品牌标识由无限大符号"∞"以及"5G"和两个加号"++"三部分组成，其中"∞"体现了中国移动5G改变社会的无限可能，寓意开放、共享的理念，右上角的两个"+"号则代表中国移动"5G+"计划将为行业及个人带来叠加倍增的价值。其中由小到大的排列方式表达了中国移动不断开拓向前，引领技术发展，改变社会的坚定信念与积极态度。

2. 品牌定位

针对不同的消费群体和市场，中国移动采用了"四轮驱动"战略，分别对个人移动市场、家庭市场、政企市场、新业务市场采取相应的策略。

在个人移动市场方面，中国移动快速调整经营策略，把握战略主动，充分释放资费弹性。进一步优化产品结构，匹配用户需求，利用大数据施行客户精准营销和精准维系，提升客户服务水平。在有效应对竞争的同时，中国移动深化流量经营，积极推进"流量＋内容＋权益"一体化创新运营，激发业务使用量，促进流量的快速增长。在家庭市场方面，中国移动坚持"提速、提质、提价值"的发展思路，持续提升宽带质量，打造高品质形象，整体保持了强劲的增长势头。进一步完善数字家庭生态，强化入口经营，融合拓展魔百和、和目、智能网关等业务，提升客户黏性和价值。在政企市场方面，中国移动紧盯重点行业，拓展政企市场蓝海。在新业务市场方面，中国移动着力创新经营模式，新业务收入规模快速增长，已成为拉动整体收入增长的重要一环。规模推广成熟业务，2018世界杯期间中国移动推出"咪咕视频"全场景观看，观看人次达43亿。同时，中国移动加速发展物联网业务，OneNET开放平台设备连接数达7,988万，成为全球连接规模最大的物联网平台之一。中国移动还加速推进行业应用落地，积极拓展云计算、大数据业务，ICT、云计算、大数据收入合计达人民币41.9亿元，实现快速增长。

3. 品牌资产

中国移动在2019年《财富》世界500强企业排名中列第56位，中国500强企业中排第8位，资产规模达到7368.19亿。雄厚的资产实力在市场竞争、技术研发等方面都体现出巨大优势。其在2G时代就是中国移动通信领域的领军企业，但在3G时代有所落后，不过在4G时代，中国移动调整战略，重新成为中国移动通信领域以及相关行业的领跑者，预计在5G时代，中国移动将继续领跑整个行业。

4. 品牌社区

截至2019年1月，中国移动用户总量已经达到9.27亿，相比较而言，中国电信用户为3.07亿，中国联通用户为3.18亿。巨大的客户量优势与品牌的社区化经营密切相关，较高的客户忠诚度将有利于建立品牌社区，吸引更多的消费者和用户加入其中，形成市场竞争优势。

二、南方航空

1. 品牌形象

南方航空以蓝色垂直尾翼镶嵌红色木棉花为公司标志。木棉花是中国南方特有花卉，花树挺拔高大，春天开放，花朵硕大，布满枝头。在我国南方人心目中，木棉花

象征高尚人格，广州市民将它推举为市花。南方航空的标识隐喻了企业的文化内涵。南方航空以"阳光南航"为文化品格，以"连通世界各地，创造美好生活"为企业使命，以"顾客至上、尊重人才、追求卓越、持续创新、爱心回报"为核心价值观，大力弘扬"勤奋、务实、包容、创新"的南方航空精神，致力于建设具有中国特色的世界一流航空运输企业。

近年来，南方航空积极响应国家倡议，大力推动"一带一路"建设。在"一带一路"重点涉及的南亚、东南亚、南太平洋、中西亚等区域，建立起完善的航线网络，航线数量、航班频率、市场份额均在国内航空公司中居于首位。在企业社会责任方面，南方航空积极投入公益活动：2005 年，出资 2000 万元人民币创立"南航十分关爱基金会"；2013 年，向天津大学捐赠 100 万元设立了"南航十分关爱励学金"，资助家庭经济困难的优秀学生。从 2006 年至 2014 年，南航总计承担了 11 次海外撤侨行动，将 11000 余名中国侨胞接回我国，其中也包括一些港台同胞（具体见表 1-5）。撤侨行动往往是在所在国出现战乱、动乱或其他重大危机事件时候的紧急行为，南方航空的快速组织动员能力以及成功的撤侨行动，不仅仅是中国航空能力的体现，更是国家实力和民族自尊心、自豪感的呈现。这为提升我国的国家形象、提升党和政府的形象都起到了重要的作用。

表 1-5 南方航空近年撤侨行动

序号	时间	撤侨地点	侨胞人数
1	2006 年 4 月	巴布亚新几内亚所罗门群岛	310
2	2006 年 5 月	东帝汶首都帝力	242
3	2000 年 6 月	巴布亚新几内亚所罗门群岛	116
4	2008 年 4 月	赤道几内亚首都马拉博	400 余
5	2008 年 11 月	泰国曼谷	1105
6	2009 年 5 月	墨西哥	98
7	2009 年 6 月	吉尔吉斯斯坦南部奥什地区	1299
8	2011 年 2 月	埃及卢克索	220（香港）
9	2011 年 2—3 月	突尼斯的杰尔巴（利比亚侨胞）	6649
10	2012 年 2 月	马尔代夫马累岛	284
11	2014 年 5 月	越南平阳省	291

2. 品牌定位

南方航空的企业品牌定位是"中国特色""世界一流"，它面向的消费人群覆盖了国内外各个阶层、年龄层、地区等。南方航空的消费人群定位比较多元，针对消费者设立了明珠会员制度，会员可以在"南航明珠俱乐部"中享受常客奖励。明珠俱乐部会员除了在南方航空的航班上累积和兑换里程以外，还可在四川航空、中华航空等航空合作伙伴的航班上累积和兑换里程。此外，明珠俱乐部还与酒店、汽车租赁、信用卡、电信公司等合作，提供里程兑换及增值服务。通过真情服务和人文关怀，追求空地服务标准化、人性化和特色化，南方航空致力满足并超越顾客的期望。截至 2019 年 1 月，南方航空明珠俱乐部会员超过 4000 万，并以里程累积机会最多、增值最快而持续增长。

3. 品牌资产

南方航空长期以来都是中国第一大航空公司，在《财富》2019 年中国 500 强企业排名中位列第 67 位，总资产达到 1436.23 亿元。排名其后的三大航空公司分别为中国国际航空股份有限公司（总资产 1367.7 亿元）、中国东方航空股份有限公司（总资产 1149.3 亿元）和海南航空控股股份有限公司（总资产 677.6 亿元）。雄厚的资产实力，也让南方航空在未来的发展中更加游刃有余。

第二章
新闻宣传和品牌建设队伍能力素质提升目标和重点

当前，中国政治经济和社会发展已经进入新的历史方位，新时代成为当前以及未来一段时间鲜明的发展定位，新时代的新使命和新变化对党和国家的宣传思想舆论文化工作带来新的要求。在 2018 年 8 月召开的全国宣传思想工作会议上，习近平总书记要求，在新的历史起点上紧紧围绕新时代中国特色社会主义思想和党的十九大精神，不断增强"四个意识"，坚定"四个自信"，切实承担举旗帜、聚民心、育新人、兴文化、展形象的使命任务，全国宣传思想舆论工作要在坚持正确政治方向的基础上，在基础性、战略性工作上多下功夫，在关键处、要害处下功夫，在工作质量和水平上下功夫，在理想信念、价值理念、道德观念等方面强化全体人民的凝聚力，为中国特色社会主义现代化事业和中华民族伟大复兴做出更大贡献❶。

国家电网有限公司作为重点骨干央企，在坚决贯彻党的新闻宣传和舆论引导等工作要求的基础上，在品牌管理、品牌传播、舆论引导、社会责任工作等诸多方面，进行了全面战略部署和全方位推进，成为弘扬新时代旋律、传播社会主流核心价值观等正能量的主力军。不仅如此，国家电网有限公司还根据经济社会转型和发展格局、新闻舆论生态和技术变革，特别是品牌建设上升为国家战略等一系列新要求，对品牌建设工作的渠道、重点任务、关键项目等进行了规划设计和部署落实，使得国家电网整体品牌建设工作不断迈上新台阶。

---

❶ 新华社：《习近平出席全国宣传思想工作会议并发表重要讲话》，见新华网，2018.

第一节 提升目标

电网企业宣传人员能力提升所面临的问题在一定程度上具有一定的共性，立足区域公司的工作现状，能够一定程度窥探电网企业的整体态势。2018年10月，为了进一步了解当前电网企业品牌传播及新闻宣传现状，以国网浙江省电力有限公司的品牌传播和新闻宣传工作为样板，面向浙江全省供电系统开展专项调研和问卷调查。通过对调研结果的反馈整理，大致梳理了当前国网浙江电力品牌工作和新闻宣传的主要现状，并由此梳理出国家电网有限公司系统品牌传播与新闻宣传的普遍性问题。从调查结果来看，大多数员工反映当前新闻宣传和品牌建设工作压力大，其原因主要是考核的压力较大，相对应的，遭受较大考核压力的根本原因是宣传队伍的能力不足。反馈结果中分别有90.1%和87.9%的被调查者认为，创意策划能力与新闻传播专业能力是品牌工作最重要的能力，其后依次是文字能力（74.2%）和沟通能力（62.6%）。而这些能力也正是电网企业新闻宣传和品牌建设从业人员急需提升的能力。

以习近平新时代中国特色社会主义思想为指导，紧紧围绕公司系统品牌建设战略发展目标，高举旗帜，服务大局，提升公司系统宣传工作人员思想政治理论素养、品牌专业能力素质、大数据融媒体等新兴技术运用水平，为新闻宣传、舆论引导、社会责任、品牌管理等工作提供全面扎实的能力支持，提升公司系统新闻宣传和舆论引导工作的传播力、引导力、影响力和公信力，推动公司系统新闻宣传和品牌引领工作不断迈上新台阶，为公司建设具有中国特色国际领先的能源互联网企业提供坚强保证。

——提升品牌传播力。遵循内容为王的规律要求，强化品牌传播题材和内容的创意策划能力，创新品牌内容叙事方式，丰富传播内容的展现方式。优化品牌传播渠道和平台建设，创新品牌传播手段。瞄准品牌工作的前沿实践，充分运用包括传统媒体和新兴媒体等在内的融媒体传播渠道和传播方式，对传播渠道、传播平台、传播端口等进行整合和建设创新，确保传播渠道通畅，受众信息获取和互动参与便捷，平台兼容性和延展度强，传播端口使用人性化，为品牌传播工作实践提供丰富的渠道和手段支持。讲好国网故事,传播好国网声音,不断提升品牌传播力。

——提升品牌引导力。加强思想政治意识,强化意识形态责任制,增强对意识形态的识别、把握和引导能力,为公司系统意识形态安全,为国家建设具有强大凝聚力和引领力的社会主义意识形态提供坚强的支撑。提升对当前经济社会转型态势和趋势的整体把握,加深对社会和网络复杂舆论的宏观了解,掌握危机传播和舆论引导的理论、策略和方法,主动防控,有效引导,提升舆论引导力。

——提升品牌影响力。创新人才培育、培训和能力提升实践,全方面提升宣传工作人员的政治理论素质、品牌专业素质、新闻宣传业务素质以及品牌工作相关新兴技能,建立完善品牌工作能力结构体系。通过卓有成效的品牌工作,通过品牌信息、品牌关怀等核心要素和价值的传播,提升公众对国家电网品牌的关注、认知和认可,全方位提升国家电网有限公司的品牌影响力。

——提升品牌公信力。探索品牌工作效果分析和价值评估分析,梳理公司系统品牌工作效果和价值评估关键要素,建立评估指标体系和评估模型,打造全流程、闭环管理的品牌工作结构体系,不断提升品牌工作的效果和价值。将国家电网品牌服务国家战略和地方高质量发展的能力、科技创新能力、精细化服务能力、央企担当与社会责任、国家电网的品牌精神与使命等,进行全面传播,增强品牌信任度,提升国家电网品牌的公信力。

第二节 重点突破

宣传工作人员作为公司系统品牌工作的主体,肩负着品牌建设、新闻宣传和舆论引导等重要职责,同时,公司系统作为重点骨干央企,其宣传工作人员也是国家宣传思想工作队伍的重要构成,必须时刻与党中央保持一致,切实遵守党中央关于宣传思想、新闻舆论等工作的要求。正因为如此,电网企业的宣传工作人员在掌握相关理论知识和专业能力的基础上,还必须遵循习近平总书记在全国宣传思想工作会议上的要求,以政治过硬、本领高强、求实创新、能打胜仗作为素质建设和能力提升的总体要求,作为新时代品牌工作开拓新局面的重要保证。

一、全面提升综合素质

当前，品牌工作面临着复杂的舆论生态和环境，面对各种政治文化思潮的相互激荡，面对各种价值观念的相互影响，如何保持足够的定力与辨识力，需要宣传工作人员具备过硬的综合素质。

1. 政治素质和相关理论是基础

思想政治素质以及相关理论是品牌工作的基础。作为国有重点骨干企业，国家电网有限公司的品牌工作必须紧紧围绕党中央关于宣传思想工作的要求，以讲政治作为第一位的要求，严格政治站位，强化政治自觉，牢牢树立"四个意识"，坚定"四个自信"，以习近平总书记在全国宣传思想工作会议上强调的"九个坚持"为根本遵循，作为政治素质的关键。

具体而言，坚持党对意识形态工作的领导权，坚持思想工作"两个巩固"的根本任务，坚持用习近平新时代中国特色社会主义思想武装品牌工作队伍，坚持培育和践行社会主义核心价值观，坚持文化自信是更基础、更广泛、更深厚的自信，是更基本、更深沉、更持久的力量，坚持提高新闻舆论传播力、引导力、影响力、公信力，坚持以人民为中心的品牌传播内容创作导向，坚持营造风清气正的网络空间，坚持讲好中国故事、传播好中国声音。

2. 品牌专业相关素质是保障

当前，品牌工作与现代科技之间的互动越来越强烈，新一轮科技革命的加速对传播格局和传播生态的影响日益显著，并导致了舆论生态的深刻变革。如何顺应现代科技的变革，理解和重新认识传播规律，顺应传统媒体和新兴媒体之间的融合发展，提高对新兴传播技术的把握和应用能力，提升新时代新媒体生态下品牌工作能力和水平，成为品牌工作专业素质的重要构成。

一是顺应媒体生态变化，提升对媒体融合的驾驭能力。随着媒体格局和传播生态的变化，媒体融合成为品牌传播的核心生态。在媒体融合的背景下，根据媒体融合的趋势和特征，调整和建构品牌传播内容创新体系、传播渠道创新体系、品牌管理创新体系、品牌文化创新体系等，不断提升国家电网的品牌传播力、引导力、影响力和公信力。

在品牌传播内容创新体系方面，在坚持内容为王的传播规律基础上，遵从融媒体时代传播的规律和要求，适应数字化、数据化、网络化、去中心化等互联网传播特点，以用户为中心，根据用户的信息需求，打造图文、短视频、直播、问答、动画、AI/VI等诸多形式丰富、质量优良的品牌传播内容融合和创新体系。

在品牌传播渠道创新体系方面，根据当前品牌传播格局的变化，紧扣传统主流传播机构、官方传播渠道、网络平台以及个人社交媒体等不同类型的媒体，充分运用新兴传播技术，打造新时代真正具有传播力的品牌传播渠道体系，构建适合融媒体时代需要的品牌传播渠道创新体系。

在品牌管理创新体系方面，以国家电网有限公司整体品牌战略为指引，根据新的媒体格局以及媒体生态，对品牌传播内容策划创意与资源库建设、品牌传播活动策划、品牌传播对象服务、品牌传播主题精细化、传播渠道和方式创新、传播效果评估等方面，进行全方位创新和管理。

在品牌文化创新体系方面，通过品牌传播，强化国家电网品牌与公众的情感链接，让社会公众参与到国家电网有限公司的品牌建设之中，在互动与体验中提升与国家电网品牌的情感共鸣。

二是更新品牌工作的内容形式，适应新媒体生态的需求。内容为王依然是新闻传播和品牌工作的核心规律。在社会转型以及媒体融合等一系列重大背景下，受众需求的变化、传播渠道和传播技术的变革等，对内容为王的规律提出更高要求，需要不断提高内容创新和内容整合的水平。在信息过载的情况下，品牌工作更需要原创、精品的内容，更需要在深度、广度、温度等方面不断进行拓展，以满足和引领公众的信息和情感需求。

三是大数据视野下的数据收集、分析、判断以及使用能力。大数据时代悄然来临，公众生活在各类信息数据的包围之中，不仅如此，数量的量级持续扩大，包括公众日常工作生活在内的整个社会的运营和管理，每时每刻都在产生海量数据。在大数据时代，数据的价值日益受到重视，数据开发已经成为各方面竞争的战场，数据成为一种商业资源和资本，对数据的挖掘和利用，发掘数据背后的价值，成为数据产业的重要构成。对品牌传播工作而言，充分利用大数据技术，借助数据挖掘和聚类，利用大数据、智能算法等技术，对传播受众和消费者进行精准画像，找到不同公众群体所关注的热点、诉求点、敏感点、痛点等核心信息，策划和设计传播相关主题信息，实施精准传播，可以极大提升品牌传播的效果。此外，还可以借助大数据分析，对品牌传播效果、品牌价值等进行客观的量化评估。

四是新媒体、新技术条件下的传播技能。随着信息技术的不断发展，新媒体平台日益成为品牌传播的重要渠道，新媒体技术在品牌传播中的重要性日益突出。在此背景下，如何充分遵从新媒体带来的融媒体格局变化，遵从新格局下公众和用户日益突出的主体地位，借助各类新媒体技术，借鉴病毒式传播、媒介事件、口碑传播、饥饿营销、知识传播、互动传播、情感传播等新媒体品牌传播方式，提高国家电网品牌与公众、用户的互动和沟通，提升国家电网的品牌传播效果和品牌影响力。

病毒式传播。利用公众的关注，特别是社交网络的复制快速、分享便捷等特点，推动品牌信息像病毒一样传播。

媒介事件传播。通过策划实施具有新闻价值、社会影响力的事件，或借助名人效应，吸引用户和公众对品牌信息的关注。

口碑传播。在信息过载的互联网时代，利用新颖的内容吸引公众关注、讨论和自发传播，形成品牌的良好口碑，提升品牌的忠诚度。

饥饿营销传播。通过精心设计的营销手段，以及传播造势，吸引公众和用户关注产品和服务，提升品牌形象和品牌价值。

知识传播。在学习型社会中，知识的价值越发受到重视。通过有效的传播方式和渠道，将精心选择的专业知识、最新成果、价值理念等传播给公众和用户，是移动互联网时代品牌传播的重要方式之一。

互动传播。品牌与公众和消费者的良好互动，是品牌传播有效性的重要衡量维度。借助新媒体的技术特征，通过精心设置的话题吸引公众进行互动，培育品牌与公众之间的忠诚度。

情感传播。品牌是有生命的，通过品牌传播给公众和消费者带来情感上的满足和认同，是产品和服务的必然要求，也是重要的传播方式。

会员传播。会员营销和传播是经典的手法，但在大数据时代，借助数据挖掘和分析技术，公众的品牌接触和品牌喜好被充分暴露，成为新媒体时代营销和传播的新课题。

3. 品牌工作能力是核心

品牌工作对综合素质和专业能力的要求非常高，要求宣传工作人员能够掌握并娴熟运用传播沟通全流程所涉及的理论和技能。

一是提升品牌传播的内容生产能力，满足媒体融合形势下信息传播和受众信息需求。经济和社会转型给群体分化和社会心理带来影响，导致了社会公众对信息和情感等需求的变化。不仅如此，传播渠道和传播技术的变化，也使得信息的生产和传播方式发生了改变，这些变化都需要品牌内容随之进行相应的调整。

二是提升品牌传播的渠道覆盖能力。现代信息技术的发展，极大地丰富和拓展了品牌传播的渠道和平台，依托互联网和移动互联网的各类新兴媒体成为社会信息传播的主渠道。根据受众和用户媒介接触以及信息获取渠道的变化，根据不同类型新兴媒体的特征，适时调整品牌传播的渠道和平台覆盖能力，成为宣传工作人员素质的重要构成。

三是提升品牌传播的沟通能力。宣传工作人员是品牌工作沟通的主体，承担着企业与外部党政机构、相关主管部门、相关机构以及社会和消费者等不同对象的沟通任务，对内承担着与上级主管部门、不同业务部门等沟通，掌握不同的传播沟通方式和技能，成为宣传工作人员的必备素质。

四是提升精准分析与洞察力。宣传工作人员要有新闻传播的敏感性，能够快速捕捉社会热点和公众关注点，结合品牌工作进行快速分析和准确判断，洞察相关变化和趋势对品牌工作的影响，为品牌工作的针对传播和引导提供精准指导。

五是提升创意策划与创新能力。品牌工作对创意策划的要求非常高，特别是在品牌传播、社会责任等工作方面，需要结合党和国家重要战略、社会热点、公司系统重大主题、社会和公众重要关切等，对品牌信息传播的内容、形式、渠道等进行创意和策划，才能更好地提升品牌工作效果。

六是快速响应与执行能力。品牌工作对操作和执行有严格的要求，面对瞬息变化的外部世界，热点纷呈并快速切换的信息传播市场，特别是在遭遇品牌危机事件和舆情事件时，更需要宣传工作人员能够快速反应、快速响应。

七是与时俱进的学习能力。品牌工作对专业知识和综合知识的要求较强，需要掌握新闻学、传播学、社会学、心理学、公共关系学、社会责任等方面的专业知识，以及管理、营销、市场等企业管理方面的基本知识，还要掌握各类新兴的传播技术和方法。宣传工作人员唯有不断更新理念、知识和工具，才能保持品牌工作的前沿和领先位置。

二、确保"四力"突出

1. 在传播能力方面

一是提升传播内容的生产和创新能力，为品牌传播提供坚实的内容保障。严格遵循品牌传播真实性、新闻性、服务性等规律要求，确保品牌传播内容的质量。在此基础上，还要根据公司系统战略目标和核心理念的要求，不断提升传播内容的品位、魅力、深度和高度。

二是扩大传播的范围，提升品牌传播覆盖能力。根据品牌的覆盖和辐射范围，能够传播达到一定的广度和深度，确保品牌传播覆盖和辐射核心受众与用户，没有传播的盲区和盲点。在此基础上，还要提升传播的精度，引入精准传播。

三是提升品牌传播渠道和方式的应用及创新能力。根据传播技术和渠道方式的变化，保持对新技术的敏感度，提高现代传媒新手段、新方法的应用和普及程度。

四是确保有效传播能力。要通过各种行之有效的方式，提升品牌传播的有效性，提升传播的效度。

2. 在引导能力方面

一是坚持正确的政治思想理论，高举习近平新时代中国特色社会主义思想大旗，确保品牌工作的理念、旗帜、方向与党和国家的要求一致，成为党的宣传思想文化工作的重要支持。

二是确保品牌传播内容的引导力。信息传播是品牌引导力实现的最主要途径，采访调查过程是否深入扎实，事实信息是否及时、全面、权威，信息产品是否专业、新颖，信息情感是否亲切、接地气等，都是引导力的重要构成。

三是提升舆论导向的全覆盖能力。要将正确的舆论导向覆盖到品牌工作的全过程，确保在每一个品牌传播渠道、传播环节、传播流程，以及每一篇品牌信息内容中，都能够做到导向正确和导向有力。

四是提升宣传工作人员的引导能力。宣传工作人员的思想政治理论素质、思想和心理动态、新闻宣传专业理论和技能等，既是公司系统组织纪律性和引导能力的重要体现，也是品牌工作引导能力的重要支持。

3. 在影响能力方面

一是加强传播对象的细分工作，提升品牌传播对不同对象的影响能力。提升与党政机构、相关主管单位，社会公众和用户等不同传播对象的交流与互动能力，在大众传播的基础上，根据用户属性进行细分，提高对不同受众群体的细分影响能力。

二是品牌传播渠道的选择性方面，注重区分不同渠道和平台对品牌传播的影响能力。要以公众和用户为中心，选择公众和用户常用的传播渠道和媒体平台，方便用户快速、便捷地接触和获取公司系统相关品牌信息。

三是通过传播内容的议程设置和内容策划，强化品牌传播的内容影响力。要紧扣公众和用户的信息需求，围绕与公众和用户在心理、地理上贴近的事件、信息，围绕公众和用户所熟悉的身边事、身边人，提升内容对公众认知、态度乃至行为的影响力。

四是品牌传播与公众的互动方面，提高品牌传播的互动和参与能力。要通过精心设置传播主题，筛选传播的信息，来吸引公众的关注，增强公众对品牌活动、品牌信息的兴趣，在关注的基础上进一步与品牌进行互动，甚至参与到品牌传播以及品牌建设之中。

4. 在公信力方面

公信力是品牌安身立命的基石。在品牌建设过程中，提升品牌传播力、引导力、影响力都是塑造品牌公信力的过程。除此之外，宣传工作人员更要注重品牌管理和品牌维护工作，减少各类危机和舆情事件对品牌公信力的损害。具体而言，在品牌维护过程中，需要做到：

一是在品牌传播过程中，要确保传播内容的真实性、客观性，杜绝发布虚假和不实的信息。

二是在品牌危机管理和信息传播过程中，面对社会和公众的信息需求，要及时传播社会和公众关心的信息，确保传播全面、真实的信息，防止信息传播片面、失真的现象。

三是在品牌危机管理和沟通过程中，面对媒体的采访诉求，以及社会和公众的关切，要切实进行回应、减少失语，杜绝扯皮推诿的现象。

四是在信息发布的准确性方面，要确保发布事实和信息的准确性，减少文字、事实、逻辑等错误和矛盾之处。

第三章

新闻宣传和品牌建设人员政治理论素质要求

近年来，随着党中央从党要管党、全面从严治党等各个方面推进和加强党的建设，围绕领导干部、党员干部的政治素质的要求日益提升，其政治素质的高低关系到新时代党的执政目标和执政理想的实现。

政治素质作为我国当前政治发展的重要内容，更是新时代加强党的政治建设的重要构成。正因为如此，在党政机关的相关文件，以及时政类的新闻报道中，常见的政治信念、政治立场、政治观点、政治方向、政治原则、政治道路等，都是政治素质的重要构成要素，需要宣传工作人员重点熟悉和了解。

第一节　政治素质的概念

一、政治素质的定义

政治素质，是中国特色的本土概念，有时也称为思想政治素质，是我国在探索和建立现代政治形态、建设中国特色社会主义国家的过程中形成的一个独特概念。相较西方通行的公民素质、公共道德等提法，政治素质作为我国公民素质的一种，与公民素质、公共道德等有一定的相似性，但更强调在政治方面的素养和品质，更强调公民在中国特色社会主义建设中的对政治文化的理解、政治体制的支持、政治参与的意识、政治行为的把握等方面的素质。总体而言，政治素质作为公民素质的重要构成，是国家政治建设和政治文化在公民素质中的重要体现，也可以说公民政治素质的高低直接关系到该国政治建设和民主政治的发展。

作为具有中国特色的政治概念，政治素质在党的相关文献中陆续有所提及，最早出现在1992年党的十四大报告中，第二次出现在2007年党的十七大报告中，2017年党的十九大报告习近平总书记再一次特别强调了政治素质。

从相关研究梳理来看，政治素质有广义和狭义之分。广义方面，可以泛指非临时性组织对其成员在处理个人与组织关系方面的界定，如基本立场、观点、态度、行为等，是该组织为实现其目标和路径而对成员个人的政治理念、政治方向、政治能力等方面的素质要求和规范。狭义方面，特指干部处理其与组织以及领导者之间关系所持有的基本立场、观点、态度和行为特征总和，是树立政治信念、辨别政治方向、认识政治现象、严守政治纪律与完成政治任务所需要的关键素质❶。

就公司系统品牌工作而言，宣传工作人员的政治素质，主要指能够保证品牌工作战略、使命、愿景，以及品牌工作的相关行动顺利完成，推进公司品牌建设顺利前行的关键素质，主要包括认知、意识和倾向三个层面。在认知层面，主要包括宣传工作人员对政治知识、政治理念、政治价值观等方面的了解与认知；在意识方面，主要指宣传工作人员内心深处对政治理论、政治价值观等方面的观点和态度；在行为层面，主要包括宣传工作人员对当前政治的态度、信念，以及对待政治问题的品质等。正因为如此，政治素质不仅是一个人的政治品德与内涵，也不仅是政治思想和观念，还可以转化为实实在在的相关能力。

二、政治素质的特征

在各项综合素质中，政治素质是最关键的素质，对品牌工作具有导向性、决定性的作用，在宣传工作人员的各类素质要求中占据着最核心的基础地位。也正是政治素质的特殊地位和要求，使得政治素质呈现出比较明显的特征：

强制的组织性。政治素质是宣传工作人员的基础素质，是服务并服从于党和国家的路线方针政策、发展目标、发展方向，遵守所在组织的相关制度和要求，政治素质

---

❶ 萧鸣政.新时代领导干部政治素质及其考评初探.北京大学学报（社会科学版），2018年5月第55卷第3期.

与组织直接相关。

普遍的通用性。政治素质不仅仅是对领导干部的要求，对包括宣传工作人员在内的各类人员都具有普遍要求和必备素质，要求全体成员必须在政治信念、政治立场、政治观点、政治态度等方面保持一致。

表现的隐蔽性。政治素质是个体政治立场、观点、态度和行为等总体特征概括，个体的意识、动机、倾向等都属于个体意识和心理的层面，具有较强的内隐性，仅通过表面的言论以及行为很难进行直接的判断，需要借助专业的考评进行科学的测定。

要求的俱进性。政治素质并不是一成不变的，会随着党的路线、方针政策、目标方向等变化而变化，会随着组织战略和组织发展适时调整。不仅如此，在同一组织机构内部，政治素质也会随着不同岗位、不同职位的变化而呈现出不同要求，需要适时进行相关的素质和能力的更新。

三、政治素质的构成

政治素质的构成较为复杂，既与整个社会的教育水平、个人的教育程度等相关，也与整个社会的政治生态紧密关联。

在政治知识方面，社会公众对政治知识了解程度，对政治活动的参与程度，与政策法律制定过程的互动与参与等，都与政治知识密切相关。只有更好地了解我国当前的政治制度，政府部门的构成、职责、分工等，才能更好地参与和互动；只有更好地了解政治过程，如政策出台过程等，才能更好地参与和影响政策走向；只有更好地了解公民的权利和义务，才能更好地维护自身的合法权益，推动国家和社会治理的顺利推进；只有掌握社会宏观背景，包括国际和国内的相关变化，才能更好地进行政治参与。

在政治信念方面，是否具有坚定的政治倾向以及明确的政治方向，是政治素质的核心问题，在政治素质高低的评估中起着关键作用。公民对政治信仰、政治价值的判断与评价等，直接关系着其政治参与的态度和行为。如果政治信仰坚定，对政治评价积极正面，相应的也会付诸积极的参与，如果相反，则会减少政治参与和互动，甚至远离政治参与。

在政治观点方面，是否从正确的政治观点和视角来看待政治体制，分析政治事件以及相关的政治要求，并作出正确的判断，以此指导自身的行动，是政治素质的重要构成。政治观点，是政治信念的外在表现，是对各类政治问题的外在看法和表现。

在政治技能方面，考虑到政治参与是一项专业化程度比较高的活动，需要相应的技能和技巧，因而通过公民的政治参与行动进行评估，可以对公民的政治素质进行考察。如果能够在法律和规则的框架下进行政治参与，行使权利，保障利益，则是政治技能和政治参与相对积极，能够带来积极效能的体现。

在政治文化方面，公民关于政治方面的知识、理解，以及现代政治相关的民主、平等、法治、规则等意识，不是与生俱来的，需要在后天学习过程中获得。公民提升政治文化，获得政治知识，锻炼政治参与技能的过程，就是公民社会化和政治化的过程。如何激发公民对中国特色社会主义政治体系的支持和认可，有效动员社会力量和社会资源，使公民对社会和政治发展的看法更趋理性，强化公民的政治参与和社会责任感，是政治文化和政治社会的重要内容❶。

近年来，政治素质出现在党的核心文件以及党的领导人讲话中的频率越来越高。党的十八大以来，习近平总书记对党员干部的政治素质进行了明确的要求，"学习中国"将之概括总结为"12345"：

一个信仰。"1"即"一个信仰"：党员、干部要坚定对马克思主义、共产主义的信仰，根据党在现阶段基本纲领的要求，扎扎实实做好每一项工作。

两个字。"2"即"两个字"："严"和"实"。各级领导干部要做到"三严三实"，即严以修身、严以用权、严以律己，又谋事要实、创业要实、做人要实。

三句话。"3"即"三句话"，党员干部要"对党忠诚、个人干净、敢于担当"。

四个人。"4"即"四个人"：要心中有党，做政治的明白人；要心中有民，做群众的贴心人；要心中有责，做发展的开路人；要心中有戒，做班子的带头人。

五条标准。"5"即"五条标准"：信念坚定、为民服务、勤政务实、敢于担当、清正廉洁❷。

❶ 韦如梅.从政治社会化看公民政治素质的培育.复旦教育论坛，2005年第3卷第6期.
❷ 央广网：《习近平提出关于好干部的五条标准》，2015.

在党的十九大报告中，关于党员干部政治素质，习近平总书记进行了进一步的阐释，强调指出，党员干部要"坚定执行党的政治路线，严格遵守政治纪律和政治规矩，在政治立场、政治方向、政治原则、政治道路上同党中央保持高度一致"。特别是高级干部，要"不断提高政治觉悟和政治能力，把对党忠诚、为党分忧、为党尽职、为民造福作为根本政治担当，永葆共产党人政治本色"❶。

有研究根据习近平总书记关于党员干部特别是党员领导干部的要求，对政治素质按照政治信念、政治立场、政治纪律、政治作风、政治担当与政治能力六个标准，建立了相应的评价指标体系❷。主要构成如下：

在政治信念和立场方面，坚定对马克思主义、共产主义以及中国特色社会主义的信仰，增强"四个自信"。坚定站在党和人民的立场，贯彻执行党的政治路线和方针政策，坚持中国共产党的领导和中国特色社会主义道路。坚持走群众路线，深入一线，坚持调查和研究。做人做事都要公道正派、遵纪守法，对党和对组织忠诚。

在政治方向和纪律方面，要树立为共产主义和中国特色社会主义伟大事业奋斗的目标，坚持党的路线、方针和政策不动摇，把握政治方向，具有较强的政治鉴别力、政治敏锐性，能够抵御各类政治风险。坚持政治原则，遵守党纪国法，保持政治定力，维护党中央权威，防止个人主义、自由主义等各类歪风邪气的侵害。

在政治理论和担当方面，要能够掌握扎实的理论素养，深刻理解马克思列宁主义、毛泽东思想、邓小平理论、"三个代表"重要思想、科学发展观、习近平新时代中国特色社会主义思想等一系列核心思想内涵，并能够做到理论联系实践，并指导和解决实际工作的难题。坚持政治责任，切实把国家利益、党的利益、人民的利益放在前列。坚持严于律己，保证清正廉洁，谋事、创业和做人都要实，要公道正派。在大是大非面前，要敢于迎难而上、挺身而出，在失误面前要敢于承担责任。

在政治敏锐性和工作能力方面，坚持战略定力，提升执政能力，具有政治觉悟和政治敏锐性，能够鉴别是非，从政治上观察和处理问题。不仅如此，还要具有较强的沟通协调能力，能够合理调配资源，协调不同组织、部门之间的关系，能够准确分析

---

❶ 见党的十九大报告。

❷ 萧鸣政．新时代领导干部政治素质及其考评初探．北京大学学报（社会科学版）2018年5月．

和研判问题，快速判断事件的前因后果和发展趋势等。

在战略思维和学习能力方面，考虑到当前纷繁复杂的形势以及各种变化，需要具有战略思维和全局视野，能够观察世界政治、经济、科技、文化等时代变化，走在时代发展的前列。需要具备与时俱进的学习能力，能够快速适合社会和经济的转型发展需要。学习能力将成为终身能力，需要掌握相应的学习方法，不断学习新知识、新技能，了解新的学习途径，提升学习效果。

在危机管理与突发事件处置能力方面，危机管理已经成为现代管理的重要内容，应对各类突发事件和舆情危机的能力成为重要的能力之一。需要加强相应的制度和机制建设，使得组织和机构在危机状态下能够正常运行，进行快速处置和准确发布。不仅如此，还要掌握危机管理的相关知识，在危机发生前能够梳理、排查和诊断，在危机发生时能够准确分析、研判和科学决策，预判发展趋势，果断行动，快速有效处置和应对。

第二节　新时代政治素质的核心

中国特色社会主义进入新时代是当前国家建设和发展的历史方位，也是党和国家新闻宣传和思想文化工作最大的主题。在新时代核心内容的构成方面，主要侧重在如下几个方面：一是关于社会主要矛盾。人民日益增长的美好生活需要和不平衡不充分发展之间的矛盾，是当前社会的主要矛盾。二是关于新时代奋斗任务和目标。决胜全面建成小康社会，向建成现代化社会主义强国奋进是前进目标。三是关于发展驱动力。坚定不移实施创新驱动发展战略，持续释放更强发展动力。四是关于国际方面，建设新型国际关系，推动构建人类命运共同体，成为中国特色大国外交的核心构成……可以说，准确把握新时代的构成，是宣传工作人员政治理论素质的核心要求。

一、党的建设与强化领导核心

在任何一个现代政治体制中，哪一个政党来领导和治理国家都是首要的政治问题。中国共产党作为执政党来领导中国的发展，既是历史的选择也是实践的考验。在中国共产党从革命党到执政党的实践中，一直将建立党的领导制度和加强党的建设作为掌握政权、巩固执政的关键。在建立党的领导制度方面，早期的原则是从如何实现党的领导出发，重点主要在于解决党如何领导自身、领导军队、领导政权、领导群众以及领导生产与生活等问题，并据此建立相应的领导制度。可以说，党的领导制度建设，不仅要解决党如何实现其对全局的领导问题，而且要解决党的领导制度本身的制度化、规范化和程序化问题❶。

正如邓小平一直强调指出"中国问题的关键在党"。在决定一个国家是否能够全面协调可持续发展的诸多因素和力量中，政党的因素至关重要。政党要有效推动国家成长，就必须具有不断随经济与社会发展而发展自身的气魄与能力。政党与国家成长之间的关系，决定了中国共产党的建设与发展是实现国家持续成长的关键❷。

就当前来说，确立和维护无产阶级政党的领导核心，是当前党的建设的核心问题，也是理论界和学术界关注的重大焦点问题。围绕加强党的领导核心问题，自党的十八大以来，党中央进行了一系列的创新。2016 年 1 月 29 日，中共中央政治局会议召开，最早提出"四个意识"，即政治意识、大局意识、核心意识、看齐意识。同年 7 月 1 日召开的庆祝中国共产党成立 95 周年大会上，习近平总书记在讲话中强调，全党同志要增强政治意识、大局意识、核心意识、看齐意识，切实做到对党忠诚、为党分忧、为党担责、为党尽责。同年 10 月 24 至 27 日召开的党的十八届六中全会，明确了习近平总书记在党中央、全党的核心地位，正式提出"以习近平同志为核心的党中央"并写入全会文件，并通过了《关于新形势下党内政治生活的若干准则》，强调，全党必须牢固树立政治意识、大局意识、核心意识、看齐意识，自觉在思想上政治上行动上同党中央保持高度一致。党的十九大报告再一次强调了党是最高政治领导力量，把"坚持党对一切工作的领导"作为新时代坚持和发展中国特色社会主义"十四条"基本方略的第一条，强调"党政军民学，东西南北中，党是领导一切的"。加强党的全面领导，以及"以习近平同志为核心的党中央"的正式确立，体现了党对中国特色社会主义本质规定认识达到了一个新的高度，具有充分的理论依据、历史依据、现实依据，是中国特色社会主义理论逻辑、历史逻辑和现实逻辑的统一❸。对于维护党中央权威、维护

---

❶ 林尚立.当代中国政治基础与发展.北京：中国大百科全书出版社，2017：166.
❷ 林尚立.中国共产党与国家建设.北京：天津人民出版社，2017：15.
❸ 刘靖北.如何理解党的全面领导.解放日报，2017 年 11 月 21 日.

党的团结和集中统一，凝聚全党全国人民的智慧和力量，推进新时代社会主义事业建设和中华民族伟大复兴，具有深远意义。

对于加强党的全面领导这一中国特色社会主义本质特征，坚持党中央权威和集中统一领导，拥护党中央以及全党的领导核心等重要理论，可以从如下几个层次上进行理解和阐释：一是就国家层面而言，中国共产党作为执政党，是中国特色社会主义现代化事业的领导核心，这是中国特色社会主义最本质的特征，是中国特色社会主义制度的最大优势；二是就中国共产党而言，党中央是把方向、谋大局、定政策、促改革的核心领导力量。中央委员会、中央政治局等党的中央领导机构和集体，是中国共产党的领导核心；三是就党的中央领导机构和领导集体而言，党的领袖就是领导核心，当前习近平总书记是党中央的领导核心。四是党的领导和其他国家机关行使权力是辩证统一的关系。❶前三者关系层层递进，并与管理国家和社会事务的其他机构辩证统一，共同构成新时代中国特色社会主义的领导力量。

二、准确把握党的十八大以来的政治生态

政治生态是自党的十八大以来提及较多的。党的十八大以来，面对中国官场严重的腐败形势、官场潜规则问题、党员干部特别是领导干部的信仰滑坡现象、党纪政纪松懈等严峻问题，习近平总书记提出要全面从严治党，大力整治形式主义、官僚主义、享乐主义和奢靡之风，严肃查处党员、干部违纪违法问题，持续加大惩治腐败力度，重新塑造和建设中国的政治生态，营造积极向上、干事创业、风清气正的政治生态。

在党的十八大以来的政治生态的整治过程中，体现出明显的特点❷：一是政治决心非常坚定，特别是领导人的政治决心是政治生态整治成功的重要条件。党的十八大后的纪检体制改革和国家监察体制试点改革迈出了重要一步，党中央以刮骨疗毒、壮士断腕的勇气推进反腐败斗争，保持持续高压，从常态化和制度化两个层面进行推进。二是紧紧抓住领导干部"关键少数"，通过强化对领导干部特别是"一把手"的监督，

---

❶ 汪亭友.要毫不动摇地坚持和维护党的核心领导地位.解放日报.红旗文稿.2018 年 5 月：5-6.
❷ 任建明，洪宇.新时代政治生态整治：理论、成效与经验.北京航空航天大学学报（社会科学版），
2018 年 3 月.

通过加强对领导干部的责任追究，通过制定完善相应的制度，提高领导干部的责任意识，促进良好的政治生态形成。三是突出制度完善，《关于新形势下党内政治生活的若干准则》《中国共产党党内监督条例》《中国共产党廉洁自律准则》《中国共产党纪律处分条例》《中国共产党问责条例》等一系列党内法规的出台，为权力的规范和约束提供了制度保障；四是严明纪律，把纪律挺在法律前面，不断明确纪委的党内监督专责机关的定位，将职责聚焦到监督、执行纪律、问责，由反腐败的"消防员"变为政治生态的"护林员"。五是切实加强作用建设，强化思想政治教育工作。党的十八大以来，党中央以作风建设作为营造良好政治生态的重要切入点，制定和落实了包括改进工作作风、密切联系群众的八项规定，相继开展了群众路线教育实践活动、"三严三实"专题教育活动、"两学一做"学习教育等一系列活动，全方位强化和提升思想政治教育工作。

正是得益于一系列标本兼治的措施，党的十八大以来的政治生态整治取得显著的成效，为新时代中国特色社会主义现代建设的伟大事业营造了风清气正的政治生态。

三、深刻把握中国民主建设的鲜明特点

在中国共产党的领导下，经过长期的实践和探索，中国的民主政治走出了一条中国特色的社会主义发展道路，形成了一整套具有中国特色的社会主义民主政治制度，显示出了强大的制度优势和生命力。林尚立教授在《中国民主建设的鲜明特点》中，对此进行了总结和归纳❶：一是完成从中国传统政治的"民本"到现代"民生"的转换。在中国古代中强调民为国本的基础上，强调民为国之本与民为国之主两者有机结合，并作为人民民主建设和发展的最基本出发点。二是党领导下的人民当家作主。人民掌握国家权力，成为国家主力，确立了以人民当家作主为宗旨的社会主义社会的社会制度形态。三是公有制为人民民主奠定经济基础。人民民主的实践和发展过程，是政治建设与经济建设、政治制度完善和经济制度完善有机统一的过程，价值取向都是保障人民获得应有的权力。四是"民主"与"民生"互动。民主建设与民生建设有机互动，在推进民生建设的同时，也深刻地优化了民主建设的发展形态和战略。正如其在《当

---

❶ 林尚立.中国民主建设的鲜明特点.北京大学学报(哲学社会科学版)，2012年第1期.

代中国政治》一书中所言，民主是现代文明的基本标志，最先出现在西方，但其本质却是人类自我解放的历史必然，民主在不同的国家有不同的表现形式，西方式民主只是一种表现形式，但不是唯一形式。不仅如此，与建立在民主之上的西方现代政治文明是整个革命的产物不同，而中国的现代政治架构是整个国家转型的产物，政治革命只是一个启动的因素，关键还在于国家转型。更关键的是，随着中国经济市场化、全球化和网络化的推进，中国经济、社会和文化生活深刻改变，随着民主和法治成为中国权力合法的根本来源，随着制度权威性的日益提升和法治国家建设的不断深入等原因，中国国家权力的属性、国家权力的制度安排、国家治理体系与能力等核心方面，都在不断规范和完善，从而保证了中国民主政治的可持续发展❶。

协商民主也是我国人民民主建设的重要实现形式，是中国特色社会主义政治发展道路的重要成果。在协商民主的构成方面，需要重点把握如下几个方面❷：一是协商民主符合人民民主的本质要求。中华人民共和国是通过协商民主制度建立起来的，中国共产党领导下的多党合作和政治协商制度是我国的基本政治制度，通过群众路线全面吸纳公民参与民主决策和民主管理。二是协商民主展现了中国特色。协商民主展现了以中国共产党为核心主体，以宪法为最高权威，参与成为社会整合的重要动力，权力运行趋向软化，社会治理是多元共治，公正成为政治过程的基本价值追求，政治结构从纵向向纵横结合发展等七大中国特色。三是竞争民主与协商民主有机结合。在我国民主建设和发展过程中，竞争民主必须时刻与协商民主有机结合，把竞争建立在协商基础之上。

正是得益于中国民主政治建设的不断推进，政治制度变革和体制创新为经济持续健康发展提供了强有力的政治保证。特别是党的十八大以来，更加注重改革的系统性、整体性和协同性推进，通过简政放权、"把权力关进笼子里"等一系列变化，有力地促进经济和社会发展。

正是得益于中国民主政治建设的不断推进，国家治理不断向现代化方向迈进，国家治理体系和治理能力不断完善，以人民当家作主为根本的人民代表大会制度与时俱

---

❶ 林尚立.当代中国政治基础与发展.北京：中国大百科全书出版社，2017：3、6、7、18.
❷ 林尚立.协商民主是符合中国国情的民主实现形式.人民日报，2016年8月31日.

进，协商民主进一步向制度化、规范化方向发展，全国依法治国上升为国家战略布局，可以说中国特色的社会主义民主政治的制度化、规范化、程序化水平不断提升。

正是得益于中国民主政治建设的不断推进，以党内民主推动人民民主不断向前发展。党的十八大以来，党中央在全面从严治党的过程，以党内民主建设作为全面从严治党的重要基础、内容和手段，通过颁布《关于新形势下党内政治生活的若干准则》《中国共产党党内监督条例》等一系列制度，进一步推动党内民主的制度化发展，并呈现出如下清晰的特点：一是党提高党内权力的约束性和规范性；二是党增强党内制度的合理性与权威性；三是党扩大党员的参与度和认同度❶。

第三节 新时代政治素质的重点要求

一、宣传工作人员政治素质

面对快速转型与发展的经济与社会环境，面对快速分化的社会群体与复杂的社会心理，面对快速发展且日益普及的大数据、人工智能等新兴技术，面对快速变化的媒体格局和舆论生态，品牌传播工作也必须适应这种新变化，迎接新挑战。宣传工作人员的素质和能力也必须进行相应的提升。

特别是作为国有骨干央企的宣传工作人员，普遍现状是年轻偏轻、思想活跃，新闻舆论专业背景欠缺，从业时间较短，在品牌传播和舆论引导工作中，对重大时政热点、社会各类思潮、敏感问题等缺少准确把握，辨别与把关能力有待提升，在政治意识、马克思主义新闻舆论观等方面，都需要进行大力提升，在新媒体环境下的内容制作、新传播技术应用、新媒体平台的运营管理等品牌传播业务方面，都需要进行针对性的培训和提升。

在上述各类素质中，政治素质对宣传工作人员尤为重要。宣传工作人员作为企业品牌传播和舆论引导的直接责任人和把关人，作为企业与社会和公众信息传播、意见交流的桥梁和纽带，作为企业观察社会和网络的舆论动态的主要责任者，作为企业收

❶ 林尚立．中国共产党与国家建设．天津：天津人民出版社，2017.268-269.

集和整理社会和公众诉求的主要渠道之一，作为企业协调用户诉求处置各类突发事件、舆情事件的主要主体，作为企业品牌文化传播的主要执行者，这些工作的顺利完成，都需要特别过硬的政治素质。

具体而言，包括如下几个方面：

在政治传播方面，国有骨干中央企业作为中国经济稳定和转型发展的稳定器。在中国建设社会主义现代化强国的过程中，国有企业特别是骨干中央企业作为党和国家最可信赖的依靠力量，作为坚决贯彻执行党中央改革和经济决策部署的重要力量，作为贯彻新时代新发展理念、全面深化改革的重要力量，作为近些年来坚决贯彻实施"走出去"战略、"一带一路"建设等重大部署的重要力量，作为壮大综合国力、促进经济社会发展、保障和改善民生的重要力量，作为党赢得具有许多新的历史特点的伟大斗争胜利的重要力量，这些重要政治定位以及重要战略定位，都需要通过品牌传播工作迅速、准确、生动、有效地传递给社会和公众，吸引社会公众参与到企业品牌工作中来，为企业发展塑造良好的品牌形象，营造良好的舆论氛围。

在企业与社会的互动和协调方面，宣传工作人员承担着企业社会和舆论环境守望的职能。在世界格局剧烈变化、地缘政治矛盾加剧、经济贸易冲突不断深化的国际环境下，在国内经济转型升级、社会转轨的当下，国际社会的冲突和矛盾会向国内社会进行传导和传播，国内社会的一些深层次矛盾和问题也逐步显示，如资源能源问题、环境问题、利益分配不均衡问题、民生压力问题等，都开始在社会和网络中呈现，并与各类突发事件、舆情事件交织在一道，给事件处置和舆论引导带来挑战，需要宣传工作人员及时更新能力和知识储备，通过传播与沟通工作进行妥善引导。

在企业与社会、公众的互动和协调中，社会主流媒体、网络媒体以及企业官方传播平台是一个重要的渠道。如何通过各类媒体以及企业传播平台，通过信息传播和舆论引导，在不同地区、不同阶层、不同群体之间进行沟通和协调，发挥社会舆论监测器和减压阀的作用，引导社会热点和敏感问题，减少和减缓社会矛盾，这些都需要宣传工作人员具备较强的政治质素作为支撑。

不仅如此，宣传工作人员还承担着积极传播主流价值观和主流思想、传播企业品牌主张、彰显企业社会责任等职责。如何通过精心策划的企业新闻传播，通过企业品牌故事，在企业的事件、故事、人物等新闻传播中，彰显社会主义核心价值观，突显企业的央企责任担当和作为，需要宣传工作人员不断提升新闻传播和舆论引导的能力和水平。

特别是在企业自主信息传播和舆论引导阵地建设中，要注意马克思主义新闻观，落实党管媒体和"政治家办报"等党性原则，确保新闻传播和舆论引导阵地的意识形态安全。不仅如此，宣传工作人员还要在此基础上，贯彻落实党的新闻宣传思想工作会议、上级主管部门关于品牌和意识形态等工作的要求，把党的要求、企业的责任、社会和公众的诉求等很好地结合起来，营造积极正面的舆论氛围。上述任务都需要宣传工作人员具有过硬的马克思主义新闻理论素养、良好的政治素质以及扎实的新闻传播业务功底。

二、"互联网＋"对政治素质提出新要求

意识形态工作极端重要，关乎旗帜、关乎道路、关乎国家政治安全。为此，以习近平同志为核心的党中央高度重视意识形态工作，作出一系列战略部署。根据党中央意识形态工作的部署和要求，电网企业高度重视，落实意识形态责任制，统筹网上和网下两条战线，强化宣传阵地建设和管理，完善舆论引导体系。

当前，互联网成为各种信息、观点和意见交流、汇聚的地方，与之相伴生，各种政治见解观点、各类政治思潮碰撞激荡，且受各种传播技术、传播形式，以及表达方式的影响，使得互联网虚拟空间上的政治文化和意识形态泛化，主流政治观点和文化、主流意识形态的话语权和把关权容易遭受削弱，传播力、引导力、影响力和公信力容易遭受挑战，可能会给组织的形象和声誉带来一定的负面影响。主要表现为：

一是在互联网虚拟空间中，政治思想理论传播者与受众之间的关系模糊，传播者的主体地位和主动权遭受挑战，从单向的传播走向双向互动和交流，不仅如此，在一些特殊事件和舆情中，网络用户甚至会成为主导者。

二是在思想政治理论的传播媒介与传播平台方面，也发生了较大的变化。从传统的主流媒体和主流平台占主体，向互联网媒介和互联网平台为主体转变，使得热点扩散加快，舆论引导的难度也随之增加。

三是思想政治理论把关人地位的弱化和掌控作用削弱。互联网虚拟空间多元化、去中心化特征，使得思想政治理论传播的把关人角色受到挑战，对网络空间上的意识

形态工作难度加大。

可以说，互联网、移动互联网日益普及，互联网社会从技术、媒体、文化等各个层面不断变化，人们的信息交互、交往活动、工作方式、思维方式等都发生了重大变革。在万物联网的背景下，网络虚拟空间与现实空间的交互作用日益加强，共同成为人们生存环境、活动空间和发展条件，也构成意识形态工作的新场域。在此背景下，准确把握新形势下网络意识形态建设的形势、现状和特点，特别是把握网络意识形态领域主体多元、形态多样、场域复杂等特征所带来的挑战，将有助于提升公司系统网络意识形态工作的针对性和精准性。

考虑到当前世界格局的快速变动，经济转型社会转轨加快，各阶层各群体利益诉求复杂多元，信息传播和观点交流渠道日益广泛，特别是在互联网虚拟社会成为日常生活方式的当下，网络意识形态工作的日趋复杂，迫切需要进行专项研究，实现中央要求和公司党组工作要求的有机结合，成为公司系统开展网络意识形态工作的迫切前提。

在此背景下，宣传工作人员需要根据当前互联网社会的特点，根据当前舆论引导的要求同步提升政治素质：

一是强化宣传工作人员的主体责任，提高主动性、主观能动性、意识性和自觉性，充分利用互联网传播模式的平等、开放、互动等特点，坚守和维护话语权主导和主体地位，坚守政治舆论阵地。

二是改造传统政治传播和舆论引导方式。要适应互联网时代信息传播和意见交流的方式，通过平等沟通和交流，回应用户的关注和诉求，凝聚共识，集聚正能量，提升政治舆论引导的成效。

三是巩固政治传播和交流的平台建设。要整合相关资源，在掌握舆论主导权的基础上，以平等对话为基础，打造多边交流、互动便捷的传播和引导平台。

四是净化网络政治生态环境，严格执行国家有关网络管理的相关规章制度，在互动交流的同时，要保持网络舆情和意识形态的敏感性，切实维护和提升网络的生态环境。

第一节 公共策划思维

　　选题是影响内容的关键因素，因而懂得如何策划选题是企业融媒体采编人员必须要掌握的技能之一。企业的新闻宣传工作人员，不同于社会媒体组织的新闻从业者，日常工作中，除了完成企业自身的"大事要事"新闻宣传，也少不了与社会新闻媒体打交道，开展公关活动，提升企业形象，因而也赋予了部分"公共关系"职能。因此，企宣人员在开展选题策划时，除了新闻宣传策划技能提升外，也应适当引入公关策划思维、市场营销思维。

一、公共关系策划原则

　　公关策划是新媒体环境下企业为促进形象提升、提高企业或产品认知度、美誉度和公众信任度的重要手段，通常由企业新闻宣传和品牌建设人员根据公司的定位、现状、条件和传播目标，对活动主题、形式、方法、内容等方面进行设计、制定方案的过程。简言之，公关策划就是公关人员根据当下传播诉求，评判企业自身条件后制定相关实施方案的行为。

　　公关策划的具体实操方法不具有归类和罗列的可能，但其方法论却可从公关策划的原则中体现，也即公关策划的原则能够在为策划实操提供方向指导和思路拓宽。

　　（一）创新性原则

　　公关策划的首要目的，是要抓人眼球，这也就要求策划首先要遵循创新原则，尤其是在信息爆炸的当下，人们的注意力往往被猎奇心理所把控，让人眼前一亮的公关策划，必然是不同于冗杂信息的"新"东西。

2019 年年初，贺岁片《小猪佩奇过大年》通过先导片《啥是佩奇》的病毒式传播"先声夺人"，率先成为当年贺岁片中的"热门影片"。如果没有先导片《啥是佩奇》的"先火"，幼儿偏向的《小猪佩奇过大年》要在新春档"杀出重围"，难度不一般。

（二）科学性原则

科学性原则是指企业在选择公关策划时，要科学调研、科学设计、科学实施。科学调研，即首先要系统地评估企业自身实力、传播主要诉求，并充分考虑传播对象的审美、文化层次等特性，从而为策划设计搭建合理框架。科学设计，即要形成逻辑闭环，流程、内容都要科学可行，不可顾此失彼。科学实施，则是在策划实践过程中，要科学有效，注重速度、效率的结合，公关策划本质上也是时效性极强的活动。通常，高于实际生产状况和企业现状的策划往往过高而不达。

（三）可操作性原则

简单通俗地说，可操作性即能够实施。绝大多数情况下，创意和策划的思维空间更大，天马行空的策划设计往往在理论上极具魅力和说服力，但策划设计能否转化成实践层面却常被忽略。因此，在策划设计时，既要有超脱的策划理念和想法，同时又要兼顾可操作性，避免策划设计沦为概念。

（四）真实性原则

真实性，不仅指策划的基础是真实的，策划的意图、目的也要是真实的，在呈现和互动中更要关注真实性。公共关系之父艾维·李曾言：公共关系的本质就在于"公众必须被告知"，也即弗兰克·杰弗金斯在其著作中提到的——"第一，不能弄虚作假，所发布的新闻要以事实为依据；第二，不能损害公众的利益；第三，不能参与不露真名的组织的活动……"❶简言之，公关策划要与公众坦诚相待，即活动的过程与期望达到的目的具有逻辑上的真实和连贯性。

（五）系统性原则

系统性原则是将公关策划看作一项系统性的工程，从全局、整体上进行把握。具

---

❶ [英] 弗兰克·杰弗金斯.实用公共关系学 [M].上海：上海翻译出版公司，1998：118.

体到实践中，就是要处理好三对关系：把握好设计整体与细节的关系，把握好单次策划与长远目标一致的关系，把握好程序完备和灵活应变的关系。

（六）适当性原则

适当性原则主要是基于公众的接受环境的考量。策划要与受众彼时的话语环境、文化习俗等相匹配，不能与公众的接受习惯无关，更不能相背。

公关策划的原则，本质上是为了更好地提升形象，传递价值信息。因此，公关策划时一定要守住原则，避免违背原则而得不偿失。譬如 2018 年华帝世界杯营销事件最终沦为一地鸡毛的失败策划便是没能坚守公关策划的原则所致。

"法国队夺冠，华帝退全款"公关策划事件

2018 年 5 月 30—31 日，接连两天，南方都市报刊出华帝董事长签名的活动海报，海报内容为"法国队夺冠，华帝退全款"。同时，华帝的官方微博也同步更新。短时间内，华帝迅速在"世界杯"的热点中占了一席。

此后的 6 月 1—14 日，华帝又分别在全国主要户外媒体（电梯）和 H5 中打出"法国队夺冠，华帝退全款"的广告。

世界杯开幕当天，其形象代言人林更新在微博推送了"法国队夺冠，华帝退全款"的消息。借助流量效应和自媒体优势，"华帝"彻底成为世界杯期间最热的企业商。

6 月 30 日，法国队进入 8 强，华帝延长活动时间，并不断加强造势。

7 月 16 日，法国队顺利夺冠，华帝官微宣布启动退款。

随后，华帝被曝退全款变成退购物卡，迅速引发公众不满，继而负面舆情爆发，华帝口碑瞬间跌落谷底。

案例分析：

在整个策划活动中，能够很明显地看到，华帝这波公关策划在前期取得了不错的营销成绩，但最后却沦为一地鸡毛，究其原因便是违背了公关策划的原则。首先，华帝前期造势挺大，成功碰瓷世界杯，相较于赛场内宣传的其他企业而言，体现了一定的创新性。但由于缺乏对策划的科学评估和设计，缺乏对自己品牌的宣传，导致受众在接触到这一公关策划时，仅能在脑海中留下"世界杯""华帝""法国队"等三个概念，对"华帝"品牌却不明所以。因此，看似轰动，实际上效果平平。另外，华帝在策划过程中，多次

反复强调法国队夺冠全额退款，最终却采用"狸猫换太子"的手段，将退全款改为退购物卡。这种"玩文字游戏"的擦边行为，实际上违背了真实性原则。在公众的常规认知中，退全款即是全额退款，而非退还购物卡。因此，如此操作在一定程度上，也是对适当性的把控不力，伤害了公众的信任度，最终反而使品牌形象受损。

二、公共关系策划技巧

公共关系的策划是一种倚重创新的手段，相较于程序生产，公关策划更多体现策划者的思路和想法。对于企业宣传工作人员，尤其是新手而言，可尝试借鉴以下几种技巧。

（一）借题发挥

突发事件、涉电相关的热门话题等在电网企业日常运作中是难以避免的，而这些事件对于公关策划而言也是宣传契机，即如何将突发事件、热门话题与企业本身的宣传需求相结合，借题发挥，借势扩大影响，"蹭热点"。其要点有二：其一，当突发事件和涉电热门话题发生时，积极消化焦点，并将其引入企业策划可控范围。一般而言，突发事件中，重在利用情感实现宣传诉求，重点打造人在突发事件和热点话题中的作用。其二，当突发事件或热点新闻中已有正向内容时，则应主动借力，深入设计话题，深化宣传内容和效果，至少应实现给公众留下"这样的正能量我们电网企业也有"的基本印象，当然，能够再度拔高更难能可贵。

（二）制造新闻话题

制造新闻话题的核心是带动媒体，因此"话题"必须要体现出一定的新闻价值。公关策划并非是企业内部的单打独斗，也要适当"制造"出能够吸引媒体的新闻点，重点在于策划者能否积极发现企业日常工作中具有新闻价值的事件，或者是主动设计具有新闻价值的活动，通过主动联系新闻媒体、透露活动消息等方式吸引媒体主动报道。其关键是塑造新闻价值而非联系媒体，即将被动的付费公关稿转化为新闻媒体的主动报道。因此，在策划设计中，保证足够的新闻点至关重要。在实践过程中，可采用两步走的方法。首先，定期高频策划足量的新闻事件，在新闻点上可酌情降低标准，让新闻媒体有事可报。其次，聚力策划较大新闻价值的新闻事件或活动，通过"炒作"的方式吸引媒体报道，提升新闻宣传力度。

（三）名人效应

可有意识地借助社会名流、明星、权威人士的流量效应进行宣传策划，该类人群具备天然的媒体、公众接近性。因此，在不同活动或新闻策划中，有意识的向名人靠近，也能够极大提升传播效果。当然，公关策划利用名人效应并非只是通过名人代言或者广告等方式进行宣传传播，也可策划活动邀请名人参与，通过名人日常挂钩电力等。总而言之，利用名人效应进行传播，重点在于名人的吸睛力，而非名人本人的形象或出境与否。（但必须要提醒的是，必须注意"名人"的形象问题，谨慎选择！）

公关策划的技巧重在策划人员思维的灵活与创意。因此，想要通过罗列的形式打造出具有爆款可能的公关策划无异于天方夜谭。就宣传导向而言，公关策划需要从两个出发点进行考量：其一，宣传"1"的问题，也即告知类的策划，此类策划的主要思路是"造势"，譬如 BOSS 直聘的"喊麦式"公关策划即是宣传"1"的策划类型，其目的就是让公众记住企业，仅此而已；其二，是宣传"1+N"的问题，也即深化企业形象的策划类型，此类宣传策划更多重在故事性和情感性。

第二节　选题与新闻报道策划

新闻选题与报道策划一般是针对具体新闻报道而言的，采编人员通过选择题材和采访意图来确定新闻报道的内容范围，进而获取新闻线索，最后确定采访计划、新闻主题和报道角度。

企业融媒体采编人员在进行完成一个新闻报道任务时，主要需经历选题策划、新闻采访和新闻写作三个子任务。这三个子任务在时间维度上具有一定的连贯性。

前期工作：选题与报道策划；

中期工作：访前准备——实施采访——梳理材料；

后期工作：新闻写作——新闻编辑——新闻发布。

不过，在实际操作中，常常遇到策划与采写工作同步进行的情况。例如突发事件新闻报道任务中，一线采编人员需要第一时间到达现场，这时很有可能系统的"策划方案"并没有形成。这就需要采编人员具备一定的策划能力,带着策划思维到达现场开展采写任务。

一、选择报道题材——"抓题"

新闻题材指的是所要采访报道的事实对象。

选定题材是新闻报道的开端,选定题材后新闻采访工作才能开展,这一工作主要解决"是什么"的问题,即新闻报道什么。

建议可以改为从这三方面考虑:

(1)可以预知的有重大影响力的活动、事件。比如 G20 保供电,重大电网工程/重点项目的重要节点等。

(2)非可预见的,有重大影响的突发事件。比如台风、冰灾等重大自然灾害。

(3)主动设置议题的重要报道。比如迎峰度夏,新中国成立 70 周年,探寻习近平总书记的能源足迹,习近平总书记到过的村庄等。

采编人员在选题时,主要从三个方面考虑:执行上级政策、领导的要求,主动挖掘新闻题材,突发新闻事件。

执行上级政策、领导的要求,是依托于上级部门对社会发展的大势研判提供的选题依据,这类选题主要是配合党政机关单位推进社会进步和人民幸福工作而选择的新闻报道,所以在选题上紧扣要求,重在选择角度。比如《人民日报》2019 年 4 月 2 日08 版刊发的《"勤劳的人不受穷"脱贫故事》,即是在配合主旋律选题基础上,选取小人物、小故事的视角进行报道。

"勤劳的人不受穷"(脱贫故事)

藏族汉子下厨,手艺不得不服。

酸奶、糌粑、手抓羊肉、血肠,加羊索南样样精通,尤擅阿卡包子,最受游客欢迎。开张两个月,接待 500 人,赚了小两万,德吉村里排第一。

曾经放牧苦,如今农家"乐"。

世居尖扎县自然条件最恶劣、海拔超过 3500 米的羊智村,加羊索南本是个"羊倌",祖祖辈辈住帐篷。天有不测风云,"2011 年一场雪灾,家里 80 多头牛羊全死了。"

上有二老，下有儿女，加羊索南一咬牙，2013年借了20万元做起虫草生意。谁知"屋漏偏逢连夜雨"，"正赶上虫草市场行情下跌，20万元也赔光了。"没脸再见亲戚朋友，加羊索南只好带着媳妇流浪在外、打工还债。

"勤劳的人不受穷。"2015年，加羊索南一家被定为贫困户，两年后又搬迁到黄河岸边、海拔不到2000米的集中安置点德吉村。这位年过不惑的藏族汉子也像拧上了发条，通过技能培训，在移民村的新家里开起农家乐，又是做藏餐，又是搞民宿，屋内外窗明几净、酥油飘香，还在村里率先学会了说普通话，积极从农牧转型做服务，去年收入5万多元，"欠债一还完，接着奔小康。"

以前离县城47公里，搬下来后只有7公里，"儿女都到县里上高中了。"加羊索南也比搬迁前胖了30斤，精神头十足。

心宽体胖，此之谓也。

记者也可通过自己的新闻敏感，研判新闻事实是否具有报道价值，进而确定新闻选题。这类选题通常与社会热点紧密相关，或者是与记者的日常积累有关，这类新闻选题一般需要经过细致的分析和周密的策划，要求记者有较强的个人能力。例如《人民日报》2018年12月17日刊发的《森林防火 紧绷安全这根弦》，即是记者具备了优秀的新闻敏感性和业务能力，在长期关注森林消防领域、深度采访后，从而完成的新闻报道。

预防扎实、动员快速、组织高效，近年来我国森林防火形势稳定向好

森林防火 紧绷安全这根弦

随着气候变暖和极端天气增多，全球正进入新一轮森林火灾高发期。特别是近几年，希腊、美国、加拿大等国相继发生历史罕见的森林大火。前不久美国加州的山火"坎普"，过火面积超过620平方公里，伤亡损失惨重。这些发生大火的国家，与我国北部林区纬度接近，植被、地形等条件也较为类似。目前，我国的森林火灾防控形势怎么样？记者进行了采访。

我国森林火灾次数、资源损失和人员伤亡较十年前大幅下降

国家统计局数据显示，2007年我国全年发生森林火灾9260起，2017年发生森林火

灾 3223 起。"总体看，森林火灾的发生具有 3 ~ 4 年的准周期。近年来，我国森林防火形势稳定向好，森林火灾次数、资源损失和人员伤亡较十年前大幅下降，东北、西南等重点林区发生的较大以上规模火灾，基本上都在 3 天内得到有效控制，更没有造成像美国加州山火这样巨大的损失。"应急管理部森林消防局司令员徐平介绍。

森林火灾突发性强、破坏性大、危险性高，是全球发生最频繁、处置最困难的自然灾害之一。徐平认为，我国在森林火灾防控上具备一定优势：

预防扎实。"据统计，我国 95% 以上的森林火灾是人为因素引起的。林区防火紧要期内，一个烟头、一个火星就可能引发一场森林火灾，造成巨大损失。比如 2017 年内蒙古大兴安岭毕拉河林场'5·2'大火，就是由于林区工人倾倒煤渣引发，几个小时就发展到上千公顷。"徐平说，目前我国各地出台了严管野外火源的规定，定期开展火灾隐患排查治理，建立火险分级响应机制，高火险期发布禁火令，加强防火宣传等，从源头上减少了火灾的发生。

动员快速。国家层面，我国有 2.5 万人的森林消防救援队伍，地方有 10 多万人的专业森林消防队伍和数十万人的兼职、群众灭火队。在中国消防协会森林防火专业委员会主任朴东赫看来，这种专群结合、常备力量和机动突击力量相结合的扑火力量体系，能在火灾发生时快速动员、形成合力，实现"打早打小打了"，及时将火灾消灭在初发阶段。对比之下，国外一些国家的森林消防人员虽然装备精良、训练有素，但分属多个部门甚至私营公司，缺乏统一调度指挥，动员效率不高，容易错过早期的最佳扑火时机。

组织高效。朴东赫介绍，我国森林火灾防控能形成"全国一盘棋""协调一致"的组织指挥体系，各扑火力量在统一调度指挥下，快速明确任务分工，落实扑救责任。今年正式组建应急管理部，调整加强了国家森林草原防灭火指挥部的组织领导，进一步夯实了中央统一领导、地方分级负责、部门分工协作的组织指挥和责任体系，为森林草原防灭火工作提供了强大推动力。

森林火灾防控，装备技术显身手

森林火灾防控，防扎实、人给力，还需技帮忙。从最早几乎完全依靠人力扑火，到如今通过卫星遥感、无人机巡护、预测火险等级等多种科技手段综合应用，目前我国在森林火灾预防和救援上已有较为完善的体系装备，能帮助及时发现火警火情，尽可能在初发阶段就投入力量迅速扑灭。"火灾救援上，今年还引进了高效灭火剂，既可以直接用于灭火，也可以在避险逃生时使用，而且高效环保。再比如我们的装甲车和全地形车，主要用于在各种复杂地形载人、载装、载水快速到达火场，在扑救没有道路的原始林区森林火灾中发挥了重要作用。"徐平介绍。

"长期以来，国家一直在大力提升森林防火和救援装备的科技水平，但由于森林灭火的复杂性，很多先进技术很难在野外作业中应用，世界范围内也没有特别有效的技术和手段。因此，我们一方面积极引进新技术，一方面也在现有装备上革新拓展功能。"徐平说，比如给灭火直升机安装红外成像设备、图像传输设备等，实时获取火场信息，为各级指挥员正确决策、合理部署兵力提供科学详实的依据。

应急管理部森林消防局副司令员闫鹏说，我国的防火基础设施和灭火装备手段建设还可以进一步加强。比如，目前我国各重点林区取水点、停机坪、通信中继站等灭火保障设施还不够完善，国有林区平均路网密度仅为 1.8 米 / 公顷，向火场进行人员、装备、物资投送仍存在一定困难。

"下一步我们将着力提升森林草原火灾监测预警、火场通信、航空灭火、大型装备和个人防护装备等方面的能力水平。我们也正积极向国家建议，力争将新研制的AG600 大型水陆两栖飞机引入森林火灾救援，它可以一次性载水 12 吨，有望在快速灭火中发挥攻坚克难的作用。"闫鹏说。

目前正处于秋冬季森林防火期，须继续夯实基础、提升能力

过去 5 年，我国共完成造林 5.08 亿亩，森林面积达到 31.2 亿亩，成为同期全球森林资源增长最多的国家。森林资源总量的不断增加，给火灾防控带来挑战。

"全面停止天然林商业性采伐后，林区林下的可燃物积累加快，大小兴安岭、长白山、滇北等大面积的原始林区，可燃物载量已经达到近 20 年峰值。"在徐平看来，美国加州山火频发，有全球气温升高的客观原因，也与森林管理不善、数十年来的朽木堆积无人清理有关，一旦起火就会强度很高，扑救难度很大。"这也警示我国，特别是北方一些重点林区，要抓住降雪前的有利时机，采取计划烧除、人工作业等方式，及时清理林内倒木和枯枝落叶等可燃物，以及林缘地带、沟塘河套的连片枯草，有效排除隐患。"徐平说。

目前，我国正处于秋冬季森林防火期，北方随着降雪来临，防火形势趋于缓解，南方特别是西南林区将逐步进入火灾高发期。闫鹏介绍，从气象因素看，秋冬季林区往往气候比较干燥、相对湿度小；从可燃物因素看，秋冬季林下可燃物载量大、含水率低、干燥易燃；从火源因素看，由于正值收获季节，农事用火频繁，入山采集、挖掘等搞副业的人员比较多，人为火源的隐患较为突出。

结合秋冬季森林防火实际，闫鹏认为，当前要加强形势研判，做好火险预警。森林防火、气象等部门要综合分析天气、林情、历史火灾情况等各种因素，科学预测各地区火险等级，及时发布预警信息。"黑龙江省在这方面做得比较好，每天都会通过短信平台提醒区域内的公众，严禁携带火种进入林区草原，同时提示报警电话。这种方式简捷快速、覆盖面广，确实非常有效。"

此外，要突出重点，加大野外火源管控力度，尤其要抓好农事用火、野外作业用火和节假日火源的管理；结合实际加强防火设施建设。"总体看，秋冬季林区是缺水的，而水源因素又是森林灭火的重要依托，因此，进入秋冬季防火期，要把加强水源建设作为一件大事，周密细致地勘察维护林区水源设施，高火险地区还应适当采取开设贮水池等方式预设水源，满足紧急情况下以水灭火的需要。"闫鹏说。

"枝繁叶茂一百年，化为灰烬一瞬间。"闫鹏认为，森林大火严重威胁人民生命财产安全，威胁生态环境和美丽中国建设，必须进一步完善机制、补齐短板、夯实基础、提升能力，避免小火酿成大灾。

突发事件类的选题则重在事件。这类选题通常是先有事件，后有选题。对于策划来说，此类新闻事件通常可从多角度策划，从而产生不同视角的选题。例如台风"利马奇"肆虐，杭州交通918推出的《"我尽力了，但还是……"抗台一线，浙江这个小伙子哭了!》这篇报道，关注抗台抢修中的电力一线员工，对准的不是抢修现场，而是"被强制"休息的瞬间。随后，国网浙江电力的宣传工作人员对此进行专题策划，吸引不同媒体平台对该员工进行了深入报道，使该选题的新闻价值和传播力成倍级翻番，从而创造了具备亿级传播力的优秀案例。

"我尽力了，但还是……"抗台一线，浙江这个小伙子哭了（案例一）

9号傍晚时分，随着台风"利奇马"临近，杭州钱塘新区多处线路出现事故，甚至出现了事故比抢修小组多的危急情况。

连续奋战 12 小时

线路运检一班的 90 后小伙田汉霖刚刚从外砍树回来，在食堂草草吃了一口饭就发车去参与抢修工作。

"汉霖你临化线立刻处理好，马上去前装。""白对线 23/129 开关跳闸了，汉霖你去看一下。"江东公司抢修群里的指令接踵而来，田汉霖奔赴现场的脚步越来越急促。凌晨，田汉霖还在大风大雨中寻找故障点，并一一的向公司运维部进行汇报。这一晚，他在杭州钱塘新区的各条线路电杆边留下了自己的足迹。

10 日早上 6 点，田汉霖拖着疲惫的身躯回到局里，去备班室躺了十分钟便又起身去参加抢修工作了。处理完这起事故，他回到局里吃早餐，仍不忘打电话交接工作——此时的他已经在一线连续工作 12 小时未合眼了。

被要求强制休息

当公司领导得知田汉霖漏夜抢修、一夜没有休息的情况后，强制要求他休息，他身上的担子似乎一下子卸下来，情绪难以自制，哭得像孩子一样，喃喃的说："这么多线路跳了，我真的尽力了，但还是感到自己的无能为力，有一种挫败感……"，我们知道，他并不是因为累了哭泣，而是面对被台风肆虐的电网而感到深深的自责。

（节选）

案例分析：

这篇报道来源于超级台风利马奇肆虐后的浙江。台风中，浙江电网遭受相当程度的破坏。记者巧妙转换报道思路，通过田汉霖这个鲜明角色代表的报道，将浙江电力一线工人们心系民情，加班加点抢修线路，保障民众用电的责任担当表现的淋漓尽致，展示了"天灾无情人有情"的强烈对比。该篇报道受到人民日报、央视新闻、新华社、团中央、紫光阁等党媒官号的转发，引发全国关注，深刻挖掘了突发事件报道中的温度，以情动人。

还记得那个被强制休息后，崩溃大哭的供电小伙吗？他笑了（案例二）

虽然"利奇马"渐行渐远，但是 8 月 10 日一张 90 后供电小伙为之流泪的照片红遍全网。一夜间，人民日报、央视新闻、新华社、团中央、紫光阁等微信微博"大 V"

号纷纷转发一条报道："'我尽力了，但还是……'抗台风一线，90后小伙哭得让人心疼！"每条推送点击量都超过10万+。

但11日13时16分，在杭州新湾街道左十四线附近10千伏丁坝线故障抢险现场，这位小伙终于露出了舒心的笑容，原来他刚刚参与了杭州主城区最后一个电力故障点的修复，意味着主城区所有因台风导致的电力故障已经排除。

这位供电小伙名叫田汉霖，是国网杭州供电公司的一名一线抢修员工，同事们都叫他"小田"。

10日上午，在迎战超强台风"利奇马"一线工作一整夜的他，在被要求强制休息时，一下子情绪失控，哭了起来："这么多线路跳了，我尽力了，但还是感到无能为力……"同事将这一幕偷偷拍下来，抢修后依旧湿漉漉的头发，噙着泪水的眼眶，网友们被小田的照片深深打动，纷纷给他加油鼓劲。"这就是中国不停电的原因，背后有人默默付出""你是英雄！""致敬一线工人！""你已经很棒了，休息一下吧"等评论刷满屏幕。

今天，记者带你走近这个可爱的90后小伙。

他是扎根基层的西交硕士

小田今年29岁，2015年从西安交通大学硕士毕业，同年8月入职国网杭州市大江东供电公司。这里距离杭州市区较远，且电网原属农村电网，虽经供电公司持续大力改善，基础仍较为薄弱。

小田来到一线抢修岗位后，从来没有埋怨后悔、没有心浮气躁，反而决心像一面旗帜那样，牢牢地插在自己的工作岗位上。

踏踏实实，是他身上最亮眼的品质。认真负责的他，对待每一项工作都一丝不苟，并时常主动加压，单位食堂的阿姨因此对小田熟悉万分："小伙子几乎每天都在单位吃完饭继续加班。"

除了踏实工作，小田身上也有着杭电人"善作善成"的精神标签。他喜欢总结、敢于创新。他所在的供电区域面积大，线路、设备精准定位难，他就与同事一起开发了微信小程序"配网设备定位平台"，不仅可以定位到各个设备的位置，还可以记录设备的照片、参数等，大大提高了工作效率。

工作中，小田时常思考"如何让抢修更精准、更快捷？"他总结自己几年来的实践与经验，提炼成了精准抢修"五字法"：安全"强"、响应"快"、定位"准"、巡视"勤"、管理"精"，并提出了具体举措。精准抢修"五字法"经过在班组的推广验证，得到了同事们一致认可。如今，这"五字法"已经成为了班组的上墙文化。

他是通宵抢修的"拼命三郎"

为了攻克地域广、设备多的难题，小田所在的浙江杭州市大江东供电公司创新了抢修工作机制，上下同心，将每个人都编入了抢修值班团队。

虽然按制度每隔16天值一次班，但一遇到急难险重的时刻，小田总是主动站出来的那一个。别看他身材纤瘦，但一遇到雷暴天气，小田常常主动留守单位，参与抢修。小田以前常常说，自己太忙了，没有时间去恋爱。同事们都为他着急，他的感情问题一度成为了"公司大事"。现在，终于有了MS Right的小田，却经常被女友抱怨他的工作才是他的真爱。

去年5月16日，小田所在单位党委书记方艳霞发了这么一条朋友圈："昨天撞见小田在偷偷地涂抹药膏，才知道小伙子最近发了疱疹，虽然已经快结痂了，但从他抿着嘴唇的样子仍旧可以想象伤痛。几分钟后，小田换上工作服顶着烈日又出工去了，跟没事人似的。"

同事张阳回忆说："看到方书记的这条状态，我的眼眶不禁湿润了，猛然想起前一天晚上我和小田一起冒雨抢修的情景，当晚的抢修工作持续了整整一夜，带病抢修的小田该有多痛！"

其实，在国网杭州供电公司，像小田这样立足岗位、甘愿奉献的年轻人还有很多很多。他们都曾经是父母眼里的宝贝，是大学象牙塔里的学霸，不少人踏上工作岗位成为"新杭州人"，他们甘愿把自己的根扎在杭州，在这里努力成为一名称职的光明使者。

他是豪言立志的"羞涩小伙"

平时的小田少言寡语，看上去略带羞涩，说话语速特慢，自带"学霸、学究"气质。但就是这样的他，有时却会"豪言壮语"。

在一次公司举行的青工座谈会上，小田谈及自己的梦想时羞涩又坚定地说，自己要像老一辈电力人一样，把一生都奉献给电力事业。这话要放在别人身上，可能大家会认为是大话、空话，但是出自小田之口，并不感到奇怪。因为他用行动在证明自己的"豪言立志"。

由于表现出色，小田曾有机会从一线班组调至国网杭州市大江东供电公司运检部，担任管理专职，但他拒绝了。该部门主任金建华说："当时小田跟我说，他一直有个心愿，就是能有大江东公司带电作业班，以后就可以通过更多的带电作业让用户们更少停电了"。小田选择留在了班组继续磨炼自己，相信小田的心愿一定会实现。

在国网杭州供电公司，成为一名红船共产党员服务队队员，对很多青年员工来说，是一种荣光和向往。小田尽管不是党员，当每次服务队执行任务，小田总是积极报名、随叫随到。小田的努力得到了组织的认可，就在上个月，他光荣地被党组织接收为预备党员，也成为了一名正式的红船共产党员服务队队员。

一天来，小田的事迹不仅打动了全国网友，也温暖了身边的同事。同事车传强说："小田是榜样，也是我们杭电铁军的缩影。他所带来正能量，为仍在前线努力的同事们注入了动力。"在这次抗台中，国网杭州供电公司从机关本部，到一线班组，近万人取消休假，24小时昼夜鏖战，齐心抗击"利奇马"。

就在当前，仍有数百名杭电人奋战在杭州临安区和百里之外的台州温岭市、临海市，他们顶着大水围城和泥石流塌方，逆行在灾后的苍凉大地上，成为一抹抹跳动着的红色鲜亮身影。

案例分析：

该篇报道可谓是带有浓重策划意味的报道，不仅仅是对突发事件的后续进行报道，给读者以完整结尾，还进一步丰富补充"小田"的人物形象，聚焦人物的精气神，从一个电力人"小田"放眼至浙江电力的"小田们"，告知读者像小田这样的尽心尽责的电力人，在公司中到处都是。他们也都心系民情，奋斗在抢险第一线，进一步丰富浙电人和浙江电力的企业形象。策划思路可谓是精巧而敏锐。

二、策划方案拟定——"破题"

确定报道题材后，就要对选题进行破题策划，解决"怎么样"的问题。即通过策划有效配置资源，从而提高工作效率，最大程度提升新闻报道价值。

"破题"首先要明确报道主旨：想要表达什么，从而明确报道角度，判断是否与上级指示、公司中心工作方针吻合，是否存在意识形态问题，从读者视角考虑报道价值，找准切入点，选择报道手段和形式，确定传播渠道等。再在主旨指导下，确定报道规模，明确采访计划，安排报道力量等。

1. 锁定目标和方向

题材确定后，首先要确定报道的主要目的、方向和想要达到的效果，只有目标明确，才能制定方案并评估策划方案的可行性。其次，要对选题进行大势研判，确定该选题是短期、中期还是长期的新闻报道活动。一般来说，政策类、战略规划类或者长期活动类的新闻报道通常需要先设立中、长期目标，再分解成不同的短期目标。

2. 制定方案

制定方案需要以报道目的和预期效果为导向，设置多套方案以供研讨。制定方案包括梳理总体采访规划、采访的具体操作流程等，具体包括人员配备计划、财物资源配备计划、行程安排和采访计划、需要的后备支持等。

3. 基础落实

落实采访活动前的基础工作，包括人、财、物，不同分工的协作问题，基础资料的搜集完备等。

4. 校正目标和方案

新闻采访目标和新闻采访方案的制定也可能难以彻底落实，甚至在采访过程中会发现与预期目标有较大出入或更有价值的新闻点。此时就需要收集最新信息，对采访目标和策划方案重新审视，适时校正，以确保新闻的真实性和新闻价值为最终导向。

三、新闻策划实施——"解题"

1. 会议类报道策划

会议类报道策划通常主题明确，层次清晰，根据会议程序进行阶段性策划，确定不同阶段的报道重点及采访对象即可。

会前报道：侧重对会议背景、成就、契机等内容，营造会议氛围，吸引受众对会议的关注；

会中报道：侧重对会议探讨的问题、精神、问答、关键人物等，全方位多角度报道会议；

会后报道：侧重对会议内容的认识、会议精神的落实等内容，深度解读会议，展望会议带来的影响。

会议新闻报道在策划时，还要注重连续性。依据报道的目的、会议流程等因素为策划节点，连续性报道该选题，从而将选题做深做透，更加详细、更加全面的报道会议精神和会议内容。

2. 活动类报道策划

活动类报道策划的原则是抓重点时段、抓亮点。

在此类新闻策划中，首先，要将活动的亮点作为策划的主要参考方向。其次，在该选题的报道中，注意策划多种报道方式，搭建立体传播。例如，新闻报道可以多利用其他媒体形式，实现线上线下、传统媒体和新媒体的同步报道，突出活动的气势。当然，在此类新闻策划活动时，还要注重对活动内容的剖析，重点策划活动的具体内容，策划如何呈现亲民性和具有现实贴近性的新闻内容，力求活动类新闻报道活灵活现。

3. 突发事件策划

突发新闻事件主要有自然灾害、人为制造两种。"天灾"和"人祸"均有不确定性、不可抗性。随着全媒体时代的到来，海量信息可瞬时迸发，希冀用"瞒天过海"应对突发事件不仅不可行，反而会将舆论往更坏方向发展。

面对突发性新闻，社会公众有一定的知情权，社会关注度越高，新闻报道的价值就越大，保证新闻报道的真实性、及时性、准确性，应对迅速，显得非常关键。

全媒体时代中，自媒体在网上爆料突发事件的速度经常比专业媒体快，但网上信息真假不一，公众事实上更需要权威报道。这也对企业应对突发事件提出了更高的挑战和要求，要"尽可能快"地掌握主动权，训练有素的有序策划显得尤为关键。

首先，策划人员应第一时间从现场、权威专业部门处，了解到最真实、最全面的事件相关信息，从而为策划提供决策依据。

其次，突发事件的报道应做到准确和深度并重。当突发事件进入平稳阶段，社会公众也不满足于只是看到更新实时消息。对记者、通讯员来说，就不再是完全拼速度，而是开始拼挖掘、拼深度，寻找幕后故事，分不同主线进行报道，做出特色和亮点。

最后，碎片信息再整合。这个阶段，是收尾阶段，也是总结回顾阶段，这个时候需要生产综合性的内容，进行全方位概括、评论。

突发事件的新闻报道策划主要分为两个部分：

其一，抢报策划。抢报策划主要是对新闻事件的时效性进行策划，当突发事件发生时，策划如何配置资源，以确保突发新闻事件的时效性，例如使用滚动播报的形式，不间断更新最新信息，确保新闻报道始终处于最前沿。

其二，持续性报道策划。持续性报道需纵观整起突发事件全过程，对事件发生的发生、过程、结果、影响等内容策划分批报道，连续报道新闻事件发生的背景、发生原因和突发新闻事件的后续处置措施。

除此之外，还有人物报道策划、解释性策划等。不过这些新闻报道的策划更注重策划报道的内容，需要记者合理评估并发挥创新思维，从人物访谈中突出趣味性和可读性，例如策划问答流程和问题设计，还原真实的人物形象或突出光辉的一面。

第三节 新闻采访的原则

新闻采访是新闻报道的中期阶段，也是新闻写作的重要前提。"巧妇难为无米之炊"，对于新闻工作来说，新闻采访即是"取米"的过程。新闻写作本质上是将采访得到的信息进行系统化地编辑和整理，提炼最具价值的新闻要素。

如何定义"新闻采访"，国内外新闻界仍众说纷纭。对于务实为主的电力新闻工作者而言，不需要学理上的精准辨析，只需意会其概念即可：新闻采访，即是通过采集和走访等方式获取新闻事实材料。作为一种实践性突出的活动，其还具有一定的活动规律，包括原则、方法和具体实操等方面的规律。

新闻采访需遵循一定的原则，以指导新闻采访工作的精准定位，更快、更好、更准确地完成对新闻信息的获取。从整体意义上来说，遵循新闻采访原则，既可避免新闻采访工作误入歧途，规避对新闻、对行业、对记者自身的伤害，同时又可提高新闻采访工作的效率。

一、坚持党性原则

党性原则是新闻采访的根本性原则，所有新闻从业者必须接受党的领导，以党的指导思想作为准绳，积极宣传党的理论基础、思想体系、纲领路线和方针政策。电力新闻工作者同样须要践行党性原则，立足电力行业。

新闻采访要自觉站在党和人民的立场。在具体采访工作中，要求新闻工作者自觉维护党和人民的利益，无论在任何场合、任何环境以及任何形式的采访中，都要时刻注意新闻记者作为党和人民新闻事业的代表，要立足党的方针政策和人民群众的现实需要从事新闻采访工作。

在党的领导下开展新闻采访工作。记者采访的根本任务和党的工作任务是一致的，接受党的领导可以更加明确新闻采访工作的要求、目标和对象，能够从更高层面领悟采访工作的内涵。在党的领导下开展新闻采访工作，还可以得到各级党委提供的支持和帮助，更快地融入当地，快速组织有针对性地采访报道，更加清晰全面地报道新闻事实，提升业务水准。

党性原则还要求新闻采访工作中要积极发挥主动性、创造性。新闻采访工作要保持良好的采访作风，积极深入基层，主动贴近生活、贴近群众、贴近实际，以积极的工作态度对待新闻采访工作。同时，还要遵循党的先进性要求，将新闻采访与提升自身政治觉悟和业务水平相结合，充分发挥新闻采访过程中的主动性和创造性，将新闻工作融入新时代的思想道德建设中。

新闻采访工作不是简单、机械的信息答问过程，新闻工作者也绝不是个体或小团体的代表。电力新闻从业人员作为党领导下的电网企业新闻宣传的主要工作者，更应该积极对接党对新闻工作者的要求，在新闻采访工作和新闻报道中坚持正确的政治方向和思想要求，宣传好党的方针政策。

二、立足新闻事实

立足事实进行采访是新闻采访的基础，严卡新闻采访环节才能确保获取足够真实的事实材料，从而决定后续新闻报道的真实、客观。立足事实基础，具体到实践中即实事求是地进行采访，不但要求新闻记者在采访过程中如实记录所获取的信息材料，做到不伪造、不夸大、不缩小，还要求与被采访者坦诚交流，不刻意引导或利用其他手段诱导被采访者，扭曲或者歪曲事实本身。

强调立足事实进行新闻采访，不是因为新闻工作者对新闻真实性的意识缺乏，实际上，从事新闻工作的记者几乎都将"真实性是新闻的生命"烂熟于心，但即便如此，在实践中仍出现不少虚假新闻。其原因往往是媒体为追求抢先发布，从而淡化了真实性的要求，草草沟通就发文报道，以至于新闻成为假新闻，媒体也成为以讹传讹的始作俑者。比如 2018 年《年度虚假新闻研究报告》中的一则假新闻：环球网在 2018 年 11 月台湾"九合一"选举的一篇报道中，为追求时效性，在未进行最终采访核实的情况下草草组织信息进行发布选举结果，最终引发闹剧❶：

2018 年 11 月 24 日 22 点 53 分，环球网刊发《国民党候选人丁守中击败柯文哲，当选台北市长》一文，在该报道中，环球网称在 11 月 24 日的台湾"九合一"选举中，经过数小时的计票，最终，国民党候选人丁守中击败了现任台北市长柯文哲，当选为台北市长。

事实上，11 月 24 日的计票数据并非计票结束时的最终数据，截至 11 月 25 日凌晨 3 点左右，台北市才完成计票结果，而台北市的计票结果统计完毕后，柯文哲以领先 3254 票的微弱优势实现反超，以总票数 58.082 万张险胜丁守中的 57.7566 万张，从而获得了台北市市长的连任。

在该新闻中，环球网以 24 日的投票结果作为最终计票结果，并默认 24 日统计结果出来后处于领先地位的丁守中为新的台北市市长。而实际情况是，24 日投票虽然已经完成，但所有地区计票结束汇总仍需要时间。所以环球网以 24 日计票结果作为最终结果显然不准确，而台北市计票结束后，票数逆袭致使结果反转，这条新闻也自然成为假新闻。显然，就新闻报道的规范来说，作为权威且专业的媒体，环球网更明白新闻真实性的重要，但为了突出新闻时效性，却忽略了对新闻信息的再访问核实，从而导致新闻失实，应引为其他新闻工作者所鉴。

另外，立足新闻事实，还要求新闻采访过程中，要杜绝先入为主的主观行为。我国某著名田径记者就曾因此遭受质疑。其在采访中常使用"是不是某某情况"这样闭合式的问题进行采访，诸如"你是不是在比赛前对自己特别有信心？""你的教练是不是给了你很大的帮助？""经常参加国际性大赛对提高你的心理素质是不是非常有帮

---

❶ 年度虚假新闻研究课题组，白红义，江海伦，陈斌．2018 年虚假新闻研究报告．新闻记者，2019（01）：4-14.

助？"等。这种闭合式的问题，首先一点是明显缺少对新闻信息和新闻价值的挖掘；其次，这种先入为主往往使得采访陷入僵局，采访对象往往敷衍回答，不仅难以挖掘更鲜活素材，甚至难以确保信息的真实性。一般来说，新闻采访往往需要在采访之前就所要采访的事件、人物进行了解，并相应地准备采访提纲和问题。而前期准备过程中，记者往往会以自身的理解对采访事实进行先入为主的模拟，这种模拟可以帮助记者预设问题并掌握采访节奏。不过，这种模拟带有个人的主观性，容易先入记者个人的逻辑怪圈，从而导致新闻采访价值不高。

立足新闻事实也要警惕步入绝对"客观主义"的风险。不少新闻工作者在实践过程中存在专业洁癖，认为新闻事实应凌驾于一切因素之上，而这种认知正是绝对的"客观主义"。所谓绝对"客观主义，"即必须不偏不倚、无阶级、无党派地报道新闻，不得掺杂任何情感。事实上，记者处在一定的社会环境中，必然带有个人思考，完全脱离主观影响的新闻采访是不存在的。并且，新闻记者在采访过程中，是一种通过交流获取信息的过程，并非是历史的机械记录者，在这一过程中，必然伴随着对新闻事实的辨析和对敏感点的捕捉，是一种理性思考的过程。因此，立足新闻事实，要求新闻记者以事实材料为前提，充分发挥自身的协调能力和组织能力，挖掘具有新闻价值的信息，最大限度的保留事实的真实性，但也不可过于极端。

三、深入实地一线

我国著名记者邹韬奋曾常言"百闻不如一见"。新闻工作的确如此，尤其在新媒体时代，信息的便捷传播使得各种信息满天飞，真假难辨，新闻记者若只闻不见，不但不能做出好新闻，甚至还成为谣言的传播者。我们常说做新闻要"六勤"，腿、嘴、眼、耳、手、脑都要活用，腿勤更是做好新闻最基本的要求，正所谓新闻是用腿跑出来的，而不是用脑想出来的。这就要求我们的新闻记者在从事新闻工作时，不但要善于从别处获取信息，还要尽可能地考察印证。只有深入新闻现场，才能直接接触新闻源头，从而做出具有现场感的新闻报道。当然，要求新闻记者深入一线采访并不是指新闻记者要事无巨细，不分情况均要求赶赴新闻发生现场，而是指在采访结果上，新闻记者要能够处在掌握信息的最前沿，接触最直接的采访对象、了解第一手新闻信息。

纵观历年假新闻，绝大多数都是以讹传讹做出来的新闻，其原因无非是新闻记者腿上功夫不到位。比如2018年《河南商报》刊发的一篇乌龙假新闻即是如此：

2018年10月8日，《河南商报》A08版全媒体阅读版刊文《的哥见义勇为，政府奖励"甘A88888"车牌》，报道称：甘肃兰州一名出租车师傅曾因见义勇为且坚持做善事，获政府奖励"甘A88888"车牌。此后，另一位司机承包该车，成为该车牌的新主人。人民日报官方微信公众号随即于当晚推送了此消息，标题为《"甘A88888"号牌政府给了一辆出租车！网友：干得漂亮！》。环球时报同样通过微信公号推送了这则消息。很快这则带着"炸弹号""出租车""老人""做善事"等元素的消息，便迅速传播开来。❶

在这则新闻中，"平凡人""做好事""获奖励"等元素罗列清晰，可称得上是弘扬正能量的绝好新闻。但实际情况是，根据兰州市公安局交警支队讯息，该车牌号为出租车公司办理注册登记的先后顺序排序确定的，并无特殊之处，也更无"奖励"之说。随后《河南商报》发文致歉，致歉声明中告知了出现假新闻的原因：之所以出现该起假新闻，正是由于该篇文章的记者在听信了单方信源后，并没有实地采访事实真相，而是利用现代检索手段通过网上信息进行印证，因此造成了新闻失实。显然，新闻失实不但对记者个人和所属媒体造成影响，更是破坏了读者对媒体和行业的信任。所以，我们的记者在采访过程中一定要深入一线，实地采访，确保所得信息均系跑出来的，而非听出来的，由此来确保新闻的生命力，同时维护行业及自身的公信力。

四、注意工作效率

注重新闻的时效性也是新闻采访需要注意的。新闻采访的时效性，是指新闻采访活动必须迅速敏捷。在新媒体时代，以社交媒体为平台的信息传播对新闻采访提出了新挑战。任何新闻事件的发生，必然伴随着自媒体信息的快速流转，新闻记者必须在最短的时间内核实真相并报道新闻，这就要求新闻记者必须以最快的速度赶到现场、抓紧了解情况并快速组织材料。

网络新闻媒体发达的今天，新闻价值的快速贬值已经不能用"明日黄花"来形容，

---

❶ 年度虚假新闻研究课题组,白红义,江海伦,陈斌.2018年虚假新闻研究报告.新闻记者,2019(01):4-14.

以时记、分秒记的新闻推送方式要求新闻记者更加注重时效。因此新闻工作者必须努力做到抢时间，争速度，力争第一时间报道出来。不过，如前文所述，时效性虽是当前新闻报道的主要角逐点，但一切都是以新闻的真实性存在为前提，切不可追求时效性而失去了新闻的真实性原则。并且，在新闻采访报道中，也可以根据新闻报道的类型适当调整新闻的发布时效。一般来说，新闻报道在确保新闻价值不受损的情况下，应先确保真实，再最大限度的确保时效。而突发事故类的新闻报道则更讲求时效性。例如 1994 年日本 NHK 电视台报道的北海道根室市东 200 公里的太平洋海底发生地震，在第一次地震发生 8 秒后就报道出来，被誉为新闻报道时效性的标杆。

总的来说，追求新闻时效已经成为新闻工作者的职业习惯，尤其是新闻通过网络快速传播时，媒体追求首发报道更是无可厚非。不过，一定要注意新闻的真实性和时效性的辩证关系，失去真实性的新闻，即使报道的速度再快，效率也不高，须知假新闻向来不具有新闻价值。因此，注重效率原则要求新闻采访和报道要讲求时效，但是要在基于新闻事实核查清楚，事实客观公正的前提下提高的报道时效，不可顾此失彼、本末倒置。

第四节 新闻采访的形式和方法

一、新闻采访的主要形式

新闻采访的形式多种多样，依据不同的新闻题材选取适当的采访方式往往能达到事半功倍的效果。新闻采访形式很多，对于电力新闻采访而言，较为常用的采访方式有三种：现场采访、电话采访和网络采访，其他诸如书面采访、广播连线采访、电视连线采访等方式因技术革新或工作性质较少使用。

1. 现场采访

现场采访是新闻采访中最常用也是信息获取最真实、全面的一种采访方式。现场采访要求新闻记者与采访对象面对面交流，通过这种采访方式，记者可全方位了解采访对象的真实情况，随时调整获悉信息的要求，以及辨析采访对象所提供的信息。

记者在采访过程中，可通过言谈举止、仪表神态等方面判断采访对象的心理状态，从而对采访内容的真实性进行甄别；其次，在面对面采访中，记者可就信息遗漏或者发现的问题随时与采访对象进行沟通，直接获取采访对象的一手资料和真实反映，而在线上采访中，往往得到的是经过处理或美化后的回答，存在一定程度的新闻失真；再者，新闻记者在面对面采访中，能够更为直观生动地再现以及还原新闻事件的现场感，记者可在面对面交流中，在脑海勾勒采访对象论述的场景，或者实地观摩考察，以此来避免新闻报道在文字转化过程中丢失信息，并且对于新闻写作而言，也更具可读性和真实感。

另外，现场采访时新闻记者与采访对象既相互交换信息，也在情感上进行互动，和谐的采访氛围能保证新闻采访有序进行，确保获取资料真实有效。这也意味着新闻记者在采访过程中要注意言行举止和采访技巧。

首先，要树立平等意识，这里的平等意识主要包括两个方面，其一是在身份认同和人格上要平等对待；其二是要在内容的真实性和专业性上要平等对待。也即是说，新闻记者在采访过程中，无论采访对象是领导还是基层群众，都要在采访态度上一视同仁。面对领导时，要在尊敬的同时不卑不亢，就事实谈事实，就现象谈现象，确保采访的主动权，对不实信息或言论不当之处及时提出质疑并指正；面对基层群众，更不可傲慢和随意，应谨慎对待采访对象的每一句话，每一处信息，做好记录并认真辨析。同样，在采访过程中还会碰到专业程度方面的知识代沟，当采访过程中出现知识差异时，不可被玄乎其玄的言论所迷惑，也不可不屑于浅显的道理。新闻采访不是辩论，记者需要做的是在思辨的基础上忠实地记录采访情况，而非评判新闻事件的是非对错，只有在平等的基础上才能实现交流的平等，才能获取新闻事件的真实信息，确保采访的顺利。

其次，要重视多方声音。记者面对面采访时，一个极大的方便之处在于可随时就新闻事件现场采访多个对象，这是网络采访和电话采访不具备的优势，因此现场采访要善于聆听多方声音，多方面了解事实真相。一般来说，针对同一新闻事件，不同利益群体的站位不同，看到的"新闻事实"也存在差异，仅听一方之言，得到的往往也是片面的"真实"，并且单方言论的新闻报道通常也缺少说服力，容易遭受质疑。电力部门作为具有基础服务性质的企业，往往新闻事件中牵涉多个群体，更应该在新闻采访中广泛听取不同意见。这既有助于新闻记者客观看待新闻事实，也可为后续新闻写作拓宽思路，提供素材支持。

另外，还要注意采访时的交流技巧。不同于电话采访和网络采访一贯的模式，面对面采访中，新闻记者与采访对象情绪、眼神沟通同样重要，往往记者与采访对象初次见面时，需要先有个"非正式"的交流过程，以寒暄的方式为采访进行预热，如果条件允许，新闻采访最佳的采访过程应是以谈心的方式完成。在这一过程中，记者可以边聆听边理清思路，同时将想要追问的问题隐藏在正常的交流中，而采访对象更是可以畅所欲言，在情绪高涨中把新闻事实有血有肉地讲述出来，从而透露更多的细节。通常，采访对象面对记者采访时，多多少少会存在一定的警惕心理，即使是正面报道的采访，也会谨言慎行，惧怕言多必失的风险，更不用说对于一些中性甚至负面新闻的报道，所以新闻记者在交流过程中一定要注意交流技巧，竭尽所能地将新闻采访转化为谈心式交流，做法上可表达出对采访对象论述内容感兴趣，认真聆听，适时追问并插话互动，从实践经验来看，这种采访的效果远胜于一问一答式的新闻采访。

总的来说，现场采访最具优势的一点在于能够实地互动，在面对面的交流中实现对细节的挖掘和对新闻事实的真实性求证。对于新闻的真实性而言，面对面采访无疑是获取最为真实且详细的事实材料的最佳采访手段。

2. 电话采访

电话采访的优势在于可以减少受空间和时间的影响，尽可能地提升新闻报道的时效性，较大程度提升便捷程度，不过电话采访的弊端也比较明显，即无法详细的挖掘新闻事实细节和再现新闻事件的现场感。所以，电话采访通常适用于向相关采访对象核实新闻的真实性、搜集新闻事件发生后各方的反应情况、对已报道事件的后续追踪、专家或权威领袖的咨询以及不具备现场采访条件的新闻采访等。不同于现场采访的现场性和灵活性，电话采访往往更注重效率和对核心问题的答疑，这也意味着电话采访在采访之前必须有详细的采访流程和问题清单。当然，现场采访也需要在采访前拟定采访大纲，但与电话采访相比，现场采访更注重在基本逻辑框架下的现场发挥，而电话采访更注重对问题的逐一释疑，所以这也为电话采访提供了要求。

首先，要精确罗列要咨询的核心问题。电话采访仅能通过声音交流，无法通过察言观色进行适时调整采访策略和问题，所以，电话采访需要将问题提前罗列清楚，以免在采访过程中出现逻辑混乱或者遗漏的情况。

另外，电话采访一般是一问一答的性质，在采访对象讲话期间，通常不允许插话，这与面对面的现场采访差异较大，面对面的采访中，插话可以适时调节气氛，也可向采访对象证明己方思路在同步跟进。而电话采访中，插话往往意味着不尊重采访对象的话语权，并且在插话过程中往往意味着新的问题提出，也可能会打断采访对象的逻辑和思路，导致采访对象无意识的遗漏新闻事实的细节。因此在电话采访中，记者一定要仔细听仔细记，在对方讲话时认真聆听并确保思维同步，若发现新的事实细节或没有论述清楚，可提前记录下来，以便后续提问。

还需要注意的一点是，电话采访中，问题的设计一定要简短清晰，易于理解。通常采访对象没有办法像记者一样提前做好详细的问答准备，在听到问题后，就所听问题进行回答已然不易，若问题设计过长，则需要回想半天才能领会其中意思，并且还可能在理解过程中将问题无意识变形，其结果往往是即使提出多个问题，采访对象也只回答其中一个好回答的，或者是答非所问，最终导致采访质量不高。所以，在电话采访中提问时，一定要避免一次提问或一个问题中出现两个或以上的疑问。

其次，电话采访要注意沟通策略。电话采访中，由于采访对象和新闻记者没有面对面的沟通，不存在所谓面子上的顾忌，因而直接挂断电话终止采访的情况屡见不鲜，比如采访对象一时答不上来或者不敢回答而挂断电话，或者采访对象对记者本身就有一定的抵触情绪，在采访稍有磕绊的时候也挂断电话等。这就要求新闻记者在电话采访时要礼貌客气，并且要留有适度的周转空间，当采访对象无法立刻给出答案时，切莫继续追问，应转换说法重新提问或暂时搁置。采访应首要保证把准备提问的内容问完，当出现无法立刻求证的内容，可委婉告知对方后续再来电，确保采访顺利进行。另外，在采访之前，根据所采访的新闻事实与采访对象提前预约也非常有必要，提前预约的好处在于既可以确保对方有充足的时间就新闻事件进行详细解答，也可给对方留有一定的准备时间，避免在采访过程中采访对象因未进行核实不敢回答或者信口开河的情况发生。

另外，还要对电话采访获得的信息进行查证。现场采访可以随时沟通，所以采访完成后，只需对所采访的资料进行整理如实编写皆可。电话采访则不然，电话采访中获得的信息往往存在信息偏差，既有采访对象主观上的偏差，也有在电话沟通中无意识的遗漏，甚至个别情况下还可能存在因口音、表述能力等方面影响导致的沟通偏差，如一些数据、人名、地名等含糊不清。所以电话采访过程中，当出现没有听清或存在疑问的地方一定要及时记录下来，并等采访对象表述完毕后追问核实。另外，采访完成后，还要对新闻事实的相关背景和其他资料比对求证，一方面可以防止采访对象因时间久远或者情绪激动而产生的记忆不准确，另一方面，还可以防止采访对象有意识掩盖或曲解事实材料。

总之，电话采访一定要事先做好准备并提前电话联系告知采访时间和主题；在通话过程中要注重言谈举止，尊重对方讲话的时间，同时，认真做好记录，不管是记录事实还是记录存疑，均需同步跟进，以便核实和资料留存。还要注意的是，电话采访不是一竿子买卖，一定要与采访对象保持密切联系，既可确保发现新问题或者新情况时能及时核对；还可开辟新闻信息源，拓宽人脉，对后续工作也大有裨益。

3. 网络采访

基于互联网技术和社交媒体的发展，网络采访成为媒体采访的新宠。网络采访既可以实现现场采访的面对面交流，又兼顾电话采访对空间和时间跨度的优化。不过，这不意味着网络采访可以取代现场采访和电话采访。首先，网络采访虽然能做到与采访对象面对面交流，但无法获取新闻事件现场实景和细节，因此类似于突发事故等新闻事件，仍需现场采访才能完成；同样，网络采访虽然也优化了对空间和时间的要求，但对设备和使用技术有一定的要求，记者无法随时随地展开采访；另外，网络采访还存在文字交流的形式，如利用社交软件进行文字沟通，这种采访方式的采访自由度较大，采访对象的表述相对较为保守且发散，更需要记者能娴熟地积极引导并掌握采访节奏。

总的来说，网络采访是一种较为便捷的采访方式，低采访成本、更便捷的资料检索、实时记录采访资料以及"一对多"采访等优势可确保采访的便捷和效率。不过，相较于其他两种方式，网络采访的严谨性相对更弱，所以在网络采访时，尤其要注意对信息真实性的核实。如前文案例中的"甘A88888车牌奖给出租车"司机的假新闻，该条新闻正是由于记者从网络上获取新闻源后，未经严格核实便刊发，最终闹出了一桩假新闻闹剧。所以，网络新闻采访时，在获取新闻信息后，要选择性认可，并借助其他手段进行进一步采访。一般来说，除利用网络行使电话采访和现场采访功能外，其余类别的网络采访一般不单独作为唯一采访手段，即使所获得的信息具有较高的真实性，也应通过其他资料的查询和相关人士的求证进一步核实。另外，网络采访还要注意保密。这是由信息技术和信息安全要求决定的。网络采访往往涉及的信息为较为私密，若信息安全得不到保证，造成的影响大都是不可估量的。所以，在网络采访时，记者一定要警惕泄密风险，除了硬件设备问题外，还要警惕采访内容设计和在不同公开场合的信息留存问题，历史上多次重大无意识泄密事故应当为我们的新闻记者敲响警钟。

综合来看，网络采访的高度自由和便捷为新闻采访带来了便利，但是在采用这种便利的方式时，一定要确保新闻的真实性和准确性，同时，在涉及敏感内容部分，新闻记者应尽可能地采用其他采访方式获知信息，针对已获知的新闻材料，应谨慎处置，避免因疏忽给集体和个人带来不必要的重大损失。

二、新闻采访的主要方法

新闻的采访方法本质上是针对不同新闻事件时如何选择最合理的采访对象和采访思路的问题，关于新闻采访方法的论述，少则有粗略分为显性采访和隐性采访两类，多则分为分工协作法、化妆采访法、寻找"最"字法、聊天采访法、查究疑问法、外围包抄法、见缝插针法、顺手牵羊法、欲擒故纵法、激将法、上下结合法、电话采访法、问卷法等十三类之多。实际上，新闻采访的方法没有标准的精确划分和固定形式，只要能够更好地完成新闻采访任务，更真实更快速获悉新闻事实材料，都是好的新闻采访方法。对于电力新闻而言，新闻报道的题材相对固定，新闻采访方法更需要灵活使用，从而形成适应个人的工作方法。以下简单介绍在电力新闻报道中不同情况下可参考的新闻采访方法。

1. 上下结合法

上下结合法的本质是指采访新闻事实时，要兼顾领导和基层的看法，这里的"上"与"下"是相对的概念，是一种对事实的宏观和微观层面的把握。比如在电力新闻中的政策解读报道，这类报道的通病是往往只注重领导想法，采访中通常借领导或相关权威之口进行采访并报道，无形中把新闻报道变成了政策宣讲。实际上，政策类新闻并不仅仅是阐释条款和实施目的，还应包括政策出台背景、实行情况、群众反响等方面内容，尤其是群众对政策的看法也同样重要。

上下结合法包括自上而下的新闻采访和自下而上的新闻采访。在自上而下的新闻采访中，一般指的是新闻记者先从领导或上层单位处获取对事件的宏观看法，明确领导层面的意图和全面情况，以此为基准，逐渐下寻在层层传递的过程中政策的实行是否存在变形等问题，其好处在于可以以政策推行的视角与政策施行意图进行比对，了解在哪些层面存在无法落地或达到理想状态的情况。而自下而上的新闻采访，多为新闻记者在采访过程中先到一线现场进行采访，掌握基层材料后再向上进行查询和意见征求，这种方法在突发事件中较多。当突发新闻事件发生时，记者往往需要第一时间赶赴现场并采访、整理材料，无法先通过领导进行报备或咨询，当基层、现场采访完毕后，再就问题或核心信息向领导层面进行采访。这样采访的好处是能够在掌握第一手材料的基础上更加便于与上层领导进行沟通，在了解了基层声音和情况后形成自身的新闻敏感点，可有针对性地向上层发问，甚至在部分过程中存在基层声音与领导声音相左时，更能把握新闻价值和采访重点。

上下结合的方法在新闻报道中较为常用，并且这种采访方法形成的新闻材料相对详实，可帮助读者客观公正地厘清新闻事实的真实面目，并且在新闻写作过程中也能够体现出相对的客观性，不易出现一边倒引发读者反感的情况。

2. 点面结合法

点面结合法与上下结合法有异曲同工之处，上下结合法强调要结合新闻事件的上层和基层意见进行采访，从而还原新闻的真实面貌，避免新闻沦为一家之言。点面结合法强调的是新闻记者在采访时要有发散思维，不能就"张三"采访"张三"、报道"张三"，要在采访过程中从"张三"这个点扩展到"张三们"，或者从"张三们"入手发现一个个"张三"的不同之处。

新闻事件发生往往都是个别事件，如果仅就个别事件进行采访，那么只能凸显该事件的独特性，缺少了普遍意义。所以新闻记者在采访过程中，在对某新闻事实采访确定后，再对相似的情况进行采访比对，从而系统把握该新闻事件的新闻价值和意义。例如，某地存在私自盗电窃电情况，了解该地情况后，再对相似地区走访问询，查看该事件是个例还是普遍现象，若发现是个别现象，则侧重在新闻报道中强调其独特的新闻价值点，若其他区域也普遍存在该现象，则从普遍意义上对盗电窃电进行报道，对事件进行重新定性，由个别上升到普遍。

另外，在新闻采访调查中，往往还存在采访前已获知相对粗糙的新闻事实和概括性的材料，此时就需要记者以该类现象为总领，再逐点进行采访，获知具体信息支撑新闻。比如说网上流传夏季电力供应不足的言论，新闻记者可以此为新闻点，进而对各区域供电公司进行问询，了解各区域夏季电力供应的相关数据和相关说明，从而利用各点的数据来支撑新闻，释疑夏季供电紧张问题是否存在。

点面结合的采访方法侧重于对新闻事实的系统性调查，既能从个别新闻事实的采访与其他采访的材料比对中获悉新闻事实是否具有普遍性新闻价值，又能在模糊的新闻事件基础上逐点走访以形成系统支撑。总之，在具体采访过程中，要系统地看待新闻事件的个例和普遍性意义。

3. 体验式采访

体验式采访最早作为暗访的一种形式，早期主要是指新闻记者为获取采访对象最真实的状态，化身到采访对象所在的群体，通过与这些群体的接触，了解他们的真实想法，并在这一过程中体验他们的生活状态和社会他者的看法。而在电力新闻的采访中，体验式采访更多的是显性采访的形式，但其采访方法仍旧相同，比如新闻记者可化身巡线工，体验巡线工的工作环境和工作状态，通过个人体验最真实巡线职工工作。不同于上下结合和点面结合的采访方法中新闻记者的定位，体验式采访中，记者的定位不再完全依赖采访对象的讲述，而是以记者自身的体验作为最宝贵的新闻素材，相较于其他新闻采访方式，体验式采访在揭示真实环境方面的优势尤为明显。

首先，体验式新闻更具有唯一性和独家新闻的潜力。在自媒体时代，同质化成为新闻报道的问题之一，尤其是在电力新闻题材相对有限的领域内，新闻事实和报道框架都具有高度的相似性。所以，体验式采访的独特性优势便体现出来。体验式采访中，不同记者的体验心得和感受不尽相同，在不同体验过程中，关注的重点和细节也各有不同，因此，体验式采访可有效避免发生新闻雷同，为生产独家新闻提供有力保障。

其次，体验式新闻采访能够获取最真实的新闻材料。体验式采访要求记者不但要到现场采访，还要求记者深入到采访对象当中去，与采访对象共同生活，通过自身参与发掘新闻材料，其真实性自然不容置疑。另外，从信息传播的角度看，非体验式的新闻采访都需要经过他人转述的过程，而转述必然夹杂着转述者的个人想法和理解，这一过程中，新闻事实的失真是必然存在的。因此，当记者深入采访对象中，以记者所见所想为采访材料，可充分确保最大限度还原采访的真实性和对事实的认知感悟。

另外，体验式采访更容易写出具有感染力的新闻报道。其一，读者在阅读新闻时，不仅想知道新闻事实是什么，还对其过程感兴趣，而记者通过将亲身经历的所见所想报道出来，能充分满足读者的好奇心和求知欲。其二，记者在体验过程中，更容易发现他人转述时无法描绘的细腻情感，一般来说，在问答形式采访中，采访对象往往会以理智的形象与记者进行交谈，不愿意轻易将个人细腻的情感暴露在采访中。而体验式采访时，记者与采访对象身处相同境遇，在日常琐事中更容易获得采访对象的认同，从而得到其心理上的接纳。而且，对于新闻写作而言，体验式采访也有助于记者在写作中突出人文关怀，唤起读者的情感共鸣，弘扬正向价值。这对媒体的定性和读者积累而言也大有益处。

体验式采访的优势十分明显，能够通过深入采访对象，获取最真实的新闻材料和最详实的细节，为新闻报道增色。不过这种采访方式往往需要较多的资源和时间，是一种相对弱时效性的采访方式，在电力新闻中多用于策划宣传类报道。

第五节 新闻采访前的准备

新闻采访虽然是以采访对象讲述为主，但这不意味着新闻记者临场发挥即可，采访之前若不进行精心准备，则新闻采访必将效率低下甚至无法进行。一方面，对采访事件的信息了解不够充分容易导致采访过程中缺乏逻辑，无法获得采访对象的认可，难以获取更多、更真实的新闻信息；另一方面，新闻采访前还需要进行一些行程和事务准备规划，新闻采访看似只有走访谈话，实际上前后也需要经过精心的准备和规划，即使是突发事件的新闻采访中，也需要在日常生活中做好随时出发的准备。因此，准备妥当是新闻采访能够顺利进行的必要前提。

一、内容准备

内容层面的准备主要包括两方面，一是对采访对象的资料查询和了解，二是对采访新闻事件背景材料和具体情况的大致了解。关于采访前的资料准备，可以从我国知名记者田流先生的"四个准备"说中一窥一二：

我做的第一件准备工作，是将要采访的问题的有关政策闹清楚，也可以叫做"政策准备"，这是经过多年实践，从很多次失败中得来的教训。政策思想不明确，就缺少分析具体事物的能力。大战需要武器，做工需要工具，政策就是我们记者观察、分析、判断具体事物的武器。如果对某个方面的政策不清楚，就贸然去采访它，看——不知从哪里去看；问——不知从哪里问起；看到的和听到的情况和问题，也不能进行正确分析判断，不知道它到底是对还是错，是好还是坏；虽然费了很大劲采访，到头来还是不知所以，在这种情况下写出来的报道，当然也就"主体思想不明确""一般化"甚至不符合政策了。

……

第二个准备是，对将要采访的问题的全局做一个概括的了解……只有把这个全局、这个总的形势把握住了，对具体的采访对象以及它所发生的问题，才能正确地分析，恰当地判断和估价。我们的报道，总是通过一个具体地区或单位，一个具体问题或事件进行的，而却总是面向全国的，这就是说，我们的报道要有针对性，要有普遍意义。如果我们对全局不了解，我们的报道就缺少针对性，就是无的放矢。

……

再一个准备是情况、资料的准备。我们了解政策、了解全局和形势之后，就要出发到某个地区、某个单位去采访了。去之前，应该对那个地区那个单位的过去特别是最近的情况，做必要的了解，而且了解得比对全局、对整个形势的了解更细一点，更深一点。

……

第四个准备，也可以说是进入采访前夕的"临战"准备。前面谈过，我采访前的准备工作是从大到小，也即是从政策的、思想观点的准备，到具体的要采访的地区、问题、实践的有关情况、问题、资料的准备等。方法是从上到下，即中央、报社到省，到省以后，还是这个老办法，同省委、省报及有关单位了解该地区或该方面的全面情况，并从了解全面情况中，选择去哪个县、哪个单位，甚至去采访哪个典型人物。

这样做，使我得益匪浅。最主要的好处是：这样做使我的报道思想比较明确。知道我们党在提倡什么、反对什么；知道什么是主流、本质，什么是支流、现象，报道出来的东西比较有针对性。第二个好处是，选择的报道对象比较明确，不容易上当受骗，对报道对象的分析判断，也比较容易符合实际❶。

可以说，田流先生采访前的"四个准备"至今仍然适用，具体转化到电力新闻采访中，就要求：

（1）电力新闻记者对电力系统的政策制度熟练掌握，既包括总体规划类的纲领性文件，又包括不同区域的施行策略。并且，要将这些政策作为知识经验进行储备，不能只是需要哪块看哪块，否则既影响采访进度，又难以了解详情，最后只能效果一般，影响采访效率。

（2）要在采访前对采访对象的人物生平、籍贯、相关事迹报道、人物访谈资料等进行一定的收集和梳理。通过梳理这些材料，了解采访对象的性格爱好、为人处世风格等。通过对这些情况的了解，不但能在采访时给采访对象留下好印象，营造良好的沟通环境，还能在采访不顺畅时及时利用已掌握的资料岔开话题，调节访谈气氛。

（3）更重要的是，要在采访前对要采访的内容进行梳理，并整理出采访提纲和具体问题，以免采访过程中自身逻辑被影响，但要注意的是，采访过程是一个动态变化的过程，既要在采访对象偏题时将其扭转回来，也要注意灵活变动，根据实际采访情况调整采访思路和问题，不可唯书而显得刻板。

二、事务准备

事务准备相对较为好理解，是指在采访前检查采访设备和做行程安排。

行程安排方面，要在采访前提前与采访对象进行沟通，突发新闻事件时，要主动与相关领导进行沟通报备。根据行程需要，检查往返的票务、纸笔、生活用品等。

设备方面一是要检查是否齐全，二是要检查设备工作情况是否良好。首先是记录设备，主要包括录音笔、摄像机、摄影机、话筒、充电设备等等，确保采访时能够准

---

❶ 转引陈相雨：新闻采访研究导引.南京：南京大学出版社,2015 年 9 月：第 157 页.原参田流,我是这样做记者.北京：人民日报出版社,1984.

确记录内容，录制图片资料和视频资料。另外要善于利用手机等通信设备，情况紧急时，手机可以实现录音、摄像和摄影的全部功能备用，当然，一般情况下仍要以专业的对应设备为主，不能过度依赖移动设备作为采访器材的替代。另外，在采访之前一定要对各个设备工作情况进行检查，尤其是拍摄设备等电子器材，确保拍摄设备的储存卡、电池及备用电池等，条件允许的情况下尽量提前准备备用各一份，以免临时出现问题影响进度。

此外，还有一些日常生活上的其他准备也要根据采访工作需要进行妥善安排。

第六节　新闻采访中的操作

一、掌握提问技巧

采访过程本质上是新闻记者与采访对象进行融洽的问答和交流的过程，提问是新闻记者在采访过程中最关键的一个重要环节。如前文所言，在前期准备中，需要就所要采访的内容拟设问题，但这种问题的准备是一种相对呆板且宽泛的准备，如何在交谈中根据采访对象和采访目的进行提问，则需一定的技巧。提问对于记者来说既是一件简单，又是一件困难的事，问得好不好能直接决定采访的成败。因此，在新闻采访中，不但要准备得充分，还要注意提问时的语气、措辞、肢体语言和面部表情等等。

问题一般被分为开放式提问和闭合式提问，开放式提问一般指不给采访对象提供备选项和较为具体的限制条件，这样的问题一般自由度大，可谈性较高，采访对象可以有充分地发挥空间和回旋余地。例如："参加这次活动感觉如何？""对于这件事您有什么看法？"这样的问题就属于开放式的问题，对方可以根据个人的理解和感受来回答。一般来说，开放式问题对于采访对象比较友好，采访对象也比较愿意回答开放式的问题，但这种问题对于完成采访任务来说并不一定是较好的问题设计，较大的自由度往往意味着答非所问和没有重点，并且开放式问题没有针对性，可能采访对象侃侃而谈十几二十分钟，但真正有价值的新闻素材却几乎没有。所以，开放式问题的设计一般在采访环节中处于辅助地位，常用于采访开始前的寒暄、采访过程中的气氛调节以及采访即将结束时的礼貌性交流。不过要注意的是，当采访对象比较抗拒采访时，则必须使用开放式的问题，尽管可能得不到有效的答案和内容，但可通过开放式问题获知对方的态度，能够报道出采访对象的态度，在一定程度上也等同于获知了采访对象的想法，同样具有新闻价值。

闭合式问题则相对收紧，这种问题设计往往为采访对象的答案提前预设方向，采访对象没法就问题自由展开。例如："您觉得这次 ×× 政策调整合不合理？""您是否目睹了整个过程？"等，一般这种闭合式的问题设计，记者能够掌握采访的绝对主动权，可以较大程度避免出现答非所问的情况。不过，闭合式问题设计并不是说记者必须让采访对象只回答"是"或"不是""能"或"不能"，绝大多数情况下，闭合问题的设计并不是独立出现的。闭合问题的提出，是首先获悉采访对象对问题的看法，在采访对象对问题发表看法后，进一步追问原因，从而将采访对象的回答进行局限，如此一来，采访对象就不得不对自身看法进行解释。可以很明显地看出，闭合式回答是一种相对带有"攻击性"的问题设计。不过，矛盾点即是信息点，这种问题设计方式可以使得主题集中，易于把控访问流程和获得关键性信息，较大提升提问的效率。

关于具体的提问方法，梁一高在《现代新闻采访学教程》里详细总结了 16 种，以下沿用例举以供参考。需要明确的是，一次采访中通常是多种提问方法交叉使用，除较为严肃的场合外，单独的提问方法就完成采访的情况相对较少。

（1）正问法。最简单的提问方法，记者直接表达采访意愿和目的，一般用于正式场合或与采访对象较为熟悉的采访中。正问法提问要求问题言简意赅，直击问题核心。

（2）迂回法。一般用于敏感问题或者采访对象不愿意配合或者持戒备心理时使用。具体表现为通过其他话题转移采访对象的注意力，通过其他问题的旁敲侧引回到问题本身，进而一步步获取全部信息。当然，记者在采用迂回法提问时，一定要牢牢把握采访目的，及时回到正题上，不可被采访对象绕得晕晕乎乎，不知所云。

（3）诱导法。诱导法是一种以引导为目的的提问方法，多用于采访对象在回答记者时举棋不定，或者紧张、短暂性遗忘等情况下使用。记者可通过举例、提醒、抛砖引玉等方式循循善诱，比如说"我觉得如果我当时处在那种情况下，可能会……"采访对象可以通过记者的话题进一步阐释，或认同或否认或谈新的想法，由此打开采访对象的思路。使用诱导法提问时，要注意度的把握，注意察言观色、合理诱导，否则会显得目的性和攻击性过强，大有咄咄逼人之势，最终弄巧成拙。

（4）追踪法。主要是指按照提问的主线和逻辑顺序，依次向采访对象进行发问，层层深入，由表及里，这种提问的方法可以始终确保话题的集中度，并且可以通过采访对象回答的新内容不断深挖，容易挖掘出有较大新闻价值的材料。

（5）设问法。设问法同样也是先提出问题，通过这些问题来诱发采访对象的思路，不过不同于诱导法的是，设问法通常把问题的答案替采访对象抛出，进而与采访对象进行讨论，共同对该问题做出合理的判断。设问法与诱导法最大的不同是，诱导法提问主要由采访对象个人进行阐释和回答，记者仅提供一个打开话题的引子；设问法提问则由记者先谈出想法，再和采访对象共同就问题进行合理判断。所以，设问法对记者的专业性要求较高，同时，也要求记者能够熟练把握采访对象的思路脉络。

（6）激将法。顾名思义，激将法就是通过提出较为尖锐的问题来刺激采访对象，从而迫使采访对象不得不作出解释。一般来说，记者刻意选取不符合事实的材料倒逼采访对象时，采访对象因惧怕记者以不符合事实的材料报道带来严重负面影响，通常会以实情告知。但是要清楚的是，激将法通常适用于采访对象刻意回避事实、态度傲慢、始终游离于话题之外的情况下使用，否则会严重影响谈话氛围和采访进度，以至于出现重大采访事故，所以如无必要，应尽量避免使用。

（7）反诘法。与激将法类似，反诘法也是采用与事实不符的材料进行提问。不同的是，反诘法完全站在事实的对立面进行提问，以此来获取采访对象的抗诉，进而激发采访对象的表达诉求。反诘法提问往往有挖苦、冷讽的意味，应该谨慎使用。

（8）错问法。错问法是记者在提问过程中有意识地通过错误的表述或错误的提问来征求采访对象的意见，错问法的主要目的不在问题要表达的意思，而在于错误点所要表达的意思。当记者提出错问后，采访对象不会关注问题想问的是什么，而是关注问题的错误之处，并由错误展开指正和论述，在这个过程中透露出信息。错问法是一种建立在准备充分基础上的提问方法，应在需要"外行"的地方犯错，而不能随便提出过于低级的问题，否则只会让采访对象觉得记者水平不高并失去接受采访的兴趣。

（9）插问法。现场面对面采访中较常出现的提问方法，一般在采访对象论述中出现疑点或者表述不清时，记者通过复述采访对象表达的主要观点，并向采访对象进行确认或要求解释的提问方法。要注意的是，插问法并不是说记者可以在出现疑问时就打断采访对象要求证实，而是要等待采访对象表述完毕后再进行插问，插问是相对于整体采访节奏而言的一种打断式提问。

（10）让步法。让步法一指被拒绝提问时的妥协性尝试；二指围绕着采访对象不想回答的问题进行适当的退让。当采访对象明确表达不愿意回答该问题时，可以从该问题的表象进行提问，并以此来抽出表象内的核心本质。比如采访对象不愿意提及收入问题，则可以退一步咨询其平常的消费喜好等问题，通过对这些材料的汇总，也能获得想要的材料情况。但是需要注意的是，让步法采访的内容应如实编写，不可人为臆造地推断。

（11）潜问法。即将问题隐入交流中，不直接向采访对象进行提问。这种方式隐去提问的形式但保留问题的本质，从而在正常交流中抓住采访对象透露的重要信息。不过需要注意的是，因没有明确的问题指向性，采访对象在交谈中可能出现部分言论歧义，所以，采访中应立足整体性归纳采访资料，不可只见局部不见整体，以至于误解了采访对象本来的意思表达。

（12）借问法。借问法比较容易理解，即假借他人之口进行提问，一般用于核实信息时使用，通常表现为"听说……""据某某说……""我注意到……"等。

（13）偏问法。偏问法指从问题的其中一个敏感点进行提问，避开主要问题，不问采访对象对于主要问题的想法，而是提问主要问题中的部分问题的情况，而回答这种问题又必须从整体出发才能解释得清楚，因此间接地获知了全部内容。偏问法的优点在于剑走偏锋，往往避开采访对象提前准备好的答问提纲和口径，所以更能获知最真实的信息。

（14）质问法。质问法通常用于持敌对观点时的提问方法，直指核心问题的痛点，不留余地，必须要求得到采访对象的解释和对真相的公示。

（15）逼问法。

（16）绝问法。

逼问法和绝问法与质问法相似，只是涉及的问题严重性和问题的开放程度有所不同，并且这两种提问方法的答案相对唯一且公认，只是记者需要通过提问的方式迫使采访对象回答出来，以便进行新闻报道。

采访环节最主要的是如何通过不同的提问方法和交流技巧获取采访对象口中的信息，因此要对各提问方法熟练掌握，根据谈话进程和氛围变化适时调整，不能太过僵化，也不能太过随意，尽量以较为自然的方式与采访对象进行沟通。这就需要新闻记者在实践中熟练掌握并摸索出自己的采访技巧和风格。

二、注意倾听和记录

新闻采访是双向互动的过程，除了要求记者熟练掌握提问技巧，还要求有较强的接收信息和反馈的能力，因此，新闻记者在采访过程中要善于倾听并做好相关信息的记录。

1. 倾听

倾听是新闻记者接收信息反馈的过程，在这一过程中，记者不但要听清采访对象的讲述内容，还要表达出善意和尊重。在倾听的过程中，要与采访对象的思维保持一致，好的倾听者往往能帮助讲述对象宣泄情感，从而获得认可并采访到更真实的内容。

在倾听采访对象讲述时，最好的方法是与采访对象保持互动，可从以下进行尝试：

首先，要注意自身的仪态和表情。当采访对象讲述时，尽可能表现出对采访对象讲述内容的好奇心和求知欲，给予采访对象鼓励的眼神和动作配合，比如在采访对象讲述过程中保持微笑并辅以点头表达认可，或者在座谈时身体稍微前倾作聆听状等等。

其次，适当予以反馈。在倾听过程中对敏感信息、关键信息及时反馈，适当地对讲述内容进行复述和总结，并向采访对象求证或配合讨论。这样既可以确保不会在关键信息处出现纰漏，还可以告知采访对象自己的倾听状态，从而表达对采访对象论述时的尊重和认可。

另外，倾听还要有重点地听。这是记者完成采访的关键一环，在倾听采访对象讲述时，要抓重点抓核心，不可被细枝末节所吸引，还要在采访对象论述过程中快速反应和分析，既要搞清楚什么是核心信息，什么是次要信息，又要快速从论述中抓住话语背后的主要意思和观点，以免出现误读和曲解。

为确保能够更好地倾听采访对象，记者还需要做好如下心理准备：

（1）要明确采访主体，注意身份定位。为保障采访有序进行，记者需要掌控采访的节奏和逻辑顺序，但这不意味着记者在采访中处于主导地位。相反，在采访过程中，采访对象才是主体。这就要求在采访过程中，记者要克服自我为中心及自以为是的定位，要以采访对象的论述为主导，在采访对象偏离主题时可帮助回归主题，而不是在获悉想要听到的内容后，不顾前后语境就直接跳到下一话题，使得整个采访过程变成

"审问"过程。

（2）保持情绪稳定。采访过程中难免碰到不顺畅的情况，甚至在某些情况下，采访对象的论述实在有失偏颇或情绪不稳定，但无论如何，都要尊重对方的表达权力，不要急于表达自己的看法，更不能因见解不同与对方辩解。记者是记录者，对错应在公正客观的报道中交由读者去评判，而不是在采访过程中同采访对象辩个明白。

（3）保持客观态度。记者在采访中多少会带有主观性，但在采访过程中，要尽可能保持客观态度，否则会影响信息的接收，甚至人为的主观误解。

此外，还要注意在倾听过程中，不要太抠字眼或局限在微不足道的细节上；不能思维跳跃太快或者提前猜测对方要表达的意思；也不要太在意对方的表达方式和讲话特点；更不能走神、开小差、举止轻浮，如摇头晃脑、阴阳怪气等基础性错误。

2. 记录

记录是新闻采访形成材料的工作，是采访的成果体现。记录包括两个方面，一部分是对采访过程和实地环境的记录，这种记录是需要尽可能地大而全，主要借助相关录入设备和工具；另一部分是对逻辑和思考的记录，这部分的记录要求及时、迅速、抓重点，主要依靠记者现场笔记。新闻记者在采访过程中往往会根据采访对象的信息分享不断产生新问题和新思考，但这种思考和新问题可能是灵光一闪，若无法立刻记录下来，则在后续的提问以及最终稿件写作过程中将会遗漏。

（1）借用工具记录。记录采访过程主要包括三方面的记录：语言、图片和视频的记录。

语言记录方面。录音工具的出现大大解放了信息录入速度和完整度。在采访过程中，可以利用录音笔、手机录音功能等对采访过程全程记录。好处在于能够完整再现采访资料，记者可以随时查询以便于写作和材料积累。不过，虽然录音设备解放了记者的部分工作压力，但一般情况下，我们提倡应尽可能地保证每一场采访都进行录音，但也不能过度依赖录音设备，更不能将录音作为采访记录、谈话记录的唯一手段。一是部分情况下，采访对象面对录音工具时会十分警惕，为避免留下"证据"，采访对象往往会顾左右而言他，使得采访难有突破；二是录音材料的整理需要相当大的工作量，对于部分时效性要求更高的新闻报道来说，不能及时整理核心内容。因此，在条件允许的情况下，采访过程中仍是以笔记为主，录音全程录入为辅（可以在采访对象不知道的情况下隐形录入）。用笔记录是一种转录的形式，对于采访对象来说更容易接受，不会造成心理负担，并且用笔记录还可以帮助缓解采访对象侃侃而谈时记者无事可做的尴尬，对于推进采访节奏来说也大有帮助。

图片记录方面。图片记录能够如实记录下真实场景，丰富采访内容，也可帮助丰富新闻报道形式，提升新闻报道的可读性。图片记录无法保证全程记录，更讲究抓拍的瞬间以及如何在有限的文本容量里表达更多的信息。所以抓拍的时机和构图显得尤为重要。有关图片拍摄的相关论述将在下一章进行说明。

摄像记录方面。摄像记录不但能全程记录声音外，还能将采访画面、采访环境等一并记录下来，能够还原最真实的采访情况。不过，如同录音工具的使用一样，录像同样也会给采访对象造成压力。所以在摄影过程中，记者要适时调节谈话氛围，转移采访对象的注意力。

录音、摄影和摄像在采访过程中都能够帮助丰富采访过程和采访资料，不过居于主导地位的仍是用笔记录。具体采访工作中，若有条件应尽量保证录音、摄影和摄像同时使用。虽然在新闻报道中可能绝大多数资料都无法报道出来，但正如本章开始所言，新闻采访是"取米"的过程，于新闻报道而言，材料多总归强于材料不足，并且这些材料对于资料储备也大有裨益。

（2）用笔记录。用笔记录不同于工具记录，用笔记录是记录新闻事实的主要观点、主要情况和主要思路。需要清楚的是，用笔记录是主要方式，工具记录是作为备用资料和丰富新闻报道的次要方式。用笔记录因受限于录入速度和思考时间，在记录时更要求逻辑性和简洁性，所以，用笔记录时，要有选择地记录。

一是记录核心材料。新闻采访过程中，获得的材料纷繁复杂，用笔记录时则不需要面面俱到，仅需记录与事实或问题有密切联系的关键性材料。例如事实的起因、经过、变化过程、结果以及细节等等。另外，还要注意事实发生的具体时间、详细地点、涉及到的人名及职务、一些具体的数字、专业术语等等。

二是记事也要记识。采访过程中，记录新闻事实材料十分重要，不过也要注意记录采访对象的思路以及记者自己在聆听过程中的所想所思。新闻采访虽然注重对事实的记录报道，但采访对象在表述过程中透露的好的思想认识和见解也很重要，这些思想认识和见解能极大提升报道的深度，缺少这些材料的记录，新闻报道只能是资料的罗列，难有影响力。除了采访对象的所思所悟之外，记者还要随笔记下自己的在访谈过程中的思考、判断以及推理出来的结论，记录这些思想和结论能够帮助记者消化材料，也有助于构思写作提纲。

三是记重要的原话。采访原话是针对性地采访记录，记录采访对象原话的优点在于：记录一些关键性的原话能够帮助更好地体现采访对象的精气神，提升报道对象的立体感；其次，记录有代表性的原话并引用至报道中，还能以第三人称的身份侧面表达记者及报道的观点，尤其是需要脱敏的新闻报道。

四是记下难点和存疑。采访过程中，记者遇到的问题和无法理解的信息，部分可以通过插问得到解决，但也有一些问题可能是前期工作不到位引起的，这些问题不方便向采访对象提出，也要记录下来，以便后续资料梳理时能够及时考证和补充。

新闻采访的主要目的是提好问题并记录详细的新闻材料，提问和记录看似复杂，实际上对于新闻采访来说，更重要的是采访前的准备和事后的资料梳理。依托于现有的通信技术和工具，采访过程中更需要在立足记者自身的素养基础上灵活变动。

第七节　新闻采访后的整理

采访结束后，对于整个采访过程而言只完成了前期和中期工作。对采访材料的梳理和总结也是新闻采访的重要后期工作，后期整理不当，就会使前中期的采访价值大大缩水，甚至出现误解，导致整个采访过程失败。

一、补充采访材料

记者在新闻采访过程中，时常会因种种条件限制导致对材料把握不足，这就需要记者在后期材料整理过程中适度补充，尤其是采访过程中没有深化或者缺乏相关专业知识支撑的材料。比如采访材料不够精准或不够专业，就需要在材料整理过程中通过其他途径或补充采访来弥补。

从实际操作层面来看，补充材料主要有两个方面：一是补充采访前个人准备不足的内容；二是补充对新闻事实的本质提炼的资料。

记者在采访开始之前需要提前准备，包括对采访对象基础资料的收集和研读、采访问题和采访架构的提前预设等方面。不过采访过程总是充满变数，很多时候并不一定按照记者的提前准备进行，那么就容易出现部分材料准备到了却没法使用，或者有部分问题的基础材料没有准备齐全的问题，这时候就需要对材料查漏补缺。

补充采访更关键的是对新闻事实本质内容的提炼。前期的许多采访材料大都是事实的表象，这些材料只能够将新闻事实勾勒出来。因此，就需要记者对其新闻事实进行挖掘，补充新闻事实背后的总结性材料。这就要求新闻记者站位要高，要将新闻事件放置在整体、全局的大环境中，进而补充其他背景材料，将新闻事实的价值拔高。新闻难能可贵的不是将一件事说清楚，更有价值的是通过说清楚具体新闻事实来传递具有普遍意义的社会认识和价值观。这就要求记者在梳理采访材料时，要对问题进行深入挖掘并与其他类似材料进行对比分析，以其他材料作为补充支撑，拓宽视野进行新闻写作和资料整理，从而从事实表象看透事实本质，并将其报道出来。例如记者在报道企业"清洁能源"时，可以从"清洁能源"出发，补充节能改造前后的数据、新能源的优点、对社会经济的影响、环境的影响等资料，通过这些资料的补充，最终提炼出能源改造的优点与意义，从而将企业的"节能改造"上升到对整个社会经济的重要影响，新闻价值自然得到了提升。

二、核实材料真伪

采访获得的材料不可避免的受采访对象的主观因素影响，可能采访对象囿于采访环境、采访氛围以及对事实后果的考虑，导致采访信息存在一定的夸大、虚假，所以，记者在采访结束后，还应对采访材料进行详细的核实。

材料的真实性验证主要靠记者的积累和个人智力因素进行甄别，主要是基于事物发展的基本逻辑和变化规律进行科学分析，从而发现其中是否存在信息虚假。比如记者在报道行业发展时，将今年各项数据与历年数据进行比对，发现有较大突破时，则要慎重比对信息材料的真实性，尤其是基建、技术、资源等方面是否有较大改进，以此来验证数据的真伪，避免报道不实信息。

另外，验证资料的真实性还可以"再采访"，既对相关专业人士采访咨询，也可以对采访对象回访。记者往往在核对信息时，缺乏相关专业技能方面的素养，而自查资料比对时，又需要大量的时间和精力，并且是否准确也容易出现问题，因此，当出现专业性较强的信息考证时，可以向权威专家或相关方面的资深人员采访，利用权威声音来证实消息的可靠性和真实性。另外，在整理采访资料时，也可以对整理过程中发现的疑问再向采访对象回访，可利用网络采访和电话采访等便捷方式与采访对象进行交流。条件允许的话，也可以再赴现场针对关键问题和怀疑的事实重新实地考证。不过要区分的是，先前采访注重对事实的"量"的搜集，而实地再访则注重"质"的把握。这也就意味着，采访可以不必再详细了解事实过程，只需要证实怀疑信息的真伪即可。

三、梳理写作框架

采访信息核实完成后，就可以梳理采访资料，并形成写作框架。

首先要重新通读采访记录，将其中的错字、别字以及为记录方便时使用的符号、替代简字等进行更换。

其次是对比录音、录像以及核查记录，及时新增或删减需要改动的信息，并按照采访的逻辑和脉络条理化整理。把各个事实的基本内容分类列出，例如哪些信息是对现象的表述，哪些信息是对原因的回答，哪些信息是影响和结果，哪些信息需要值得突出。

最后，整理写作逻辑和大致框架。当采访记录按照标准进行条块化整理后，即可按照记者对事实的理解，适当调整采访记录的前后顺序，突出事实的亮点和价值。区分清楚采访事实的价值是事实本身、发生原因还是引人反思的结果，从而针对性地提炼写作的主要结构。

四、积累案例材料

采访搜集的资料通常不会完全被刊发，除了最有价值的信息材料被编辑报道外，绝大多数信息都是剩余材料，但这不意味着这些未被报道的材料就没有价值。比如一些音频、视频可以在报道的同时，同步上传至网络，组建立体报道的形式；也可以将多余的材料编辑整理后存入资料库，积累下来以备后续类似采访时充做关联材料或背景资料。

积累剩余材料能够让记者系统地调整后续采访和新闻写作时的策略。电力新闻报道的选题范围相对较为单一，如果没有一些材料的积累，仅仅就采访事实进行报道，极有可能出现大量仅替换人名、地名的雷同新闻报道，价值相当有限。积累资料的优势就在于能够使记者在采写新闻时对过去、现在和将来的事物发展有较为清晰的把握和预测，既可以帮助记者调整选题和报道视角，也可以帮助记者在写作时引经据典，提供独到的见解和报道形式。

资料积累也需要掌握方法：一是需要主动积累，二是需要坚持不懈，三是要善用工具。

首先是勤于积累，积累材料本质上来说是新闻采访与报道要求之外的额外工作，所以积累材料并非是强制性的。这就需要记者个人要积极主动。事实上，每一次的新闻采访与报道并不是完全独立的新闻事件，都是基于一定的历史基础。这也意味着记者在采访和报道中并不能孤立地从事新闻采访和报道，应辩证地看待每个新闻事实在大环境中的不同点和独特的价值。所以，新闻记者的前期积累的作用就凸显出来，这也就要求记者在从事新闻工作中一定要积极主动地积累资料。基于此，才能在不同新闻报道中有足够的经验和广阔的视角来完成采访和新闻写作。

其次是要持之以恒。资料积累是漫长的工作，通常不会立刻发挥效用，需要足够量的积累才能达到质变。积累资料没必要刻意去寻找材料，更注重的是对每一次信息搜集后的梳理，积少成多最终汇水成流。不过，积累资料也要坚持不定期整理更新。积累过程必定会留下大量的冗余材料和雷同材料，甚至是一些已经过时的材料。这要求记者在积累同时，要不定期对材料进行回顾学习，合并雷同的材料，调整或删除不适宜的材料，也可结合新信息、新发展，对原有材料进行适当修改和补充，不断增强所积累材料的活力和与现实的贴近性、适用性。

积累材料还要善用工具。利用信息存储技术积累资料更加简单易行。利用信息网络对材料进行积累的同时，还可以通过设置关键词和时间脉络等方式搭建个人检索数据库，也可以制作目录、索引等方便归类和查询。不过需要注意的是，在利用信息网络储存材料时，要注意保密。不管信息是否予以公开，都应尽可能做好保护，以免因片面材料的流出导致其他负面影响。

总体来说，积累材料的同时，也是记者不断学习和积累经验的过程。但积累材料不是大杂烩和堆砌，收集材料时，要去粗取精、全面系统、持之以恒，从而不断提升自身的新闻专业修养。

第五章
新闻文体写作的规范要求和能力提升

概括来说，新闻文体是以文字表现的各种新闻写作形式，主要分为三大类：一是新闻报道类，主要包括新闻消息和通信等；二是新闻评论类，主要包括社论、专栏评论、评论员文章、新闻言论、述评等；三是新闻摄影类，主要包括新闻组照、专题照片等。依据电网企业实际操作的需要，本章主要介绍几种电力新闻写作中实用的新闻文体。

第一节　消息写作的规范要求和能力提升

新闻报道中的消息，指的是新闻报道中一种常见的新闻报道体裁。中国新闻学界泰斗甘惜分所著《新闻学大辞典》中对消息的解释是："以最直接、最简练的方式报道新闻事实的一种文体，是最经常、最大量使用的报道体裁。"消息最大的特点是简明扼要、讲求时效，在写作中往往只需要突出事实本身，以干净利落的词句进行简述，严禁拖泥带水。随着新闻写作的范围越来越宽泛，长消息、特写消息、述评消息等也越来越多地出现在新闻报纸中。

消息写作，往往是向读者交代新闻六要素（"5W1H"）。"5W"是指事件（What）、时间（When）、地点（Where）、人物（Who）、原因（Why），"1H"指的是过程（How）。消息写作就是向受众交代新闻事件的核心情况，告知读者具体发生的新闻事件是什么，什么时间发生的，在什么地点发生，谁参与了事件，为什么发生这件事以及事件最终的结果是什么。当然，因具体报道对象和重点的不同，特殊情况下，新闻写作中有时也会缺失部分要素，但一般写作中仍强调尽量兼具，要素叙述越详尽，越接近事实本身，越能还原新闻事件的真实面目，传播效力也就越佳。

消息的分类有多种标准，如以篇幅长短进行划分、以报道内容进行划分、以政治性强弱进行划分等。但电力新闻工作中的消息写作相对比较固定，一般是报道事件，会议，专业知识，建设汇报，经验类的短消息、长消息以及答记者问等。

消息写作一般由标题、新闻头、导语、主体、新闻背景与结尾等部分组成。

标题。指的是消息的题目。标题的写作要求简洁、明了、新颖、生动，标题的好坏直接影响受众对该篇消息的阅读兴趣，关乎传播的效力问题。

新闻头。新闻头的作用是标明消息的来源，也是区分消息与其他新闻体裁的重要标志，一般的新闻头通常是"本报讯"或"据××社报道""××社×月×日电"等。

导语。是消息的开头，主要是对消息进行概括性地说明或对最重要事实的概述，导语编写要求具有一定的概括性、精简性和可读性。

主体。是消息的核心展开部分，主体写作要求论述清晰，公正客观，以第三人称叙述为主，尽量避免出现感情色彩的词句和议论。

背景材料。是消息稿的辅助性材料，交代事实发生的具体背景，为新闻事实营造立体感和真实感。

结尾。是消息稿的收尾，可以是总结性、评论性、展望性的等。

具体消息写作可参考如下框架：

XXXXXXXXX（标题）

××讯（新闻头）××××××××××××××××××××××××××××××××

××××××××××××××××××××

　　××××××××××××××××（导语）

　　×××××××××××××××××××××××××××

　　××××××××××××××××××××

　　　　　　……

　　　　　　……

××××××××××（主体）

×××××××××××××××××××××（背景材料，可无）

××××××××××（结尾）

当然，消息写作中应以新闻事实为基础对报道内容进行取舍，在保留事实原貌的基础上尽可能精简论述。

一、消息标题

标题被认为是新闻的眼睛，读者在浏览报纸时，对每篇新闻的选择都是从阅读标题开始的，俗话说"题好一半文"，消息标题的好坏，直接影响该篇消息的内容到达率及传播效力，所以，制作一个吸睛的好标题尤为重要。

消息的标题分为单一型标题和复合型标题。

单一型标题一般是单行主标题，也有作两行，但成分及作用一致。不管是单行标题还是两行标题，单一型标题都是直接点明消息最主要事实和观点的标题。

复合型标题一般为多行标题，包括主题和辅题两部分，辅题包括引题（又称肩题、眉题，位于主标题上）和副标题（又称子题，位于主标题下）。当然，复合型标题可兼具引题和副标题，即三行题，也可只有"引题＋主标题"或"主标题＋副标题"。具体作用如下：

（引）×××××××××××××（作用：交代背景、说明原因、揭示意义等）

（主）×××××××××××（作用：表明主旨、突出亮点、吸引读者等）

（副）××××××××××××××（作用：补充说明、解释印证等）

一般情况下，电力新闻消息的标题写作大都有以下两种形式：

1. 一行题：即只有主标题

例如：

（主）浙江年底将实现高速公路电动车充电站全覆盖

（来源：新华社 2016 年 06 月 13 日）

（主）全球首个高压直流断路器投运

（来源：新华社 2016 年 12 月 29 日）

案例分析：

这是两个消息的标题，均是简明扼要的一行主标题，通过实写标题，将新闻事实在标题中进行概括，阅读新闻标题，读者就能清晰知道两则消息讲述的是浙江将要在年底实现高速公路电动车的充电站全覆盖和全球第一个高压直流断路器投运的新闻事实。大大提高了新闻事实的传播效率，同时，也方便读者在阅读时进行新闻选择。

2. 两行题：一般是由引题（肩题）和主标题或主标题和副标题构成

例如：

（引）技术咨询和服务项目占境外业务 42.1%

（主）国网浙江电力"走出去"战略收效显著

（来源：国家电网报 2016 年 4 月 14 日头版头条）

（主）浙江省政企联合共推电能替代

（副）引导社会用能单位"煤改电""油改电"促进节能减排绿色发展

（来源：国家电网报 2015 年 6 月 16 日头版头条）

案例分析：

这两个消息的标题是复合型的两行题，其中第一个标题是"引题（肩题）+ 主标题"的形式，而第二个标题则是"主标题 + 副标题"的形式。

第一个标题运用"引题（肩题）+ 主标题"对新闻事实进行提要，其中主标题陈述客观事实，即国网浙江省电力"走出去"战略收效显著，引题（肩题）则对该新闻事实进行说明，告知读者是由于技术咨询和服务项目占境外业务的 42.1%，所以得出国网浙江电力"走出去"战略收效显著的新闻事实。一引一主的合理搭配，将新闻事实具体细节呈现给了读者。

第二个标题则运用"主标题 + 副标题"的形式，首先利用主标题告知读者新闻事实是浙江省政企联合推出了电能替代的举措，同时，利用副标题向读者解释补充具体的电能替代是指"煤改电""油改电"这两项可推动节能减排绿色发展的举措。通过副标题的解释补充，读者对消息想表达的新闻事实已经充分了解。

需要注意的是，在消息标题的写作中，若为单一型标题，则标题必须是实标题，即明确表达整篇消息的内容所指；若为两行及以上标题，则至少有一个标题为实标题。

实标题是重在客观叙事的标题，旨在告知新闻事实中人物、事件、地点、时间等具体因素，突出新闻消息中的重点、亮点因素；虚标题则是重在抒情说理的标题，旨在揭示新闻事实中的思想、启发、道理和精神等。在复合型标题中，要特别注意处理实标题和虚标题的关系。

总而言之，消息的标题写作中，应基本遵循三个要求：

（1）准确。标题要对新闻思想概括准确，对新闻的内容、精神、实质进行精准归纳。

（2）生动。在概括准确的基础上，进一步提升标题的可读性，突出内容和表达方式上的生动活泼，增强可读性。

（3）美观。标题呈现在读者视线里一定要美观大方，言简意赅，形式上可适当新颖，以提升吸睛能力。

二、消息的新闻头

消息的新闻头一般在写作上无特殊要求，依据新闻来源编写即可。

三、消息的导语

消息的导语通常独立成段，可为简短一句或几句话，导语的作用是对新闻事实进行提纲挈领式概述，总结新闻重点和亮点，吸引读者阅读。如果说标题的好坏决定了读者是否有阅读的兴趣，那么导语的好坏则决定读者是否愿意继续阅读。

好的导语普遍具备准确鲜明、精炼短小、运用修辞、生动形象、富有创新并通俗易懂的特点。

写作中常用的导语结构有以下三种:

1. 要素罗列式

这种类型的导语在新闻消息的开始将新闻事实的时间、地点、人物、事件、起因、结果讲述清楚,让读者对于新闻事实有大致清晰的了解。但这种导语的问题在于成分过多,极易形成拖沓,并且可读性、趣味性也相对较低,读者容易看完导语便失去继续阅读的兴趣。这种导语通常适用于公示或告知类的消息写作,让读者了解大概新闻事实即可。

参考框架如下:

本报讯 ×××(某地、某人)×××(某时)××××××(发生某事)。××××××(因何原因)。××××××(有何影响)。(注:各要素因具体新闻事实重点不同可做顺序变动)

例如:

新华社北京 12 月 29 日电 国家电网 29 日宣布,其自主研发制造的 200 千伏高压直流电断路器,当天在浙江舟山五端柔性直流输电工程中投运。这意味着我国实现了直流输电核心装备研发和制造的重大突破。

与目前广泛应用的交流输电不同,大功率直流输电电流及电压连续不间断,电网设备出现故障时短路电流上升极快,这就要求断路器在千分之几秒内断开故障,相当于让一列高速奔驰的列车瞬间停下来,难度极大,是困扰工程界的世界级技术难题。

(来源:新华社 2016 年 12 月 29 日)

案例分析:

该导语是一种典型的要素罗列式的导语,导语简明扼要地把新闻事实的数个要素表述清楚,能让读者在阅读导语时,清晰了解新闻发生的时间是"29 日",新闻主体是"国家电网",事件及发生地点是"自主研发的 200 千伏高压直流电断路器在浙江舟山投运",事件的影响及意义是"意味着我国实现了直流输电核心装备研发和制造的重大突破"。当然,记者介绍该起新闻事件的原因时,选择另起一段写作,好处是能够把专业性较强的内容进行充分解释,既不影响读者在阅读首段时就能了解事件轮廓,又能更加集中地对专业性知识进行介绍。这篇 180 余字的导语,将新闻事件的所有要素介绍清楚,读者通过阅读导语,对整篇新闻稿件有了清晰的了解。

2. 突出重点式

这种类型的导语着重从新闻事实的重点出发，只对新闻事实中的重点部分进行描述，突出亮点，也更加简洁，以凸显新闻事实的爆炸性和新闻力度。但是也同样没能跳出交代事实要素的框架，导致读者有读完导语之后停止继续阅读的可能。这种导语在电力新闻写作中较适用于突发事件类或其他可适用的新闻消息写作中。

通用框架为：

本报讯 ××××（重点一）×××××（重点二）×××××（重点三）。

例如：

肯尼迪总统 / 今天 / 遭枪击身亡

（重点一：人物）/（重点二：时间）/（重点三：事件）

（来源：《纽约时报》1963 年 11 月 22 日）

案例分析：

这条导语是导语制作中的经典案例，在这个导语中，可以很明显地看出其精简性和事实重点的突出性，这条导语由三个部分构成，但只有短短的 12 个字就能告知读者肯尼迪总统今天被枪杀的新闻事实，言简意赅。如果按照各要素罗列进行写作，则变成了肯尼迪总统在某个时间、某个地点、因为什么原因被枪杀，有何影响，如此一来，新闻的爆炸性就会被多个要素淹没，远不如本条导语的新闻影响力大。

3. 自由不固定式

这种导语正如其名，写作时较为随意，无固定形式和文风。这种导语不再向读者介绍新闻事实，而是以调动读者阅读兴趣为主要目的。该类导语行文上也比较自由，可设置悬念，也可烘托背景、气氛；可以是陈述，也可以是疑问、感叹等。在电力新闻写作中，适用于绝大多数新闻事实的消息报道，尤其是一些人物报道、新闻点不太突出的报道等。

例如：

本报讯 当浙江嘉善县供电公司的工会干部把 10739.87 元爱心补助送到费宏手中时，饱受病痛折磨 3 个多月的费宏脸上露出了笑容：当初 100 元的点滴善心，却得到了如此多的爱的回馈。

（来源：《工人日报》2015 年 1 月 13 日）

案例分析：

此为《浙江电力互助会 4 年帮扶 4000 人次》的导语，该篇消息主要讲述的是浙江省电力公司工会为了让困难职工得到及时帮助，成立了职工爱心互助会的相关新闻事实。该篇稿件以具体事例为引，导出事例中的浙江省电力互助会。而后详细告知读者互助会的相关信息，首段导语的作用主要是为读者营造气氛，明确互助会的性质和人文关怀底色，增加读者的阅读兴趣和感染力。

四、消息的主体

消息的主体是整篇新闻稿件的主干部分，是对新闻事实的详细描述，也是对导语的详细展开。与标题和导语要求的精简不同，主体写作强调适度精细、准确、充分，力求将新闻事实讲述清楚，同时还要兼顾读者的阅读习惯。一般是按时间顺序、逻辑顺序以及重要程度三种形式进行写作，消息的主体写作框架一般决定了整篇消息的框架结构，将在本章第七节单独论述。

五、消息的新闻背景

新闻背景在消息报道中主要起着铺垫、解释等作用，一般为新闻事实发生时的历史、社会、政治、经济、文化等方面的情况介绍，是新闻报道中的辅助材料，它的作用在于方便报道写作和便于读者理解。新闻的背景介绍在新闻写作中无固定形式和固定位置，导语之后、结尾之前均可出现背景材料，甚至在部分新闻中也可不出现背景材料。因电力部门专业性较高，专业知识及相关背景对绝大部分读者来说存在着一定的理解鸿沟，所以在一般消息写作中，电力新闻工作者需要将作者角度转移到读者角度，从读者理解程度上运用新闻背景材料。

六、消息的结尾

消息结尾的有无取决于新闻消息的写作情况，若导语得当，主体详细，背景扎实，则结尾可省略，以免产生赘余之感；反之，若论述不够充分，或可更加完善升华，则需要结尾进行辅助。消息结尾的写法也无固定形式，可以是对新闻事实的总结、评论，也可以是启发、展望，但需要遵循的原则是，结尾不可与整体意思相悖，也不可过长论述以免导致拖沓。

七、消息的结构形式

消息的结构分类也多种多样，针对不同的新闻内容选取合适的消息结构可以达到事半功倍的效果，电力部门的新闻报道具有一定的行业特征，一般情况下，大致有以下四种结构形式：

1. 时间顺序结构

这种写作模式的优点在于按照事实本身的时间节点娓娓道来，对新闻事实的报道较为详尽，同时也便于读者在阅读中对新闻事实进行整体了解，但该类写作极容易导致过于平淡，需在具体写作中注重写作手法和角度。在电力新闻写作中，一般较适用于时间节点明显的新闻报道，如抢修报道、工程报道、活动报道等。

参考框架如下：

标题

新闻头　导语

新闻背景（依需要选择位置及有无）

主体：

×××（时间节点一），×××××××××。（第一阶段新闻事实）

×××（时间节点二），×××××××××。（第二阶段新闻事实）

×××（时间节点三），×××××××××。（第三阶段新闻事实）

（注：时间节点可以直接点明，也可省略，省略时要在行文中体现出时间顺序。）

结尾

例如：

本报遂昌9月30日电　9月30日上午10时，国网遂昌供电公司抗灾一线指挥部决定对村口到灾害现场沿途架设临时线路，并增加照明路灯。当施工队员们来到现场时发现，在被冲毁区域的旁边有一根电杆……10时42分，旧电杆拆除完毕。

10时52分，当施工队员们准备开始布线时，突然开始下起了雨，……

……

经过两个多小时的奋战，抢修队员们结束了布线及照明路灯安装工作。14时47分，照明路灯搭电完成，"救援之光"挺近最前线。

（来源：《浙江日报》2016年10月1日）

案例分析：

这篇标题为《"救援之光"挺近最前线》的新闻稿即是典型的按照时间顺序的逻辑进行编写，整篇新闻按照"9月30日上午10时""10点42分""10点52分""经过两个多小时""14时47分"时间段展开，将国网遂昌供电公司施工队员们的工作完整呈现。读者在阅读的过程中，能跟随时间的顺序了解工作进程，立体化地了解施工队员的工作场景和工作状况。同时，整篇新闻按照时间顺序撰写，也显得通篇连贯通畅。

2. 并列式结构

即在导语的引领下，分为几个重要性大致相等的独立段落，独立段落之间地位、重要性平等。在电力新闻写作中，这种写作结构也比较常见，一般用于展示列举中，条例相对清晰，论证性强，但这种写作结构的缺点也比较明显，容易在写作中大而化之导致细节疏漏。

通用框架为：

标题

新闻头　导语

新闻背景（依需要选择位置及有无）

主体：

×××××××××××××××××××××××××××××××。（并列一）

×××××××××××××××××××××××××××××××。（并列二）

×××××××××××××××××××××××××××××××。（并列三）

结尾

例如：

超强台风"玛莉亚"登陆浙闽沿海 强降雨致川陕等地出现灾情

央广网北京 7 月 12 日消息 据中国之声《新闻和报纸摘要》报道，今年第 8 号台风"玛莉亚"昨天（11 日）上午 9 点 10 分前后在福建福州连江沿海登陆，给福建、浙江东南部带来强风暴雨，两地转移群众 58 万多人，东部沿海多趟列车停运。而随着汛期的来临，四川、陕西等地近期也迎来持续降雨，导致不同程度的灾情。

台风"玛莉亚"在福建连江黄岐半岛登陆时，中心附近最大风力有 14 级，风速高达每秒 42 米。连江沿海风雨交加，掀起狂风巨浪。

连江黄岐镇党委书记黄端明：台风登陆后形成一个很强大的回南风，回南风在我们南边的 8 个村现在风非常大，海浪也非常大，卷起来的海浪起码是 5、6 米，我们走在小巷大街里基本睁不开眼睛。

受这次台风影响，截至目前福建省有 11.02 万人受灾，农作物受灾 3.90 千公顷，公路中断 17 条次，铁路停运动车 158 对，取消航班 213 个，造成直接经济总损失 5.47 亿元。来势汹汹的"玛莉亚"也让浙江东南沿海受灾，温州乐清市范围共有 18 条 10 千伏线路故障跳闸，导致 12408 户居民用户停电。

电力工作人员周翔：根据现场情况不具备抢修条件，现在我们的抢修力量都已经到位，只待风力减小以后马上组织抢修。

目前，"玛莉亚"已进入江西，江西已严阵以待，各地防汛责任人实行 24 小时值班制，防御台风。我国西北、西南等地区近期也受到持续降水影响，出现不同程度的受灾情况。6 月中下旬以来，四川省降水量较常年均值偏多 40%，截至目前，降雨已造成全省 301 万人受灾。10 日到 11 日，陕西降雨持续，汉中市宁强、略阳县部分乡镇受灾，群众被紧急转移。由于暴雨分别将陇海铁路下行线新拓石至新建河区间、宝成铁路下行线军事庙至朝天南区间冲断，截至 11 日 14 点，共有 50 多趟旅客列车运行受到影响。

（来源：中央人民广播电台《新闻和报纸摘要》2018 年 7 月 12 日）

案例分析：

在这篇新闻报道中，核心主题是超强台风"玛莉亚"给各地带来的影响以及受灾各地抗击台风的情况。围绕这一主题，简略报道了连江、温州、四川、汉中等地的受灾情况及抗灾情况。在这篇消息稿中，对受灾各地的报道是并列呈现的，虽然在篇幅及详略上不同地区有所差异，如连江和温州有相关人员的采访记录而其他地方没有，但逻辑安排上各地的受灾、抗灾主体地位上是一致的。这种报道运用多个主体并列，将一事多报进行了整合，虽然忽略了各独立主体的详细信息，但共同组合力证了核心主题的影响范围之大。

3. 倒金字塔式结构

倒金字塔式结构是新闻消息写作中最常见的一种结构形式，这种结构的特点是按新闻材料重要程度递减的顺序进行排序，把新闻材料中最重要、最精彩、最有趣味的部分摆在前面，使整篇消息稿在重要程度方面呈现出"▽"的形状。

通用框架为：

标题

新闻头　导语

新闻背景（依需要选择位置及有无）

主体：

×××××××××××××××××（重要性最高）

×××××××××××××××××（一般重要）

××××××××××××××××（再次之）

×××××××××××××××（最次）

结尾

例如：

肯尼迪遇刺身亡

路透社达拉斯 1963 年 11 月 22 日电　肯尼迪总统今天在这里遇到刺客枪击身亡。

总统和夫人同乘一辆车中，刺客发三弹，命中总统头部。

总统被人紧急送入医院，并经输血，但不久身亡。

官方消息说，总统下午 1 时逝世。

副总统约翰逊将继任总统。

（来源：路透社 1963 年 11 月 22 日）

案例分析：

这篇短消息是倒金字塔消息写作结构的经典，原因在于言简意赅，轻重分明，且从下往上逐一删除，都不影响其他信息的完整传播。内容上，从新闻主体第一行开始，按照事件发生的重要性顺序先后向读者介绍了总统已经死亡的重要事实，而后介绍具体死亡的原因及过程，逝世的具体时间以及逝世后的任职安排。对于事件本身和读者而言，这种写作结构能够直接呈现新闻最核心的事实，而后再对相关事实进行逐一了解，突出了新闻的轰动效应。

4. 金字塔结构（兴趣积累式结构）

金字塔结构与倒金字塔结构的区别不是单独把重要性进行颠倒即可，不同于倒金字塔结构直接开门见山的写作方式，金字塔结构是以新闻事实的某个角度开始，之后逐渐具体展开，让读者在阅读的过程中不断对新的事实和新的细节产生阅读兴趣，在新闻事实展开方面呈现出"△"的样式。

通用框架为：

标题

新闻头　导语

主体：

××××××××××××××（新闻点）

×××××××××××××××（细节展开）

××××××××××××××××（更具体细节）

背景材料（依需要选择位置及有无）

　　结尾

例如：

平时没事我帮人　遇到困难人助我

浙江电力互助会4年帮扶4000人次

中工网讯　当浙江嘉善县供电公司的工会干部把10739.87元爱心补助送到费宏手中时，饱受病痛折磨3个多月的费宏脸上露出了笑容：当初只是100元的点滴善心，却得到了如此多的爱的回馈。

2011年，浙江省电力公司工会为了让困难职工得到及时帮助，号召职工每人捐出

100 元成立了职工爱心互助会。

爱心互助会成立的同时，公司工会相应建立起完善的规章制度，明确各类别补助的条件、标准，并设立了专门的互助管理委员会，所筹经费的使用接受全体会员监督。如规定：享受当地基本医保和企业补充医保的会员，按该费用金额的 8% 予以补助；仅享受当地基本医保的会员，按该费用金额的 10% 予以补助。

互助会现有会员 68071 人，4 年间接受捐款总额达 2800 余万元，累计补助职工住院治疗、住房毁损、生活困难、子女就学、会员去世等 4012 人次。与此同时，初步形成了资助型帮扶与服务型帮扶、定时帮扶与随时帮扶、个人帮扶与集体帮扶相结合的全方位帮扶体系。

台州供电公司变电运维工区职工钟晓路突患肝衰竭，手术中需要大量血液，但医院库存紧张，无法满足需求。就在家属焦急万分时，台州公司爱心互助会第一时间发出献血倡议，很快得到职工响应。公司工会分别两次组织 56 位职工去杭州献血，其中 24 位符合条件的职工无偿献血 5000cc，最终钟晓路转危为安。

互助并不止于金钱，更体现在心灵的关怀上。浙江省电力公司工会主席王幼成说：大家用行动汇聚着爱的热量，我们更要让职工感到家的温暖。

（来源：《工人日报》2015 年 1 月 13 日）

案例分析：

这篇消息稿即是运用兴趣积累式的写作结构，首先从导语部分就开始用具体事例作为兴趣基础，让读者通过阅读事例后萌生出了解职工爱心互助会究竟是什么的想法，而后通过对互助会进行总体介绍，再展开向读者介绍互助会的具体细节及互助形式，如有会员"68071 人""四年接受捐款总额 2800 余万元"，具体补助形式包括"补助职工住院治疗、住房毁损、生活困难、子女就学、会员去世以及帮扶体系"等。对爱心互助会介绍完成后，又以更为细节的献血个例向读者展示爱心互助会并不仅仅提供资金上的帮扶，如有需要还提供其他方面的帮助，通过不断的细节拓展，让读者逐步深入了解浙江电力互助会，并且在报道过程中树立起一个真正实现全方位的帮扶爱心互助会形象。

当然，消息写作的框架并非笼统固定、一成不变，在新闻消息的写作中，随着读者阅读习惯及新闻工作者写作习惯的变化，消息写作也越来越灵活自由，比如在导语部分将新闻重点点明，而后主体部分运用金字塔结构逐步详细展开，被称为"悬念式结构"，也称"双塔式结构"。诸如此类的结构还有很多，随着新闻消息写作技能的不断推陈出新，探索新的写作结构以更好表达正是消息写作技能提升的表现之一。

八、电力新闻的消息写作

电力新闻写作基本遵从专业媒体新闻写作的逻辑，但具体写作及传播难度更大，这是由多方面原因导致的。集中表现在选题策划、专业壁垒、语言风格三个方面。

1.选题策划

电力新闻选题策划难，主要原因是受限于行业框架。电力服务虽然与用户日常生活息息相关，但电力行业却游离于用户生活边缘，这意味着电网企业在对外新闻宣传时，就传播信息与受众达成共识还存在一定困难，容易出现电网企业内部认可的新闻材料，在受众层面却出现了传播障碍。基于此，电力新闻工作者为强化宣传效果，需在选题策划时摆脱传统的选题观念，基于传播目的和对象进行针对性的选题策划。

选题策划包括选题部分和策划部分。选题解决写什么的问题，策划解决怎么写的问题，即用什么角度写的问题。

消息写作侧重告知读者新闻事实，对于选题而言，按照事实发生的概率角度可分为两个方面，常规新闻事实和非常规新闻事实。

非常规新闻事实具有偶发性，属可遇不可求的新闻素材，当然，这也意味着非常规事实具有天生的新闻价值，通常表现为动态新闻的形式，即一事一报，动态播报。一言概之，非常规事实都可直接采写成新闻，可参考前文新闻消息写作逻辑，不再赘述。

常规新闻事实报道则是一种渐变的、对事实的再发现，其本身新闻价值较弱，需要另寻角度，发现新的新闻价值。但从宣传品牌形象角度而言，常规新闻事实的可掌控性更强，可根据宣传需要自拟角度采写。这意味着新闻写作的选题策划，需花费大量的精力针对常规事实进行策划，即如何从日常事实中改变写作角度形成新闻宣传材料。

在具体策划中，可从以下进行尝试：

（1）放宽视野，舍点取面。非常规新闻事实的新闻写作大多是对具体新闻"点"

的写作，而常规新闻事实则需要跳出写"点"的逻辑框架，拉长时间线或事实横向范围，以新闻事实的"面"作为新闻价值点，通俗地讲，即不写事例写现象。须知任何常规新闻事实拉长时间线都是新闻，或能体现品格、精神，或能彰显成果、效益；同样，将常规新闻事实同其他同质事实进行整合和比较，也能形成具有独特价值的新闻点。

（2）外寻他力，内化己用。是指从其他社会现象或新闻中找寻能够与自身有联系、有关照的共通之处，并以此为契机，打造电力新闻。1948年11月5日，毛泽东为新华社撰写消息《中原我军占领南阳》时，曾利用这种方式，从三国时期曹操与张绣争夺中原引到敌军弃南阳而我军占南阳的新闻事实，并最终导入当时战局形势的常规新闻事实。这对于电力新闻写作而言，尤为值得借鉴。电网企业的供电服务内化到日常生活中，为从其他类别的日常生活现象导入电网企业的工作和形象提供了最有力的链接。除此之外，各种热点新闻、公众集中关注的信息等，都是引入电力新闻的契机。如浙电e家微信公众号的一篇《对不起，这个"小目标"我暂时实现不了……》的文章，当然，该篇文章属于网络新闻写作领域，并非传统消息写作的文体。但仅从选题策划角度来看，可以清晰地看到该篇文章对于外寻他力，内化己用的运用，通过社会热点事件王健林的"先定一个小目标，先赚它一个亿"开始，引至保电员工为保电工作连"早点回家"这样的目标都无法做到，展现电力员工的风采。保电工作对于电力员工而言是常规新闻事实，但如此策划，却能为此寻找契机，升华新闻价值。

（3）转变视角，另辟蹊径。电力新闻写作，多年来就存在"三多三少"的报道现象，虽然随着新闻采写技能的不断提升，这种现象有所减缓，但仍偶有发生，尤其是在新记者的写作中较为常见。"三多三少"具体指的是电力新闻报道中，主体工作角度多而用户利益角度少；成果展示角度多而服务沟通角度少；专业、说教角度多而通俗、植入角度少。"三多三少"的报道现象归根到底，是对常规新闻事实的报道视角出现问题，以至出现新闻报道变成成果报告。转变写作视角，不但能给常规新闻事实提供新闻报道的落脚点，同时，还能够拉近报道与读者的距离，提升传播效率。

常规新闻事实本身的新闻价值有限，想要从有限的新闻价值中提取能够实现品牌传播的新闻点，首先要确保信息能够被读者所接受，要求对读者的信息获取有一定的针对性。碎片化的信息时代，读者在信息选择中，首要判断即是该信息于我是否"有用、有趣"，这意味着在新闻报道中，多写贴近读者生活的新闻，少写纯粹主观宣讲的内容；多写"真细实"，少写"假大空"。从与读者的接近性角度进行策划，将相关新闻事实转化为读者视角的写作模式，如：将创新成果与用户服务体验或经济利益进行挂钩；将电力工作者视角与公众视角联系对比；从读者角度对电力工作的疑惑进行释疑等。总之，对常规新闻事实的报道中，尽量以读者利益和阅读兴趣为导向，做新闻信息的"提供者"，而非概念的"灌输者"。

2. 专业壁垒

电力新闻的强专业性也是导致传播障碍的重要原因之一。在新闻报道中，常出现对于读者而言太过晦涩难懂的专业信息，包括一些专业术语、相关政策及专业知识，甚至是一些数据或者图表等。或许电力从业人员不觉得深奥难懂，但对于外行读者而言，则显得佶屈聱牙，影响阅读兴趣和浏览进度。

如此而言，就有必要在传播过程中尽可能打破专业壁垒进行传播。将专业性强且难以理解的抽象概念或专业名词、原理等通过类比、举例的手法进行解读和翻译，把专业词汇放置在具体生活层次中，使读者在阅读过程中能够通过类比后的意象或概念理解信息。例如载于新华社 2016 年 12 月 29 日的《全球首个高压直流断路器投运》消息稿中，对高压直流断路器的相关研发难度进行解释："与目前广泛应用的交流输电不同，大功率直流输电电流及电压连续不间断，电网设备出现故障时短路电流上升极快，这就要求断路器在千分之几秒内断开故障，相当于让一列高速奔驰的列车瞬间停下来，难度极大，是困扰工程界的世界级技术难题"。若将该段类比高速列车的相关内容去除，即使记者已经在新闻中告知高压直流断路器是困扰工程界的世界级技术难题，但读者仍然难以理解究竟难在何处，而将其类比成"相当于让一列高速奔驰的列车瞬间停下来"，读者便能立刻从生活经验角度理解其难在何处，从而对该项技术的完成有了正确的认知，也更加深刻体会到这项技术的研发的重要意义所在。

3. 语言风格

新闻消息的主要目的是"告知"，但过于官方的语言风格，常给读者营造拒人千里的感觉，这要求在新闻消息写作中，要注意对语言风格的把控。

首先，新闻写作时，要注重语言通俗化。语言通俗化是指以平易近人的论述风格向读者介绍新闻事实。新闻传播不同于文艺创作，尤其是电力新闻消息，无须过于华丽典雅的词句装饰，应以读者的阅读需要为标准，给读者呈现能读、易读、乐读的新闻报道。

其次，电力新闻报道往往涉及企业品牌形象宣传，对于读者而言，带有政治说教性质的言论极容易引起读者的排斥心理，从而使宣传效果大打折扣。具体写作过程中，要注重寓理于事，少用宣传色彩浓厚的词句，多以故事化讲述来植入观点，将观念具象化。试看如下案例：

"救援之光"挺进最前线

本报遂昌9月30日电 9月30日上午10时，国网遂昌供电公司抗灾一线指挥部决定对村口到灾害现场沿途架设临时线路，并增加照明路灯。当施工队员们来到现场时发现，在被冲毁区域的旁边有一根电杆，若要架设临时线路，就必须先将这根电杆拆除，然后才能沿着公路旁边的行道树将电缆拉起。"你们先做布线准备工作，我上去。"队员何晓斌自告奋勇，带着两名战友登杆操作，10时42分，旧电杆拆除完毕。

10时52分，当施工队员们准备开始布线时，突然开始下起了雨，"先等等吧，雨停了再继续。""不啦，我们可以等，时间不能等，这关键时刻冒雨也得加快速度啊。"慢慢地雨停了，队员们相互配合着，布线工作有条不紊地进行。"如果在电杆上布线，我们的人员驾轻就熟，但这里要将线路布在树干上，这还是第一次啊，难度不小。"现场负责人吴新华介绍说。最终，在梯子及脚扣的帮助下，队员们成功"登杆"，线路穿过第一棵树木。

"其实除了布线，安装照明路灯也是一项挑战。"吴新华介绍，因为不通车，施工队员都是徒步前进，脚下是略显湍急的水流，空手前行就已有些困难，队员们却还要扛着重达30多斤的灯具。布线、搬运、安装，队员们分工明确。虽然潮湿的树枝及过膝的积水让现场工作变得异常艰难，但队员们咬紧牙关，抓住每一分钟，让光明向着灾情核心区域延伸。

经过两个多小时的奋战，抢修队员们结束了布线及照明路灯安装工作。14时47分，照明路灯搭电完成，"救援之光"挺进最前线。

（来源：《浙江日报》2016年10月1日）

案例分析：

这篇新闻消息报道在写作中，全篇运用白话报道，语言通俗易懂，同时，将施工队员们的工作全过程进行故事化处理，让施工队员自己"开口说话"，纵观全文，几乎无明显说教宣传成分，但读者在阅读过程中，却能从施工队员的雨中施工和"我上去""我们可以等，时间不能等"这些话语中体会到施工队员们的工作态度，也侧面植入了国网遂昌供电公司认真负责的形象，且能为受众所接受。

电力新闻消息写作，在遵从新闻消息报道的逻辑前提下，一定要确保以读者为导向，针对不同的读者群体，从选题、语言风格、叙事节奏方面进行针对性调节，报道与读者有关的、读者看得懂的、读者喜欢看的新闻消息。只有确保新闻宣传能够有效到达读者层面，而后才能考量形象宣传的传播效果问题，切不可只讲宣传而忽视读者对新闻的接受程度，出现本末倒置的现象。

九、电力消息的写作参考

电力新闻消息写作中，写作素材相对固定，以下用四个常用写作框架进行论述说明。

1. 电力会议类消息写作

电力会议新闻主要包括工作会议和新闻发布会的新闻。以下将以工作会议和新闻发布会为主要论述内容。

（1）工作会议。电力新闻工作会议的报道通常指的是对电力系统内研究重大问题或主要工作会议的报道，该类会议有明确突出的重大举措、重大战略、重大人事变动以及创新成果和经验等。

关于工作会议的写作，一般只要求对会议内容进行信息公示时，可参考"新华体"的会议新闻写作模式，在导语部分介绍会议召开的时间、地点、主题、与会领导，而后展开报道会议内容。

写作框架可参考如下：

XXXXXXX 召开 XXX 会议（标题）

本报讯 ××××年××月××日，××地就×××××××××××（会议主题）召开工作会议，×××××××××××××××××（会议主要内容概述），×××、×××、×××、×××、×××（领导）出席本次会议。（**导语**）

×××××××××××××××。（会议召开背景，第一项议题内容概述或首位领导讲话提炼）

×××××××××××××××××××××

××××××××××××。（第二项议题内容概述或领导讲话提炼）

……（以此类推）（主体）

×××××××××××××××××××××××。（会议总结及展望）（结尾）

注：导语是否介绍领导以具体情况为准，若介绍领导出席，需注意介绍顺序。

总的来说，会议新闻采用"新华体"的写作模式，优点是上手快，简洁清晰不出错，层次分明，逻辑通畅；缺点也很明显，太过中庸无新意，较容易出现写作不出错，读者不爱读的现象。是否使用"新华体"写作模式，应以具体会议性质和会议内容为参照，不可一味求新而失去权威性和官方力度。

"新华体"基本上适用于所有类型的会议写作，但对于绝大多数会议消息写作而言，并非最佳模式，因此，会议消息有必要进行相关创新写作。创新的方式有很多，但不同创新形式拥有相同的目标，即尽可能跳出会议流程写消息，在确保真实性的基础上，尽可能增强可读性和趣味性，提升读者的可接受度为主。

创新并无标准，如何创新写作需以电力新闻写作者在实际写作中的摸索为主，以下简单介绍一种淡化会议形式的写作模式作为例举。这种模式以会议内容为核心新闻点，内容上多记录引用，故事化写作，凸显会议内容，形成以读者为导向的消息报道形式。

写作框架可参考如下：

XXXXXXXXXXXXXXX（标题）

本报讯　××××××××××××××××××××××××××××××××××。（参考导语写作创新，带出会议）（**导语**）

××××××××××××（会议要点提炼一）

×××××××××××××××××××××××××××××××××。（内容一展开）

×××××××××××××（会议要点提炼二）

××××××××××××××××××××××××××××××

×××××××××××××××××××××××××××××××××××
××××××××××××××××××××××。（内容二展开）

……（以此类推）（**主体**）

××××××××××××××××××××。（**结尾**）

需要注意的是，这种写法，标题和导语需多做文章，标题尽量采用双行及以上标题，会议介绍可一笔带出。主体内容顺序既可以对会议进程提炼重点，也可以按会议议题重要性提炼。

会议类新闻的创新写作，虽无定型，但总的来说，可从以下三个方面进行试探：一为多抓贴近读者的信息点；二为走出会议推进的逻辑线，对会议内容故事化处理；三为"直播式"写作，尽量多采写对白，多抓现场镜头。这也要求电力新闻工作者在会议写作前，要尽可能亲临现场，多观察、多总结、多提炼。

（2）新闻发布会。常规新闻发布会的发布流程主要由两大部分组成：新闻发布以及答记者问。新闻发布会通常是针对对企业意义重大的大型事件，这意味着新闻发布会的新闻稿写作中，一定要紧紧围绕发布会的核心主题进行写作。电网企业的新闻发布会新闻稿写作，通常是以强化发布会内容、宣传企业形象为目的，故在写作中应抓对己有利的内容，突出新闻宣传价值。

新闻发布会没有特别固定的写作模式，但新闻发布会本身即为新闻事件，可基本参照新闻消息的写作要求，另外还需特别注意以下几个方面。

人物：新闻发布会的主体介绍，发布会主持、新闻发言人以及其他回答记者提问的相关领导应多作介绍，人物介绍清楚才能保证读者对发布会的流程和内容有所把握，避免阅读答记者问相关材料时人物对应混乱，不明所以。

背景材料：新闻发布会消息稿写作中的背景材料也十分重要，是新闻发布会召开的直接原因，可安排在导语前后，依具体写作调整位置。

答记者问：该部分也是发布会的重要组成部分，需在新闻发布会中有所提及，但内容需酌情把握，当与记者的互动内容能够凸显企业形象和强化发布主题时，可多报道互动内容，适当简化对发布内容的相关描述，可利用转引他人话语进行报道；当与记者互动效果一般时，应以报道发布信息为主，可简略答记者问为"×××就某些主题回答了记者的提问"即可。

写作框架可参考如下：

XXXXXXXXXXXXXXXXXX（标题）

本报讯 ××××年××月××日，×××××××××（企业）在××××××××（地点）召开×××××××（主题）新闻发布会。本次发布会××××××××××××××（发布会的核心主题），×××、×××、×××（领导）及多家媒体记者朋友出席了本次新闻发布会。

发布会现场由×××主持，×××（主持人）首先××××××××××××（介绍主持人开场内容），×××、×××、×××（领导）也分别就×××、×××、×××（主题）进行了说明。×××、×××、×××、×××、×××、×××（媒体列举）等多家媒体对新闻发布会现场进行了报道。（**导语**）

××××××××××××××××××××××××××××××××××××

×××××××××。（**发布会背景介绍**）

××××××××××××××××××××××××××××××××××××

×××××××××。（发布会流程内容一）

……（以此类推）

××××××××××××××××××××××××××××××××××××

×××××××××。（发布会流程内容N）（**发布会内容介绍**）

××××××××××××××××××××××××××××××××××××

×××××××××。（**答记者问内容**）

×××××××××××××××××××××××××××××××××××××××。（**结尾**）

注：发布会总体概述及媒体介绍可依具体写作要求调整顺序或删减。

这种写作的基本框架是一种实录式的写作，将发布会全过程进行记录报道，这种写作手法还可与背景材料进行组合，作为提供给与会记者的通稿材料，供记者改写。

当然，对于读者而言，这种实录式报道显然不能激起读者的阅读兴趣，并且，非常容易将发布会消息写成长消息，不利于读者阅读。

新闻发布会本身即是具有新闻价值的新闻事件，在具体写作中也可进行创新写作，创新写作同样是跳出发布会的具体流程框架，以发布会内容为报道的主体结构，根据读者欲知信息对发布会进行层次划分，具体写作框架可参考会议写作创新框架及要求。

2. 创新建设类消息写作

企业在科技研发和设备建设方面的报道，也是展现公司形象的重要新闻素材，具有较强的新闻价值。具体写作中，应抓准重点，以突出创新成果和建设成就为准，常规报道可按倒金字塔结构进行写作，以展示成果为报道重点，而后辅助补充次类重要信息，具体框架详参本节"倒金字塔结构"。

同样，展示创新建设成果的新闻消息本身是一种企业形象宣传性质的报道，是一种单向价值输出的传播方式，对于读者而言，一是专业壁垒限制传播效果，二是与用户的日常生活距离较远，难以引起阅读兴趣，在传播过程中或难以实现宣传价值的最大化。这意味着在具体写作中仍要以贴近读者为切入点进行报道。

写作时需注意以下两个方面。

标题：标题尽量采用双行及以上标题，以引题或副标题为实题，告知公众创新建设成果的新闻事实，主标题则尽量用虚题，告知公众该成果对于用户生活的具体影响。并且在报道写作中，侧重从成果与用户之间的利益关系方面进行写作。

主体部分：主体部分可从用户利益角度进行展开，这意味着在主体部分的写作应调整写作结构，以并列式写作结构为主要写作逻辑，将该成果对于用户利益的不同影响作为各自的并列主题，围绕着成果研发和建设为用户带来新的影响这根主线进行报道，可有效改善"套话""术语"等因素带来的传播阻碍。

写作框架可参考如下：

XXXXXXXXXXXXXXXXXXXXXXXX（标题）

本报讯 ×××××××××××××××××××××××××××××××（带出创新建设成果）。（导语）

×××××××××××××××××××（**影响用户点一**）

×××××××××××××××××××××××××××××××××××
×××××××××××××××××××××××××××××××××。
××××××××××××××（影响用户点二）

×××××××××××××××××××××××××××××××××××
×××××××××××××××××××××××××××××××××。

……（以此类推）

×××××××××××××××××××××××××××××××××××
×××××××××××。（主体）

××××××××××××××××××××××××××××××××。（结尾）

需要注意的是，主体部分的展开应是对创新和建设成果完成前后的事实对比，而非分析论证，即把无研发建设成果前，已有设备和建设情况对用户提供的服务与研发建设完成之后的服务进行对比，通过对比前后的服务差距来彰显企业研发和建设成果的作用及其价值，从侧面植入企业全心全意为用户服务的形象。这意味着在写作时需提高警惕，避免掺杂过多议论色彩和主观宣讲情绪。

3. 抢险抢修类消息写作

抢险抢修也是电网企业时常碰到的问题，尤其是受台风、雷暴等天气频繁影响的区域，抢险抢修工作更是频繁。对于抢险抢修类的新闻消息报道，读者及公众更关注的是电网企业的工作进度和现场情况，在报道时，主体部分应侧重使用时间顺序的报道框架。

写作框架可参考如下：

XXXXXXXXXXXXXXXXXXX（标题）

本报讯 ××月××日，受×××××××××影响，×××××××（某地）出现×××××××××（具体险情），×××××××（负责部门）迅速组织×××××（抢修力量）前往抢修，经×××××××（工作情况），目前××××××××（现在情况）。（导语）

××××××××××××××××××××××××××××××××××
×××××（险情发生情况概述）。

××××（时间节点一），×××××××××××××××××××××××××

××××××××××××××××××××××××××××××××××
××××××××××××××（工作情况展开）。

　　××××（时间节点二），×××××××××××××××××××××
××××××××××××（工作情况展开）。

　　　　　　　　……（以此类推）（**主体**）

　　××××××××××××××××××××××××××××××××××
××××××。（**结尾**）

　　这种报道方式能够较好地还原抢险抢修的全过程，在具体写作中，尽量多用"直播式"写作方法，多对白和对现场细节的描述，增强报道的现场感。凸显抢险抢修队员的工作状态。

　　4.活动宣传类消息写作

　　电网企业除了在提供电力保障和相关服务之外，往往还积极承担社会责任，进行各种爱心活动、宣传教育等，这些活动是体现企业良好形象和勇于承担社会责任的最直接体现，报道的宣传价值更为显著。

　　此类事件的报道比较接近公众生活，具体写作可依据写作者的经验和对新闻素材闪光点的拿捏进行。较常规适用的写作结构是金字塔（兴趣积累式）的写作结构，金字塔的写作框架能引起读者的阅读兴趣，层层深入，由事实材料入手，通过对活动事实的表述，不断挖掘企业在此类活动中的努力与行动，由表层现象上升到企业活动背后的人文关怀，进而传播企业形象。

　　具体写作框架详参本节"金字塔结构"。

第二节　通讯写作的规范要求和能力提升

　　通讯是运用多种表现手法，对新闻事实进行详细报道的一种新闻体裁，除了能表现新闻性之外，通讯还能表现出一定的故事性，因为通讯稿的写作更生动、具体。为全面具体地区分通讯与消息之间的区别，在比较多种观点之后，本书决定援引郭光华先生在《新闻写作》一书中的观点❶：

一是外表形式不同。消息的开头通常注明"本报讯"或电头之类，通讯则无。

二是报道中心不同。通讯和消息虽然都是报道新闻事实，但消息主要以报道事情和事件为中心，而通讯则主要是写人。有些事件通讯、风貌通讯虽然不是以人物为主要报道对象，但也多是通过事件和风貌来写人的。当然，消息也写人，但它主要是报道人的社会活动，较少全面地报道人物，较少描绘某个具体人物的精神面貌。虽然也有专写人物的消息，但它还是主要落在人物所做的事情上。

三是表现方法不同。消息的概括性强，它报道的新闻事实是比较概括性的、轮廓性的，而且通常内容较为单一，主要是一事一报式，一般用叙述的方式。通讯则要求比消息更详尽、完整地报道人和事。在表达上，通常是叙述、描写、议论、抒情等综合运用。同时，与消息相比，通讯在表现手法上也更自由灵活，变化多端，能接受一些文学手法，富于文采。

四是表达口吻有不同。消息采用第三人称。通讯除了第三人称外，有时记者进入"角色"，可以采用第一人称来表述。

五是结构形式不同。消息在结构上有较固定的基本结构形态，如倒金字塔式。导语、主体、背景材料等的写作或安排，都有一些基本的规范可循。通讯在结构安排上显得灵活多变，作者自由创造的空间很大，更容易发挥和体现作者的构思特色和写作风格。

六是篇幅长短不同。消息的篇幅很短，通常是二三百字或五六百字。通讯因为容量很大，要反映事物过程、人物思想活动及事件情节等，篇幅一般较长，几千字的通讯在报纸上也是较为常见的。

七是采写和发稿的时间不同。消息多半反映动态，时效上要求争分夺秒、迅速及时地将新闻消息传播出去。采写时间紧，要求倚马可待。通讯则更强调事态的发展过程及提示其所蕴含的思想性，故采写时间都比较长。从发稿的情况来看，同一内容的报道首先是先发消息，稍后再发通讯。并且通讯的发表相对而言更考虑时机性，它的

---

❶ 郭光华．新闻写作．2 版．北京：中国传媒大学出版社，2014：171.

新闻由头是与宣传的中心任务直接联系的。

通过以上七个不同点的比较，通讯的大致面貌也比较清晰，通讯是以重过程和写人为主的新闻写作体裁。与消息的规范写作要求相比，通讯写作上更加自由、灵活，内容也更加丰富。

虽然通讯没有固定的写作框架，但这不意味着通讯写作等同于没有标准，如何在现有新闻事实的基础上选准角度、进行润色并完成传播，是通讯报道的主要抉择点。

通讯的写作结构由标题、开头、主体以及结尾四个要素组成，讲好新闻故事，就要求新闻工作者注重在各要素的写作中体现文采、新颖性和可读性。

一、通讯的标题

通讯的标题包含两方面：其一，整篇通讯的标题，多为虚标题，用以表意，但标题虚写容易让读者不明所以，此时可配以辅助标题实写进行补充说明。虚写的标题在形式上较为自由，可以是带出新闻事实，可以是提出问题，也可以是设置悬念，还可以是运用语艺修辞抒发感情。其二，通讯中的小标题。消息写作也有小标题，但通讯较消息篇幅更大，拥有小标题的通讯稿一般以长篇通讯为主，对小标题的利用更为频繁。小标题的好处是可以对长篇通讯进行切割，从而将长篇通讯分割成不同主题、不同层次，使文章结构明朗，便于写作，同时方便读者阅读和理解。

主标题参考形式如下：

参考一：×××××××××××

参考二：×××××××××××（虚）

——×××××××××××（实）

例如：

嗨，机器人！

——温州供电公司机器人团队建设侧记

（来源：国家电网报 2016 年 1 月 8 日）

案例分析：

这篇通讯的标题上行标题是"嗨，机器人！"，读者在阅读标题时，会不明所以，会产生疑问：机器人怎么了，为什么要跟机器人打招呼？而下行标题则实写告知读者该篇通讯是温州供电公司的机器人团队建设情况，二者的组合，既增加了标题的趣味性，又能让读者明白该篇通讯的具体新闻主题，从而对新闻阅读的选择有了更准确的把握。

小标题参考形式如下：

×××××××××××××（标题）

×××××××××××××××××××××××××××××××××××。（开头）

××××× （小标题一）

×××××××××××××××××××××××××××××××

×××××××××××××

××××× （小标题二）

×××××××××××××××××××××××××××××××

×××××××××××××

······（以此类推）

×××××××××× （结尾）

例如：

村村亮堂，好一幅乡村画卷

——写在浙江"户户通电"竣工十周年之际

"那天是 2006 年 11 月 2 日。" 10 年来，颜海玲牢牢记着这个日子。

这个日子，是浙江温州洞头区大瞿岛通电的日子，也是浙江省"户户通电"全面竣工的日子。通电前一天……那一天，就数她家电器最多，很多记者都争相采访她。

电通了，一年一个大变化

2006 年 11 月 2 日下午 3 点，大瞿岛村大南岙台区的送电闸重合成功……据悉，"十三五"期间，国网浙江电力将继续加大投资，加快推进洞头 220 千伏网架建设，进一步优化中低压配网，加快洞头电网的升级改造，全力支撑洞头国际性旅游休闲岛的建设开发。

电通了，乡村画卷徐徐开

围绕小空间寻求发展路径，是浙江一直坚持的发展理念。这些年来……据《浙江省电力工业志（1991—2005）》记录，2005 年，浙江乡村居民生活用电为 82.42 亿千瓦时。如今，国网浙江电力的统计数据显示，仅 2006 年前 9 个月，浙江乡村居民生活用电量就达 190.96 亿千瓦时。

电通了，特色小镇大发展

今年，浙江省迎来"户户通电"十周年，经济社会发展进入更广阔的平台。浙江不仅是……日子越过越好，颜海玲偶尔也会疑惑这十年怎么就发展这样快，但她也坚信未来会更好。

（来源：中国电力报 2016 年 11 月 15 日）

案例分析：

该篇长通讯历数"户户通电"十年来给浙江乡镇发展带来的机遇，由于内容厚实，体量较大，故在写作时，利用"电通了，一年一个大变化""电通了，乡村画卷徐徐开""电通了，特色小镇大发展"三个小标题将长通讯进行分割，各部分内容围绕小标题进行展开。总览全篇，三个"电通了"不但使得整篇通讯的逻辑和结构更为清晰，还增加了篇幅的美感，方便读者在阅读过程中深入通讯报道的主题中。

当然，通讯的标题的制作要求也是在不断地变化，不管是主标题抑或是小标题，均可在行文过程中利用修辞和写作文法进行美化，或化用或对仗等，以具体写作和写作喜好进行创新，不宜照本宣科。

二、通讯的开头

通讯的开头，形式上可类比成消息的导语，但通讯的开头与消息的导语在功能上相距甚远，消息的导语主要以概述新闻事实为主，目的在于将新闻事实进行凝练，快速传达新闻。通讯的开头在于营造气氛，设置悬念，引导读者进行阅读，形式上大致有叙述、描写、议论和提问，电力新闻写作中叙述和描写较多，但议论和提问式的开头写作，往往在引起读者阅读兴趣方面效果更好。

例如：

"吃工作餐时被鱼刺卡算不算工伤？"

"吃工作餐的过程中发生伤害事故，应当属于工伤。"

"吃工作餐的行为与工作无关，其所受伤害是自己不慎而非工作原因，不符合《工伤保险条例》，应不予认定工伤。"

……

（来源：国家电网报 2015 年 4 月 27 日）

案例分析：

该案例是通讯《不拘"1"格树人才——国网浙江电力法律人才队伍建设侧记》的开头，能够明显看到，该篇通讯不但直接引用法律人才辩论的话语作为开头，而且由问题出发进行写作，顿时使整篇通讯的基调活络起来，读者在阅读时，首先被问题吸引并产生继续阅读的欲望，同时，在直接引用的话语中感受国网浙江电力法律人才队伍建设的活力，既为信息传播增添助力，又直接传递企业内部文化氛围，传播企业形象。

三、通讯的主体

通讯的主体是通讯写作的精华所在，也是通讯的独特魅力所在。消息的作用是向读者讲述新闻"是什么"的问题，而通讯则是向读者讲述新闻"怎么样"问题，即事情究竟是怎样发生的，它强调的是新闻事实的过程。

通讯写作，细节必不可少。对于电网企业而言，因专业限制，所以对新闻事实的选择往往受限较大，从而导致领域内新闻报道存在极高的相似性。如何从共性中寻找特性，从雷同的事实中讲述自己的故事才是通讯写作最需斟酌的地方，而细节正是体现刊发的新闻材料是"我们的新闻"的关键点。

事实本身就是由细节堆成的，如果把通讯写作看作一台机器，那么每一个细节就是这台机器的一个零部件，有区别的是每个零件在机器中的作用和地位不同。对于通讯写作而言同样如此，这意味着通讯写作要重视对细节的挑选和塑造，写作基本遵循以下原则：

（1）题材选择上要有代表性和典型性，能明显体现出个性化差异的事实。

（2）抓取新闻事件中最重要、最饱满的细节着重刻画，以小见大。

（3）要抓住人物和事物的主要特点、关键特征。

（4）描绘时要体现出动态和变化，彰显活力。

（5）重视多种表达手法传递人物感情。

（6）在遵守新闻真实性原则的基础上，多使用写作技巧和修辞手法来增强可读性和趣味性。

通讯的主体在行文结构上，最常见的是三种模式。

1. 按时间推移的结构

按时间推移来安排行文的结构，又被称为纵式结构，以时间为主线行文，是通讯写作中最常见的一种结构形式，通常用来叙述人物的经历或事物发生的过程。这种结构的好处在于能够帮助新闻写作者按时间推移顺序交代新闻事实，保证有条不紊地还原人物、事件的本来面貌，同时，也方便读者对事件进行整体把握。但这种结构在写作中容易导致平铺直叙，形成事实罗列之感，需要新闻写作者注重对布局和结构的把控，最稳妥做法是在按时间顺序讲述新闻事实时，对能体现出典型性、思想性、特殊性的部分多着墨细节，以此来凸显行文跌宕起伏、详略得当的节奏感。

具体写作框架可参考如下：

标题

开头

×××（时间节点一），×××××××××××××××××××××××××××××××××××。

×××（时间节点二），××××××××××××××××××××××××××××××××。

×××（时间节点三），××××××××××××××××××××××××××××××××。

结尾

例如：

有光亮就有希望
——浙江丽水供电公司驰援里东山体滑坡抢险纪实

11月13日22时50许，浙江省丽水市莲都区雅溪镇里东村发生山体滑坡，27栋房屋被埋，39名群众失联。镇长希望供电公司配合停电。丽水供电公司抢险队伍紧急出动，抢险保电战役在深夜打响……

紧急出动

灾害发生后，国网浙江省电力公司迅速响应，成立应急救援指挥部，连夜部署救援保供电。23时许，丽水莲都区供电公司36名应急人员携带应急照明灯等设备物资，抵达灾害现场，投入紧张的工作中。

为避免受灾现场发生触电事件，抢修人员对里东村配变实施停电。

望着山上星星点点的手电光，雅溪供电服务站站长罗文华明白，抢险绝不能耽搁。"弟兄们，跟我上！"罗文华一声令下，26名先期到达的供电抢修人员投入战斗。他们抬起200余公斤的应急照明灯，深一脚、浅一脚艰难地向前挪移。

就这样，3台应急照明灯陆续就位。打开架子、发动柴油机、合上隔离开关，搜救现场的第一盏灯终于亮起来了。

14日2时20分，受灾区域损毁线路隔离完毕，配变供电恢复，210户客户恢复供电。在另一头，为抢险指挥部架设临时电源的工作也在同步进行。经过连夜奋战，抢修人员共架设临时供电线路2000多米，安装碘钨灯等应急照明100余盏，满足了现场抢险指挥用电需要，并为中央电视台现场直播提供临时电源。

打赢攻坚战

随着救援的深入，14日14时，丽水供电公司应急基干队30余名队员抵达里东村抢险现场。基干队搭建临时指挥部，搜集抢险信息，为现场靠前指挥提供保障。同时，基干队紧急启用移动灯塔，将移动照明塔布置到各抢险搜救作业面上。天黑之前，8个照明点10余盏灯塔升到空中，点亮了整个作业面。

一方有难，八方支援。14日16时30分，温州、金华供电公司等兄弟单位的18名应急基干队员、3辆应急照明车和9台移动照明设备也抵达现场，开始参与抢险。

15日，随着现场救援作业面的扩大，救援一线临时指挥部决定扩大照明区域。9时57分，线路架设工作正式开始。3名抢险队员迅速登上一旁的山洞顶搭接电源，另外15名队员在高速路外沿线一字排开，拉起近百米的人墙，布线、拉线工作有条不紊地展开。11时5分，电源线路与增容工作顺利完成，照明灯安装工作快速衔接。由于照明灯要架设在高速路边的围栏上，扶梯无法抵靠，供电抢修人员只能3人一组搭起人梯安装。经过3个多小时的努力，照明线路设备全部安装完毕，共架设电源线路400余米，安装碘钨灯15盏、节能灯10盏，全面代替原有的移动式发电机照明灯。

16日8时，天空下起了雨，救援难度加大。丽水供电公司抢险救援队专门为政府、军队两个应急指挥部进行带电搭接，为救援提供双电源保障。面对随时可能发生洪水和塌方的危险，该公司应急抢险队迅速完成灾区救援通道照明线路搭建任务，保障夜间救援工作顺利进行。

17日，持续的大雨给救援造成困难，由山体滑坡形成的堰塞湖水位暴涨。里东村原有的一条小河穿村而过，堵塞河流。为防止发生次生灾害，救援人员抢排疏通河流。为保障排险照明，莲都区供电公司迅速调集人员、物资，增加5盏照明灯，为桥下排险提供照明。

保障救援

17日中午，应急基干队员李叶峰在巡视设备过程中发现，由于长时间超负荷运作，为水泵供电的发电车出现异常。在应急指挥部的协调下，供电员工迅速从别处调用一辆发电车，解决现场抽排水用电问题。

当天11时30分，电力救援发电车到位。受现场环境限制，发电车离施工地点较远。抢修人员重新规划线路，从隧道上方敷设电缆。经过大家的努力，水泵终于重新启动。看着不断下降的水位，供电抢修人员紧锁的眉头渐渐舒展开来。

19日，一些救援队伍陆续撤离，但供电保障人员仍然坚守在救援现场。"只要还有一个帐篷在，我们就要坚守到底。"为帐篷安装照明灯的郑伟国说。

在接下来的救灾工作中，供电抢险人员的工作重心转向协助排险与灾害治理。供电员工做好临时场地的线路拆除、受灾群众临时安置点变压器及线路架设等工作，确保临时安置点按时投入使用，为灾区群众恢复生产提供电力保障。

截至20日16时，丽水供电公司共出动406名救援人员、13辆大型应急照明及发电车辆、32台移动照明设备、5台应急发电机，安装碘钨灯等应急照明100余盏，架设临时供电线路4000多米。

（来源：国家电网报2015年11月25日）

案例分析：

这篇通讯从丽水供电公司抢险队伍紧急出动开始，按照时间的顺序有条不紊地展开，从13日22时50分发生灾害，23时许，救援应急人员和部分设备物资已经抵达现场，一直到20日16时保电故障人员仍在坚守。全篇通讯用大视野进行写作，对整个救援过程划分为"紧急出动""打赢攻坚战""保障救援"三个阶段，同时各阶段又展开详细报道细节，告知读者具体抢险过程如何。不同于新闻消息侧重报道事件是什么，该篇通讯着重以时间顺序对抢险过程进行梳理报道，将抢险队员的具体工作和状态展示给读者，以真实的细节还原丽水供电公司对于抢险工作的认真和负责。

2. 按空间变换的结构

按空间变换来安排行文的结构，又被称为横式结构，这种结构通常是以某一主题为主线，将不同的空间的人、事、物进行串联，这种结构的优点在于能够利用"遍地开花"的支线新闻事实来烘托主题，比较适合报道范围面广的新闻通讯写作。同时，这种结构的缺点也很明显，容易使通讯报道散乱无序，这就需要写作者拿捏好主题与各支线的关系，同时，也要处理好各支线彼此之间的逻辑关系，以避免独立化和碎片化。可以尝试的方法有很多，比较简单易行的方法是在行文之前对已有新闻材料进行定位，找出各支线材料的独特性和闪光点，而后依据各自亮点组合逻辑顺序，使主题呈现一定的逻辑连贯性，此举可有效避免出现重复或散乱的现象。在写作中，也可适当多使用小标题进行区分。

具体框架可参考如下：

标题

开头

区域事实一：×××××××××××××××××××××××××××××××。

区域事实二：×××××××××××××××××××××××××××××××。

区域事实三：×××××××××××××××××××××××××××××××。

结尾

注：各部分是围绕主题的独立成分，地位相同，写作时尽量不要出现明显厚此薄彼的情况。可适当利用小标题对各部分进行区分，增强结构性。

例如：

抓规范树典型重实效

——国网浙江电力全面加强党的建设工作述略

6月3日上午，国网浙江奉化市供电公司携手奉化市文明办、团市委、81890分中心在古树公园举行小草志愿服务广场活动。

"现在的志愿活动越来越好了，这里能帮忙量血压看病，那边还能帮忙维修电器，对咱们来说再方便不过了！"多名市民对志愿便民活动表示赞赏。

共产党员服务队开展志愿服务的场景在国网浙江省电力公司并不鲜见。近年来，国网浙江电力十分注重加强党的建设，积极选树先进典型，严格党内制度，强化党员先锋模范作用，引导广大员工树立率先、创新、担当、精细、求实"五种意识"，激发建功立业的激情与活力。

围绕中心抓党建推进中心工作开展

"真的感谢你们，村里现在电压正常了，生产、生活都是蒸蒸日上……"5月26日，竹里乡茶石村的村干部和村民代表向国网泰顺县供电公司司前供电所送上一面"千山万水为民解忧，千言万语电暖人心"的锦旗。

原来，由于供电设备老化、变压器容量较小等原因，茶石村近100户村民的生产生活用电都受到严重影响。在了解到相关情况后，国网泰顺县供电公司党群工作部、机关党支部牵头深入司前供电所，组织生产、营销等相关部门专职人员组建工作小组蹲点司前供电所解决该村的低电压问题。

在现场查勘中，工作小组发现要想彻底解决两个村的低电压问题，就必须进行大范围改造。时间紧、任务重，国网泰顺县供电公司党委第一时间向公司全体党员发出号召，召集技术好手，解决施工力量不足的问题。同时，党群工作部、机关党支部牵头协调生产、营销部门和当地政府部门，对项目设计、物资准备、施工进场、安全质量、竣工验收等进行全过程进度跟踪。整个改造工作新立电杆14根，改造低压线路2千米，新增配变1台。

这是国网浙江电力政工一体化体系的展现形式之一。该公司政工一体化体系是2014年在大政工工作格局的基础上，构建的以专、兼职政工干部为骨干，职工群众共同参与的政工一体化体系。该体系把思想政治工作同安全生产、电网建设、经营管理、优质服务等工作结合起来，实现思想政治工作与生产经营中心任务在内容上的"和弦"、在工作中的"互动"，有效提升了政工工作的效率，切实增强了各级党组织、政工部门在促进公司经营发展、推进公司深化改革，维护公司和谐稳定中的重要作用，使党组织的凝聚力和战斗力成为公司发展壮大的不竭动力。

国网浙江电力把服务于公司发展作为党建思想政治工作的出发点、落脚点和检验标准，全面推动党的建设与公司发展深度融合。

严格党内制度强化规范管理

"喏，你看就那棵香樟树，这段时间几乎每天中午都有一大群人坐那，还支个小黑板，专门有人在讲课。"说话的是新桐村里的程大爷。

其实这是国网杭州市富阳区供电公司党员服务队的老师傅们正在给公司施工队伍里的外协人员进行安全生产教育。上课的师傅叫马国泉，是富阳供电的一位老党员，也是一位经验丰富的老抢修工人。因为多年从事一线服务工作，马师傅的课不只有丰富的理论知识，还有不少生动的真实案例，让"讲台"下的学生们听得津津有味。

每次完成安全教育回到单位后，马国泉都会打开电脑，登录"党员积分系统"，对照"党员积分标准"，把当天的培训情况记录到系统里，并在计分栏里郑重地记下2分。

富阳供电自2007年开始便逐步应用党员积分管理，按照"政治上靠得住、工作上有本事、群众反映好"的要求，将党员应尽义务、工作绩效、奉献社会、道德品质等方面的情况根据实情难易、大小、轻重、复杂程度量化成1~20分不等的积分标准，并采用逐项积分的形式实现对党员的综合考核评价。

自党员积分制实施以来，富阳供电的党员积极参加支部组织的各类活动，并善于开动脑筋，利用自身所长，在日常工作中充分发挥党员的先锋模范作用。

这也是国网浙江电力强化党员先锋模范作用，提升党员质量的一项具体举措。国网浙江电力为加强党员队伍管理，打造先进纯洁的党员队伍，严格相关制度，对党员进行规范管理，严把党员"入口关"。对新党员进行入党后的集中培训，持续开展"万名党员网上学"。对党员开展党性定期分析，引导广大党员做"讲政治、有信念，讲规矩、有纪律，讲道德、有品行，讲奉献、有作为"的合格党员。

同时，国网浙江电力还开展"亮身份、作榜样、比贡献"主题实践活动，针对不同岗位党员实际情况，提出发挥先锋模范作用的具体要求，督促党员严格要求自己，提高工作标准。强化党员树立率先、创新、担当、精细、求实"五种意识"，推动工作更扎实、更高效、更出色地开展。

积极选树典型发挥先锋模范作用

"宁波妈妈！"1月28日，北京军区总医院附属八一儿童医院的走廊上，传来了一个孩子稚嫩的叫声。

此时，"宁波妈妈"拿着玩具、衣服、书籍来看望一个两岁多的小男孩——张轩杰。

"宁波妈妈"起初只是国网浙江鄞州供电公司营业厅班长张亚芬个人的一个微博号，是为了帮扶贫困学子和老弱病残人士专门开设的。后来，在她的影响下，她所在的营业班班员们都加入了她的队伍。

2015年8月，"宁波妈妈"微博上收到一位母亲的求助信息，称自己的孩子得了白血病，需要一大笔治疗费，希望能得到团队帮助。为了证明真实性，队员王丹丹立即前往实地了解情况，得知白血病患儿名叫张轩杰，出生于2014年10月，江北庄桥人，出生6个月后开始莫名呕吐、高烧。从那时起，家人带着他先后到宁波、上海、天津等地求医，最终小轩杰被确诊患有罕见的慢性嗜酸粒细胞白血病。幸运的是，父子骨髓成功配对。

然而，缺钱，成为横在这个家庭面前的一道鸿沟。"宁波妈妈"爱心志愿者团队帮小轩杰筹齐了全部治疗费用，并于去年12月4日完成了移植手术。

张亚芬一直热心慈善事业，关爱弱势群体，她的爱心事迹影响了身边的很多人，并于2015年被评为"最美国网人"。

在国网浙江电力，类似张亚芬这样的先进典型人物还有很多，把继电保护当成今生至爱的裘愉涛、全国道德模范提名奖获得者邹林根、中国电力楷模提名奖获得者蒋海云……他们以榜样的力量带动广大员工立足本职、创先争优、忠诚企业。为了切实发挥先进典型的示范引领作用，国网浙江电力连续四年开展"感动浙电"最美系列评选活动，积极选树先进典型，用先进典型的光荣事迹、优秀品质影响和带动公司全体员工干事创业。同时，该公司还建立了一套高标准的劳模评选体系。通过先进典型的选树，使广大员工在思想上受教育，心灵上受感染，激励广大员工在各自的岗位上爱岗敬业、善于创新，形成"向先进看齐，人人争当先进"的良好氛围。

（来源：中国电力报2016年6月14日）

案例分析：

该篇通讯的主题在标题就已点明，即报道国网浙江电力全面加强党的建设的相关工作经验。而主体部分的写作中，分别用国网泰顺县供电公司、国网杭州市富阳区供电公司、国网鄞州供电公司三处新闻事实进行展开，展现国网浙江电力"抓规范、树典型、重实效"的具体情况。从写作结构上来看，该篇通讯是典型的横向写作结构，各地新闻从不同侧面进行论证，紧紧围绕通讯主题，产生报道合力，增强通讯报道的说理性。同时，以具体新闻事实展开，还能增强可读性和趣味性，从事例反映道理，远胜于概念宣贯。

3. 按逻辑推进的结构

这种结构在通讯写作中可以算是趣味性和可读性最强的一种结构，按照由表象到本质的行文结构，层层深入，能够使读者在阅读过程中挖掘了解事物本质，增强阅读黏度。在电力新闻通讯写作中，一般用于人物报道或者专业性较强的新闻事件的报道中较多，在这类报道中，从日常常见的现象出发，逐渐深入，最终呈现出人物的品质和精神以及事件的珍贵本质所在。在这种结构的行文中，需注意的是逻辑顺序一定要清晰，切忌出现逻辑断带，造成行文混乱。

具体框架可参考如下：

标题

开头

事件表象：××××××××××××××××××××××××××××××。

解剖表象：××××××××××××××××××××××××××××××。

彰显精神：××××××××××××××××××××××××××××××。

结尾

例如：

打开微信学党章

"叮……"5月18日下午，在浙江温州供电公司鹿城供电服务部，正在表库整理工器具的吴坚收到微信提醒，他看看表说，"4点了，一定是我们自己的视听平台'番茄小匠'每天发送的党章音视频消息来了。"他打开微信公众号，当天接收到的视频消息中，一位员工正在认真地朗读党章。

为积极响应深入开展"两学一做"学习教育，温州供电公司创新学习宣传载体，运用"互联网＋党建"模式创办了"番茄小匠"微信公众号，跟以往不同的是，这一次学习教育的主播是身边的普通党员。"番茄小匠"微信公众号开设每日一期"我读党章60秒"栏目，每天由一名党员用录制的声音带大家学习党章。新颖的学习方式不仅打破了时间空间的局限，也让听的人感觉亲切，进一步提升了大家加强理论学习的兴趣。另一栏目"草根故事汇"则是由电网员工担任宣传主角，将以往让人感觉遥不可及的先进典型延伸到了普通人群之中，拍摄视角也从舍家为民的"工作狂"回到默默无闻的坚守者，通过一期约 30 秒的视频小故事，讲述普通党员的工作点滴，于平凡中彰显先进人物的品格。

在温州供电公司，"番茄小匠"每日推送的消息阅读量一直非常高，甚至有党员用温州话等方言进行朗读，"因为是身边人的声音，我就会特别留意去听，每一期都不落下。"吴坚说。

温州供电公司鹿城供电服务部党委书记陈海宏表示，希望抓住"两学一做"学习教育的契机，通过实践活动，充分发挥党员的先进性，增强党员的主体责任感和自豪感，打造一个学先进、树标杆、敢担当、讲奉献的平台，让每一个党员成为学习宣传的主力，让每一个党员都有展现自我的舞台。

（来源：国家电网报 2016 年 5 月 24 日）

案例分析：

文章从 5 月 18 日下午 4 点的一条短信提醒开始写作，并带出"番茄小匠"微信公众号。主体部分展开写作，告知读者"番茄小匠"的创办原因、工作机制、内容概况等信息。最后引用温州供电公司鹿城供电服务部党委书记的表示，点名开展系列活动的目的和意义。总体来看，整篇通讯稿写作从日常片段小处出发，再深入主题带出写作对象，最后借"他人之口"点明主旨和目的，形成完整的逻辑链条。

四、通讯的结尾

通讯的结尾与通讯的开头在一篇通讯中的地位相仿，皆为服务通讯主体部分，但结尾和开头的写作要求却大相径庭。通讯的结尾更注重对全文思想的拔高，一般情况下表现为总结、展望、呼吁和引导等，在写作上要求收束自如，浑然天成，不拖泥带水。结尾通常用来点明文章的目的，但要注意适度，不可超脱事实、前后矛盾、哗众取宠、重复啰唆。

当然，通讯写作要以服务传播为最终目的，在立足新闻事实的基础上进行创新更是锦上添花，需要电力新闻工作者在日常生活中勤于观察和学习借鉴，立足实际传播需要形成一套符合本地气质和传播特点的写作方法。

五、通讯的文体

通讯作为新闻报道里应用范围最广的新闻体裁，在品种分类上自然五花八门，但对于电力新闻工作的实际需要来说，一般常用以下四种文体：人物通讯、事件通讯、风貌通讯和深度报道。

1. 人物通讯

人物通讯，是电力新闻常用且重要的一种报道文体，顾名思义就是以人物为报道对象，将人物的精神面貌和性格通过细节描绘展现出来。人物通讯在写作中，需要将人物放置在具体生活环境中，通过生活中的事例来展现人物的精神和品质，向读者传递出积极鼓舞的正向引导力量。

按照报道对人物性格特征和精神面貌展示的信息量，可以将人物报道分为类型人物报道和典型人物报道，又称扁形人物报道和圆形人物报道。二者的区别是，类型人物报道往往只突出人物精神和性格中的某一具体方面，通过对该方面的强调，给读者留下深刻印象；而典型人物报道则是通过对报道对象的性格"多样性"进行报道，通过对多方面独特个性的描绘，将人物的典型性凸显出来。

无论是类型人物通讯写作还是典型人物通讯写作，首先要明确的是写什么样的人。在人物选取上，无论是类型人物报道还是典型人物报道，都应遵循以下原则：

（1）人物品格能体现出时代精神，符合社会主流价值观。

（2）人物事迹具有新闻性，有足够的宣传价值。

（3）有较为鲜明的个性和突出的精神特质。

写作上的要求是❶：

（1）要着力展现人物的思想境界，力避仅对人物作技术、业务性介绍。

（2）力求把人写活。关键是要抓住能体现人物特点的典型行为进行刻画。

（3）力避脸谱化的人物，要注意用人物的个性语言刻画人物。

---

❶ 梁山.电力新闻写作读本.2版.北京：中国电力出版社，2011：第151页.

（4）力避把先进人物"怪味化"，要还原他们有血有肉的常人形象，反对新"高、大、全"的刻画，反对神化的吹嘘。

（5）要注重情节描写的组织和细节的刻画。

用精简的话来概括人物通讯对于人物的挑选和写作的要求，即是运用细节和具体事例，将具有独特人格魅力和精神气质的普通人描绘出来，核心要点是：**对象特殊性、事例具体化、描写细节化以及塑造日常化。**

例如：

案例一：类型人物通讯报道案例

G20 杭州峰会幕后的保电工
——国网丽水供电公司保电人员用坚守勾勒特级保电现场素描

在 G20 杭州峰会期间，无论是在杭城的骄阳下，还是在璀璨的夜色里，都能看到那一抹"深蓝"，勾勒出一幅最生动的保电现场素描。

接地箱前的"传帮带"

"看到一个设备，首先要看外观，有没有被破坏的痕迹，门上的锁是否被打开，如果听到有敲击的声音就有可能螺丝松掉了，注意闻一下有没有烧焦的味道，通气孔的网有没有破损，是否拦截了小动物进入，保障了保护接地箱的同时保持通气。"9 月 4 日，国网丽水供电公司保电人员黄军伟在保电战场上的空余时间对"保电新苗"贺飞成进行"一对一"现场实战授课，他们从五福变附近一路走去，沿路讲解了保电战场上的"望闻问切法"。

贺飞成是去年进入单位的新员工，作为电力实战场上的新苗，在保电一线，他遇到了第一位实战恩师。

黄军伟是基层供电所的技术能手，通过了市公司的七级人才通道，他主持发明的多个项目，比如拉线扎线绞线器和低压计量采集综合培训装置获得了实用新型专利。这个技术能手作为"讲学结合"的老师傅，这次在保电战场上他又开始发挥自己的专业技术知识，带领"保电新苗"贺飞成学习。

"其实单调重复的巡视走多了就无聊了，但是能够在巡视的同时讲讲这些内容，还能多带一个年轻人了解保电工作的方式方法，还是很开心的。"黄军伟说道。

保电路上的"正步走"

9 月 3 日晚的杭州钱江新城行人有些稀少，但富春路清江路口却始终来回行走着一个蓝色的身影。当路上只有他一个人的时候，他就小声地发着口令踢着正步，当有人靠近的时候，他又立刻收起正步，露出警惕的神情。这个蓝色的身影就是丽水供电公司保电第三战区青田分队组长潘丰。

9月2日晚，潘丰接到特别指令要求特级驻守若干小时，在驻守的后半程中潘丰困意来袭，疲惫缠身，他突然想到了踢正步，于是在没有人的情况下就走了几步正步，没想到一下子精神就抖擞了很多，"正步走"让他顺利地完成了后半程的任务。9月3日，保电进入特级时段，潘丰和他的小组奉命在富春路清江路路段轮班驻守24小时，有了"秘籍"的他毫不犹豫地选择了最受煎熬的夜间值守，也就发生了之前所描述的一幕。

作为组长，潘丰还把"正步走"这种方式推广给了他的组员。他说："大家平时解乏止困都是靠躲到无人的角落，大家一起正步走，不仅可以锻炼身体，还可以展示我们电网人的形象"。

密林旁的"人蚊战"

钱院线附近是一片密林，密林能挡住一部分光线，但蚊虫特别多。9月4日，丽水供电公司保电人员林伟东和钱和尧在这附近巡线，简直就是给蚊子自动送上门的"午餐肉"，只要站着不动，不一会儿，一大群蚊子嗡嗡嗡就围了过来，但作为特级线路，就必须蹲守岗位，在太阳的直射下，单一枯燥的蹲守更考验保电队伍的执行力和意志力。

小组长林伟东是一名共产党员，他看了看胸前的党徽说："巡线最重要的是到位，困难要主动克服，这是规矩，是组织纪律。"于是，在保电战场上展开了一场"人蚊大战"。

"这是没有办法的，我们不能离开岗位，只能拿点风油精之类的擦擦脖子和太阳穴，消暑的同时也可以赶走一些蚊子。"钱和尧说道。

35℃的天气，近6个小时的巡查，巡线员的衣衫背部全部湿透。小组负责人冯建鸿说："我们整个大组负责这条特级线路，等级要求高，所以巡线人员的重视程度也高，每天分成8个巡视小组，24小时不间断，对钱塘变到剧院变的所有路段加强巡视，以确保峰会用电。"

（来源：精神文明报 2016 年 9 月 20 日）

案例二：典型人物通讯报道

一位退休电力职工的忙碌生活

退休 14 年，浙江海盐县供电公司的退休员工，第五届全国道德模范候选人邹林根却比上班还忙。除了照顾卧病在床的岳母，他还兼任社区小组长、行风监督员等志愿工作。"以前上班工作 8 小时，现在我可能要忙碌 12 个小时，虽然忙，但充实，我对现在的生活特别满意。"说起现在的生活，邹林根满脸笑容。

"他是我为之骄傲的父亲"

"你好，你好，你就是那个要采访我的小姑娘呀！"初见邹林根，我很难想象他已快到古稀之年。一身笔挺的西装，一个时尚的公事包，一副没有镜片的潮牌眼镜，声如洪钟，鹤发童颜，精气神特别好。

"每天晚上我都会背个双肩包，去空旷的道路上骑上 45 分钟。"闲谈间邹林根告诉我，虽然家里有百岁的岳母要照顾，还有社区的各种事情要跟进，但是他坚持每晚骑车锻炼身体。

"我得照顾好我的身体，因为还我打算百年之后把遗体捐赠给我们的医院做研究呢！"笔者来访时，邹林根正在填写遗体捐献申请登记表。原来从 2006 年开始，邹林根就开始在医院做义工，每天都能看到各种身患疾病的病人，看到病人被病痛折磨，自己却不能做点什么，邹林根很是难过。

"有些病不是一下子就能治好的，可能是我们的医疗水平还不够发达，或者是我们医生能力有限，我希望将来把遗体捐出去，好让更多的医生能了解人体的奥秘，找到治病救人的方法，所以我现在特别珍惜自己的身体，我希望将来他们解剖的是一个个健康的器官。"

说起父亲遗体捐赠的事，女儿小邹搂着邹林根的肩膀说道："老爸一直都在做一些值得我敬佩的事，他真的是一个让我挺骄傲的父亲。"

"他是啥事都管的忙碌老头"

社区小组长、义务网吧监督员、行风监督员、创卫使者、医院义工……一系列的志愿工作填满了邹林根的生活。小区河水发出阵阵恶臭，他就调查原因反映给环保部门；超市产品标价不合理，他就跑遍所有超市核对价格；社区治安不稳定，他就每晚出门巡逻……

前些日子邹林根看到社区的老人每天一大清早就结伴出门，回来的时候手里总拿着各种保健药品，询问过后才知道他们是听讲座去了。邹林根说他经常在电视新闻里看到有老头老太被卖假药的骗，他怕社区的"小伙伴"也上当，心想着一定要查清楚。

第二天一大早邹林根也跟着社区的老人去了，看到在大酒店的会议室里好多好多老人，推销员忙着推销着各种药品，凭直觉，邹林根觉得这里面肯定有猫腻。"那些推销的使劲让我买人参，不买还不让走，我还懂点中药，一看人参就觉得有问题，趁他们不注意我偷偷报警了！"邹林根得意地说道。在之后的调查中才得知，这个假药集团专门瞄准那些容易上当受骗的老人，向他们推销一些治不好病，但又吃不坏身体的假药，涉案价值达93万元。由于邹林根报警及时，成功追回了77万元。

"我现在还特地买了一台像素高的手机，看到一些违法的事情我就偷偷拍下来，将来肯定有用！"说着邹林根就向我介绍起了他的手机。

社区的王大妈跟邹林根做了十多年邻居，说起这个热心肠的邻居，王大妈说道："他挺热心的，看到不好的事情一定会指出来，他闲不下来，是个啥事都管的忙碌老头。"

"他是我的邹爷爷"

2007年的一天，一个陌生的男孩小张走进了邹林根的世界。邹林根在与社区义工交谈的过程中，得知与他同一社区的一户张姓家庭生活十分困难。小张的父亲在他年幼的时候就因为意外离开人世，母亲也改嫁离开，小张只能跟着爷爷奶奶生活。

"我听到这件事的时候心里太难过了，我想我得帮助那个男孩！"说着，邹林根拿出手机向我展示男孩的照片，1米86的男孩，阳光、俊秀。从2007年12月21日与小张结对开始，整整7年多时间里，邹林根每个学期都要去学校看看小张，同校长、老师交流交流小张的学习情况。由于父母的过早离开，小张变得十分内向，"小张现在的成绩很好，还是很有希望考大学的，但就是太内向了。"邹师傅既开心又忧心。

2014年，邹林根又结对了一名家庭困难的医科大学研究生，"祖国养育了我，人民教育了我，企业培育了我，现在我也应该回馈社会，尽我所能，去帮助他们，我们的医疗事业太需要这些大学生了。"说起这位女孩，邹师傅的话匣子又打开了。

"我的家里有个亲爷爷，但邹爷爷也是我亲爷爷，他真的帮助了我太多太多。"说起资助了自己7年多的邹爷爷，那个内向腼腆的小张红着脸说道。

案例分析：

这两个案例中，案例一是类型人物通讯报道的案例，该篇通讯中报道了黄军伟、潘丰以及林伟东和钱和尧的故事，虽然报道了三个故事，但他们却拥有一个共性，即作为 G20 保电员工的他们对于保电工作兢兢业业的态度，整篇通讯突出的是保电员工吃苦受累也要确保保电工作圆满完成的负责任精神，彰显类型人物的独特精神气质。

案例二则是典型人物报道，通过多方面精神气质来刻画邹林根的人物形象。如做义工、准备捐献遗体、创卫工作、维护治安、揭穿骗局、结对帮助困难学生等。从各种各样的"忙碌"来呈现一位有爱心、有正义感、有责任意识的道德模范形象。另外，还通过"潮"牌服装以及"声如洪钟，鹤发童颜，精气神特别好"等描写为读者刻画出这位道德模范的另一面形象。通过一系列的人物刻画，退休电力职工邹林根的形象立刻丰满起来，从外表到内在，给读者呈现出一位实实在在又让人敬佩的"邹爷爷"。

2. 事件通讯

事件通讯主要是对新闻事件的详细报道，是用来记叙有意义的、具有新闻性事件的一种通讯体裁。事件通讯具体又可分为故事型事件报道和纪实性事件报道，二者的区别是故事型事件报道侧重于叙事的生动性，在立足新闻事实的基础上选取角度进行表达，尽量丰富叙事的手法，增强阅读趣味；纪实性通讯报道，更注重的是对新闻事实的完整性、事件的前因后果进行全方位挖掘报道，仅从内容体量及层次上看，可等同于扩容版的"新闻消息"，但这不意味着纪实性事件报道是记流水账，在写作中，纪实性报道也注重对事实的详略取舍。

例如：

案例一：故事型事件报道

"亲情 2 号键"倾情留守老人

"家里的电闸坏了好几次了，孩子们都在外边，我又不会修，幸好有亲情 2 号键，一遇到问题，打电话过去，他们就马上过来解决。"浙江省庆元县大岩村 75 岁老人范世潘一边说着，一边拿出手机演示，"你看，只要长按下数字 2，就可以拨通电话，很方便。"

"亲情 2 号键"的设立，源于一个报修电话。今年 1 月，左溪供电所值班人员吴仁茂接到一个来自广东的报修电话，一番交流后才得知，报修人的母亲吴存珠是庆元县左溪镇山头村的村民，老人因家中停电又不知抢修电话，只得寻求在广州打工的儿子帮助。

"整个庆元县像吴存珠这样的留守老人非常多。家中停电后，如何让这些老人能第一时间联系上我们？"吴仁茂和抢修人员在老人家里议论开来……

"我儿子几年前外出打工时，给手机设置了个功能，只需长按1键，就能拨通他的手机。"吴存珠老人的一番话引发思考：为何不能通过快捷键直接拨打抢修电话？为方便联系，吴仁茂将电力公司的服务电话设置成"2"键。受此启发，"亲情2号键"应运而生，并迅速推广。

在浙闽交界的浙江省丽水市庆元县，345个行政村有近1/3分散在海拔千米的高山上，交通不便，随着农村青壮劳动力大量外出务工，"老人村"现象日益普遍。然而，这些留守老人绝大多数不懂电，不会使用手机，每当遇到问题，需要辗转多次才能联系上抢修人员。

"农村很多留守老人都不会使用电话与手机，更不会拨打客服之类的热线，只能寻求家属、村干部等人帮助；老人因为普通话不标准等诸多原因，对故障及故障位置无法准确描述，带来不少麻烦。"庆元供电公司客服中心负责人介绍说，为推广延伸"亲情2号键"的服务，给留守老人家庭带来切实好处，我们派出工作小组主动与县民政局对接，对全县4500多名留守老人进行走访，建立专档信息，详细记录老人的住处、生活和家庭状况，并为老人建立亲情网，给老人提供生活方便，统一设置为"亲情2号键"。

"除了家里线路故障报修外，我们偶尔也会拨一下2号键，请工作人员顺路帮我们带点日常用品。"吴存珠笑着说，找帮忙再也不需要通过千里之外的儿子了，可以跟他们直接提出"特殊"要求。

"村里到乡镇一个来回要走2个小时山路。我们已形成一个习惯，抢修人员不仅送电上门，每次还会主动询问老人需不需要代购些生活用品。"荷地供电所值班室工作人员刘章通说，我们会把"亲情"二字落到每次上门服务中去，"亲情2号键"已成为留守老人的服务热线。

针对孤寡老人、留守老人等困难群体的实际情况，各村结合实际创新服务方式，拓宽服务渠道，细化服务举措，积极构建"亲情式""温馨式"服务体系，实行动态规范化管理，及时做好信息采集与更新，全面提高安全、节约用电意识。截至今年9月底，庆元"帮助一键通"服务已全面推广，为1300多户留守老人设置"2"号快捷键，接到老人用快捷键拨出电话570多次，为留守老人解决各类用电问题630余次，提供"捎带"服务340余次。

（来源：人民日报2016年10月17日）

案例二：纪实性事件报道

新能源车走向规模化商业应用

在推动新能源车发展方面，电网企业主动履职担责，紧密对接政府规划，加大充电设施建设力度，满足社会日益增长的充电需求。同时，电网企业还将电动汽车应用到抢修服务等日常工作中，并激励员工购买使用电动汽车，以自身的具体行动，积极践行绿色、低碳的出行理念。

9月21日，国网浙江省电力公司与国网电动汽车服务有限公司举行电动汽车交车仪式。国网浙江电力向国网电动汽车公司租赁70辆纯电动汽车，作为企业生产用车，以进一步推进电动汽车的推广应用。

产业生态初步形成

9月初的G20杭州峰会期间，国网浙江电力建成的55个公用充电桩，为近500辆电动汽车充电服务6453次，累计充电量达8.5万余千瓦时，折算减少碳排放约120吨。

目前，杭州主城区的充电桩已达1750余个，公用充电桩服务半径可以达到2千米，已初步建成新能源车充换电网络框架结构。

实际上，从全省范围来看，浙江新能源汽车产业在技术发展、市场推广、模式创新等方面均处于国内领先地位。

据统计，浙江2015年实现新能源汽车整车产量约7万辆，约占全国五分之一，销售产值将近250亿元，产业规模居于国内领先地位，形成了包括整车制造、关键零部件、核心基础材料研发生产、新能源汽车示范运营等在内的较为完整的新能源汽车产业链。

不仅如此，浙江在新能源汽车领域还积极探索商业模式创新，形成了分时租赁、分期租赁和纯电动大巴"融资租赁"等模式。其中，康迪电动汽车公司等率先在哈嘎纳州推出的电动汽车分时、分期租赁车辆数量已有 2 万余辆，成为目前全国推广应用最为成功的模式之一，并被复制到多个城市。浙江坚持把新能源汽车推广应用与新能源汽车产业发展结合起来，以示范促应用，以应用拓市场，以市场促发展。

到 2015 年年底，全省共推广新能源汽车 28663 辆，其中纯电动乘用车占比 91.9%，数量居全国前列。

基础设施加快推进

杭州市民傅伟是电动汽车的忠实粉丝。他购买了一辆电动汽车送给自己当作 30 岁生日礼物。"相比燃油汽车，电动汽车每跑 1 千米，就能减少碳排放 142 克。它带我走进了全新的生活！"傅伟说。

在杭州玉皇山公园公共快充站，正在充电的车主李女士打开"e 充电"给我们演示："你看，我家在这里，不远处的钱江新城森林公园北侧，也有个快充站。"地图上，充电桩的小图标覆盖杭州全城。她介绍说，来充电的时候，电量只有 20%，这才充了 20 多分钟，基本上就充满了。

"e 充电"是一款手机 App 软件，需要充电的时候打开 App，即可搜索附近的快充站，根据导航指示行车路线直接找到充电桩，这对于电动汽车车主来说，非常方便实用。据国网杭州供电公司相关负责人介绍，现在杭州日均充电量已经超过 2 万千瓦时，城内核心区域基本实现 2 公里充电圈。这意味着，10 分钟内，开车必能找到一个充电站。如果想开电动汽车出远门，也没问题，现在浙江的高速公路上，加油站内都装了充电桩，十分方便。

近两年，国网浙江电力在全省范围内加快推进充电基础设施建设，大力推广"易充电"移动客户端，建成投运快充站 222 座，开展快充服务 7.3 万次，充电量突破 100 万千瓦时。同时建成省内高速公路服务区、重点城市核心区的快充网络，浙江也在全国率先实现了主要高速服务区充电设施全覆盖。

机遇和挑战并存

2015 年，我国新能源汽车产量 37.9 万辆，比 2014 年增长 4 倍，我国已超越美国成为全球第一大产销国。随着环保要求趋严，绿色出行兴盛，这给新能源汽车市场发展带来了更多机遇。

国家和地方政府在新能源汽车发展上从政策到资金，不断加大扶持力度。浙江省也专门成立了联席会议制度和专家委员会，安排资金支持新能源技术攻克、市场推广和充换电设施建设等。

机遇下也藏着不少挑战。据有关人士透露，浙江政府有关部门正在编制新能源汽车产业"十三五"发展规划。其中，整车实力还不够强、产业链配套有待加强、关键技术仍需突破等，正是有关部门希望能在未来5年解决的系列问题。

作为清洁能源供应商，国网浙江电力将全面对接浙江电动汽车充电基础设施"十三五"规划，按照2020年全省电动汽车23万辆保有量的目标，充分发挥电网企业自身优势，研究确立充换电站建设运营模式，年内实现境内高速公路服务区快充网络全覆盖，城市核心区建成快充站331座，进一步推动浙江电动汽车产业进一步发展。

（来源：中国电力报2016年10月11日）

案例分析：

以上两个是故事性事件报道和纪实性事件报道的案例。案例一是故事性事件报道，这篇通讯主要报道的是庆元供电公司"亲情2号键"给留守老人带来方便的新闻事实。整篇通讯进行故事化写作，以对白和事实案例为主要着力点，通过留守老人的现身说法来表明"亲情2号键"的实际效果和意义，故事化的新闻稿件写作，趣味性是毋庸置疑的。

案例二是向读者介绍新能源汽车的商业化的相关新闻事实，整篇通讯以告知信息为主，颇似大体量的"新闻消息"，从多个方面点明新能源汽车的投入、市场、创新以及配套服务的相关情况，读者通过阅读，可掌握事件的整体概况，并根据相关自身需要做出理解和判断。

事件通讯的写作，除了遵循通讯的基本要求之外，还应注意以下两点：

（1）事件通讯仍要注重对人物的刻画，新闻事件通常都离不开人的参与，不同于人物报道的是，事件通讯中的人物刻画能够丰富事件的表现，同时，还可以通过对人物活动、言语等的描写，推动事件通讯写作的布局，衬托事件的意义。

（2）事件通讯要有适当的议论引导，引导读者领悟思想的深刻性和先进性。论述对于事件通讯的作用在于可点明其中复杂或不易表现的部分，事件通讯的事件选择本身是具有宣传时代精神价值的典型事件无疑，但在传达过程中可能存在解读的偏差，这是受传播机制影响的，传者与受者受自身认知的影响，在看待新闻事实时的解读站位不同，视角自然不同。例如2016年的"泥水馒头"事件，本身是作为抗洪救灾的正能量典型事件进行宣传，目的在于宣扬抗洪官兵积极投身抗洪事业无暇吃饭的大无畏奉献精神，但缺乏适当的议论引导，导致实际传播中不少民众质疑为何一线官兵如此辛苦，却连基本的生活物质供应都无法保障，民众如此理解，自然造成了传播的偏差。这起事件或许有些极端，但却具有重要的警醒意义。

3. 风貌通讯

风貌通讯也叫概貌通讯，是勾勒天地万物、自然人文、社会历史、建筑民俗、经济发展等多领域的一种偏向宣传报道的文体。风貌通讯在电力公司则主要是反映某一地区、单位、领域的基本面貌和变化，侧重于向读者呈现单位、领域的新成就、新变化、新面貌，开阔读者视野，振奋读者精神。

风貌新闻的写作要注重以下四点：

（1）注重实写现场，深入了解具体事实。

（2）主写变化，新形势、新变化、新风貌是写作的重点。

（3）风貌写作以情感引起共鸣。

（4）注重传递知识，传播思想，要对新变化、新风貌进行背景知识科普。

例如：

满足客户诉求提升优质服务

——国网浙江电力创新建立客户投诉协同解决机制

优质服务是国家电网公司的生命线，国网浙江省电力公司以问题为导向、以客户满意为目标，建立"客户导向、问题防控、专业协同"的投诉处理机制，消除供电服务短板，从根源上解决客户投诉反映的问题，不断提升客户满意度。2014年以来，该公司客户投诉处理平均时间缩短到3个工作日以内，优质服务评价指数持续提升。

以客户诉求为导向

消除供电服务短板

"你们的服务真是没话说啊，我一定要发微博表扬一下！"9月11日，嘉兴供电公司计量装接班员工来到嘉兴市盛世豪庭小区魏先生家，为他安装计量表计，魏先生将这一场景用手机记录了下来。

当天下午 3 点半，魏先生来到供电营业厅申请一户一表的安装，营业厅员工跟魏先生预约上门施工的时间，魏先生表示 3 天后装修施工队伍就要进场施工，希望能在这两天内就把表计安装完毕。接到工单后，国网浙江电力低压"一岗制"的工作人员马上到现场查勘，在确定现场符合施工条件后，当场为其安装表计。下午 6 点多，魏先生家中的表计顺利安装完成。

国网浙江电力依托 95598 大数据，全面分析这几年来的 72 万件客户咨询、3.9 万件客户意见和 0.8 万件客户投诉，深入查找客户投诉的内容和原因，有的放矢，采取有效措施，消除服务短板，从源头减少客户投诉。魏先生体验的低压业扩"一岗制"快速便捷服务，就是该公司采取的有效措施之一。业扩报装时限长，会引发客户不满甚至投诉，该公司全力推进业扩报装提质提速，"一岗制"新工作模式运行后，低压居民业扩平均报装时限由原来的 2.8 天缩短至 1.8 天，低压非居业扩平均报装时限由原来4.6 天缩短至 3.2 天，报装时限缩短成效十分明显。

此外，国网浙江电力还根据客户诉求，主动提升配网供电能力、推行柔性催费和规范服务行为。该公司加大城乡配网建设与改造，建立不合格台区跟踪治理闭环机制，推行配网主动抢修，落实故障抢修"三个电话"制度，减少客户抱怨，供电质量投诉同比下降 15.9%；推行"腿勤、嘴勤、手勤，早计划、早发现、早提醒"的"三勤三早"柔性催费方式，欠费停复电投诉同比下降 12.7%；修订供电营业厅服务规范、业务规范、运营规范、岗位规范和管控规范，深化"全程引导服务"，全面规范窗口人员服务行为，推行"依法合规做乙方"服务理念，引导一线员工站在客户的立场换位思考，提供人性化服务，服务投诉同比下降 22.6%。

以问题防控为手段

让客户真正满意

国网浙江电力强化供电服务过程管控，通过建立业务质量问题、敏感问题和投诉问题的管控机制，实现了防范投诉关口前移，有效降低客户投诉率。

建立投诉问题管控机制，以"三无一满意"（无超时、无退单、无投诉，满意百分百）为目标，开展"无投诉"劳动竞赛，对投诉工单等实施"日监控、周分析、月通报"。该公司月度例会重点点评"无投诉"劳动竞赛情况，促使基层单位一把手高度重视，层层传递压力，有效提高一线班组及员工的责任意识和服务意识。

建立敏感问题管控机制，将可能导致客户投诉的服务工单纳入敏感工单管控，省客户服务中心每日梳理并编制"敏感工单日报"，对重复发生的敏感问题，发放"服务预警单"，提醒各单位重点关注。对敏感问题较多的单位，发放"服务督办单"，要求责任单位按照"四不放过"的原则说清楚。2014年，该公司共发放服务预警单56张，服务督办单25张，使服务问题早发现、早防控，有效化解投诉风险。

除对上述两大问题进行管控外，国网浙江电力还对业务质量问题进行管控，组建营销稽查大队，落实"查、改、防"营销稽查闭环管理机制，围绕业务潜在风险点、客户反映的热点问题等，常态开展现场稽查，2014年共发放服务风险提醒函37张，业务督办单79张，有效促进了业务质量和服务规范提升。该公司实施第三方"神秘人"暗察暗访，站在客户的角度发现并改进供电服务中的薄弱环节，2014年累计开展暗查暗访12次，发现并整改问题137个。

以专业协同为支撑

提高供电服务质量

10月13日下午3点，看着新增容的变压器，温岭市焦湾村的冯师傅直夸供电员工办事效率高，帮助他们解决了秋收用电的后顾之忧。

焦湾村靠近农田的只有一台100千伏安的变压器，随着农业电动机械使用率提高，用电负荷成倍增加，尤其是秋收时节，原有的变压器已不能满足村民生活生产的用电需求。秋收在即，冯师傅拨通了温岭市供电公司温峤供电所的联系电话。供电所员工很快就上门实地勘察、施工，办理了变压器增容。

正是专业协同、纵向联动的业务协同处理机制大幅提升了客户供电服务和投诉处理整体效率。国网浙江电力由营销"一口对外"将"客户导向、问题防控、专业协同"的投诉处理机制覆盖到运检、基建、调控等专业部门，涵盖了全供电服务链的服务、营业、供电质量、电网建设和停送电等5个方面，形成"服务导向、统一接单、统一指挥、横向协同、纵向管控、全程考评、高效运作"的专业协同运作平台，确保95598业务工单"接得快、派得准、回得好"。

为确保该机制顺畅运转，国网浙江电力建立供电服务月度例会制度，营销、运检、调控、运营监测、省客服中心等部门参加，以问题为导向，剖析上月供电服务中存在的短板，分析 95598 业务指标存在的不足，讨论并明确相应的改进措施，并以联合发函的形式，将问题及改进措施横向落实到各专业部门，纵向穿透到基层单位，确保服务问题得到切实改进，并通过权责清晰、奖惩有序的投诉考核体系，促进各部门协同运作。

（来源：国家电网报 2015 年 11 月 12 日）

案例分析：

这篇通讯是介绍国网浙江电力满足客户需求，提升优质服务时工作变化的一篇风貌通讯。通讯报道了国网浙江电力利用 95598 大数据分析客户的咨询、意见以及投诉信息，针对性出台"一岗制"快速便捷服务，故障抢修"三个电话"制度，投诉问题、敏感问题管控机制，业务协同处理机制以及供电服务月度例会制度等，向读者展示了国网浙江电力在提升服务水平方面的新举措、新变化和新工作。同时，在写作中注重对事例的运用，将这些新风貌与具体事例结合报道，不但更加便于读者理解新举措的具体内涵，还能够避免读者产生公司空谈套话，"说一套，做一套"的认知偏差，从而提升通讯写作的传播力和思想性，充分展示公司的服务变化和责任形象。

六、新闻深度报道

美国新闻学者麦尔文·曼切尔在《新闻报道与写作》中将人们对于新闻的需求进行了阐释："人们并不仅仅满足于知道发生了什么，他们还想知道这些事为什么发生，它们意味着什么，结果又是什么"❶。消息和常规通讯写作致力于向读者传递"发生了什么"和"发生过程是怎样的"，而深度报道则向读者展示"为什么发生，意味着什么和最终结果又是什么"，由此也衍生了深度报道究竟是独立于消息、通讯的报道方式还是隶属于通讯写作的争议，这里将其视作通讯写作的一部分，原因在于，从写作角度看，深度报道没有跳出通讯的写作逻辑，虽然其写作目的不在于告知读者新闻的发生过程，但在具体调查及论证中仍以过程写作为主。

深度报道是一种纵挖新闻事实的报道体裁，在报道新闻事实的同时，对事实进行

---

❶ [美]麦尔文·曼切尔. 新闻报道与写作. 北京：中国广播电视出版社，1981：144.

解释和分析，侧重于对"Why"，即"为什么"的报道，通过对新闻事实的深度挖掘，阐明其中的因果关系，并力图对其发展趋势进行准确预测。

从内容和作用上简单对深度报道进行总结，深度报道具有以下特点：

（1）报道内容涉及事件及其意义较为重大，影响范围广、程度深。

（2）报道揭示的意义对于当下及至未来有一定的帮助和指导性。

（3）报道内容追求事实的深入，对材料的丰富挖掘，具有详尽性。

（4）能充分体现出主体性和思维的立体感。

深度报道的优点在于能够满足读者对新闻信息层次的需求，同时，将新闻事与理进行结合，深入挖掘新闻事实蕴含的意义。深度报道对于新闻事实的题材和新闻工作者的能力要求相对较高，往往需要新闻工作者有凌驾于事实表象的能力，拥有多学科的知识和政治、哲学素养。对于电网企业，尤其是品牌工作而言，深度报道一般运用较少。以下仅做概念性普及，不再展开分析。

深度报道的分类同样五花八门，通常情况下，以深度报道的"解释"目的对深度报道进行大致归类，可简单归为三种：解释性报道（前因）、分析性报道（后果）和调查性报道（揭丑）。

1. 解释性报道

解释性报道主要是对新闻事实的"前因"进行深挖报道。按照解释方式的不同，又可分为背景式解释报道与述评式解释报道，背景式解释侧重于依靠背景材料来进行解释，而述评式则更多依靠合理程度的议论进行解释。在电力新闻具体工作中，对于二者的意义界定实质意义并不大。

解释性报道的重点是向读者解释新闻事实发生的原因是什么，为什么会发生这件事，即利用对重大新闻事实充分调研和挖掘掌握的背景材料对新闻事实进行追问和解释。

（1）背景式解释报道。在背景式写作中，一般依靠大量背景材料来完成，但和一般性新闻的报道中的背景材料的使用不同，一般性背景材料的使用在于补充和说明，即利用背景材料为新闻事实搭建一个完整的逻辑平台，以免新闻报道突兀或说不清楚，从而保证报道的完整性。而背景式解释报道中更偏重于揭示和解惑，为完整报道的新闻事实仍存在的质疑点进行解释说明。

例如某地公司基建出现安全生产问题，造成多人伤亡，一般性新闻报道提供的背景材料是告知读者该施工的施工内容、相关责任单位、基建工程的进度安排等基础背景，以使事实能更为全面地传达给读者。而背景式解释报道则会将该地公司的背景历史材料进行深挖，追问其是否有类似事故前科，判断其是偶然性还是带有历史原罪，从而对事故的深层原因进行解释。另外，在体量上也可见差别，背景式解释报道的主体即是对大篇幅背景材料的报道，而一般性新闻报道则是小部分的背景材料来补充大篇幅的新闻事实。

背景式解释性报道在写作中要注意以下几点：

①以事实为基础，用背景材料来解释新闻事实。

②拓宽视野，将个案放置在大背景下去挖掘，寻找深层原因。

③逻辑通畅，保证解释的作用，避免画蛇添足，或引起新的质疑点。

④背景式解释报道少议论，但可引用专家等第三方态度来增强说明性。

（2）述评式解释报道。述评式解释报道更多地侧重于"评"，讲究思辨性和对现实的关照性。述评式解释报道在写作中讲究兼报道和评论于一身，在立足新闻事实的基础上，通过夹述夹评的方式点明现实问题的根本原因，但这种评论绝不是自我想象或表象的推导，而是要在深入新闻事实前因材料后的合理分析，在具体的实操中，可多以权威意见为主，以保障权威性和客观性。

2.分析性报道

解释性报道注重对"前因"的报道，而分析性报道则侧重于"后果"的预测。分析性报道根据其功能和目的可分为预测结果式报道和走向分析式报道。二者都是立足新闻事实的基础上，对事物的发展进行分析判断，不同的是预测结果式报道侧重于得出结果，而走向分析式则是对趋势进行预判。

（1）预测结果式新闻报道。预测结果式的新闻报道主要依靠对既有事实的深入了解和研究，进而分析其变化路径并导出结果判断，其目的是告知读者未来将会发生何种结果，从而为读者提供趋利避害的参考。预测结果式的新闻报道主要有两个显著特点，即：

超前预测性：对未来可能发生的事实的提前报道，一般为较长时间的重大议题的预测，区别于短期的预告形式的新闻。例如，告知用户几天后将要停电，此为预告，而通过厚实的材料分析后告知用户未来不会限电，此为预测结果式报道。

引导指引性：预测结果会对读者造成一定的引导作用，意味着读者会受到预测结果的影响，从而改变自身对于某一问题的看法及决定。

从预测结果式报道的特点可以发现是以调查、研究、展望为长，所以，在写作时，应特别注意以下三点：

①应以事实为依托展开分析，向读者表明预测的依据。

②由浅至深，透过现象把握事物的本质和发展趋势，体现出看问题的前瞻性。

③增强预测结果的权威性和说服力，行文时注重增加权威色彩，可引用他人权威预测或展示科学推论过程。

（2）分析走向式报道。分析走向式报道是从事实本身出发，通过分析帮助读者认清事物的本质倾向和变化趋势，并展望其未来发展走向的深度报道。与预测结果式报道相比，预测结果式报道强调从现有事实材料的基础上进行科学推论从而导出结果，是从事实到事实的科学论证过程；而分析走向式则更强调深入了解事物本身的运作机制，了解其发展变化的根本因素，从而把握规律，进行趋势研判，更加侧重于对事物发展运作的本质决定因素与倾向性表现的把握。

分析走向式报道的写作难度较大，大致要满足以下三个要求：

①分析走向必须把握住事物发展的规律，需要写作者充分考虑内外因的影响，并且要具有一定的总结提炼的能力。

②以对事实的分析为基础，得出事物发展的走向。新闻报道的出发点应是客观现实。

③预测走向时要注意表述，模棱两可体现不出新闻价值，太过绝对又过于极端。一般写作中，宏观性、规律性的内容，要求做到信息准确、观点鲜明；带有偶然性因素或过于细节性的东西则要留有余地。

3. 调查性报道

调查性报道是指以调查为手段，揭露某些新闻事件的真相，一般用于某些社会问题的报道，因通常用于揭露问题，调查性报道在又常被称为"揭丑报道"。调查性报道按题材可分为事件型调查报道和问题型调查报道。

事件型调查报道，主要是针对某些事故、负面的社会事例所做的具有调查深究性质的报道，这类调查报道往往是属于批评揭露一类，需要经过记者艰难的采访才能得到，比起其他报道要求有很强的实证性。问题型调查报道是对社会上较具体普遍的不良现象和弊病、工作中的问题进行揭露的报道。总的来说，调查性报道的目的是对复杂的事实表象背后的真相挖掘，通过对事实的调查，从隐藏的细节和矛盾发现真相，打破谎言，多用于专业媒体记者的工作中。写作上要求能展现调查过程、突出细节、比较事实表象与调查结果的差异和矛盾并告知读者真相。

七、电力新闻的通讯写作

电力通讯写作的主要问题是传播内容相对单一，读者对电力新闻通讯报道存在一定误解，电力新闻可尝试在叙事和说理两方面进行创新，这也是通讯创新写作的主要着力点。

1. 叙事生动

通讯写作不像消息写作有相对固定的写作框架和模式，对于通讯写作而言，不犯错误是底线，其余皆是可操作范围，这意味着通讯创新写作的空间非常广阔，常言"水无常形，文无定式"，通讯写作亦是如此。不过，通讯写作虽创新无定式可言，但"文无定式思有式"，通讯写作的创新方向有一定的选择倾向，需要写作者打破既有认知，否定常规写法，否定自己熟悉的写作模式，尤其是电力新闻写作，一定要打破套话、空洞的模板化写作，将通讯报道进行"故事化"写作，贴近读者阅读喜好，遵循基本传播规律。

具体而言，通讯写作七分靠采访，三分靠写作，这是一套搜集、归类、加工的完整过程，想要完成叙事生动的通讯报道，需要从采访和写作这两方面同步跟进。

七分靠采访充分反映通讯写作采访的重要性，要求记者在通讯写作中一定要深入现场，到报道环境中去，掌握报道的第一手资料。在采访过程中，要紧紧围绕新闻主题，从自身视角发现新闻事实的敏感点和细节，精心选择采访和报道对象，挖掘典型事例和人物故事，从而形成独特的报道视角和价值选择。

另一方面，电力通讯在写作过程中，要注重转变文风，尽可能以通俗易懂贯穿全篇，以还原事实现场为写作准则，通过"现场感"见人见事。具体写作中，要从小故事、小人物、小细节和小场景入手，先为读者营造具有趣味性的阅读底色，同时，在写作过程中，注重详略得当，围绕新闻主题集中而有层次地展开。总体结构遵循小处落笔写作，大处着眼安排，从见人、见事开始到最终见理升华，从而增强新闻的可读性和趣味性，提升通讯报道对企业形象的宣传能力。

2. 说理透彻

消息报道重在告知信息，讲述事实，而通讯报道则重在报道过程，传播道理。说理是通讯写作的重要目的之一。

说理透彻要求通讯报道要有的放矢，深度凝练，报道充分，这也要求新闻写作者在写作时要想的深入，看的明白，说的完整。

有的放矢。即通讯写作要深入材料，突出问题意识。对于新闻事实材料的加工，不能仅停留在报道事实的层面，如此只能将具有闪光点的新闻材料制作成平实的"干货"资料，体现不出新闻报道的价值所在。这意味着写作者在写作之前，一定要以问题意识看待材料，多追问材料的意义，尽可能地找寻事实材料的亮点和典型之处。电力通讯具体写作中，要能找准视角，明确新闻事实材料与电网企业以及用户之间的关联性，挖掘出时代发展所需的精神气质，形成报道的思想深度，提升新闻价值和读者关注度。

深度凝练。即是新闻写作者在写作时，能够把发现的新闻事实闪光点和典型处进行精准概括，并紧紧围绕概括后的主题进行写作展开。一般而言，每个新闻事实往往都能反映多视角多角度的新闻点，但对于通讯写作而言，要对最核心的新闻点进行归纳整理并形成传播内容，从而提升说理性。

报道充分。通讯写作无论是报道事实抑或是说理，都要求完整且充分，一方面，报道中要求对细节的充分展开，从细节见人物、见事实、见道理；另一方面，通讯报道在说理过程中还应注重情节连贯，合理地布局谋篇，使新闻材料逻辑通顺，由表及里的说理顺序浑然一体。

通讯的创新没有定式，也远非言语就能够总结概括全貌，电力新闻记者在通讯写作中，要能形成自己的写作风格，勇于走出既有简略框架，在不断深入的写作中提升写作能力。

第三节 新闻言论的规范要求和能力提升

传统媒体的文字内容呈现主要由两大类文体构成，一为新闻报道，二为新闻评论。新闻报道主要是报道新闻事实，通过对事实的选题及角度的选择来隐性表达态度和看法；而新闻评论则通过议论、评说的方式直接表明媒体的意见和立场，透过新闻事实表象观其本质，告知读者是非对错，从而引导读者对新闻事实形成正确的认知和看法，以免受限于浅层表象。

新闻评论是对新近发生的新闻事件所发表的言论的总称，按体裁细分又可分为社论、评论员文章、短评、新闻言论、述评等形式，众多类型的新闻评论体裁中，新闻言论是电力新闻工作者使用相对较多的新闻评论写作体裁。

新闻言论，是针对某一新闻事实发表的理性认识及其论证。相较于其他形式的新闻评论体裁而言，新闻言论的篇幅较为短小、形式更为灵活、写法更为自由。主要有以下特点：

（1）新闻性。新闻言论的评说对象是时下热点新闻事件或读者较为关注的问题，要求信息真实、迅速及时、目标明确。

（2）评论性。"评"即评价、"论"即论证，新闻言论对所评新闻事实有明确的观点和态度，并能提供科学严谨的论证。

（3）导向性。新闻言论的本质即引导言论和思想，导向性不仅指通过评说左右读者的想法和认知，更要求在引导中为读者提供积极的倡导和正确的指引。

（4）群众性。新闻言论是直接与读者交流的观点阐释，写作中要以贴近群众为主，要求通俗易懂、形式活泼，针对群众诉求，贴近群众需要。

（5）精炼性。新闻言论以理论事，道理简洁清晰。

新闻言论的写作，从选题开始。对于电力新闻而言，上至党风党建、下至日常营销服务，所有新闻皆可评说，但不同选题的新闻言论对于读者和电网企业的作用却相距甚大，新闻言论的选题如何抉择，大致可从以下参考❶：

---

❶ 梁山．电力新闻写作读本．2版．北京：中国电力出版社，2011：203.

（1）来源于中央与上级部门的重要精神与重点工作。

（2）广大电力职工普遍关心，广大人民群众期盼的问题。

（3）党的方针政策，政府关于电力的重要部署、规定。

（4）电力改革发展中的新苗头、新创造。

（5）针对具体新闻事件的评论。

新闻言论主要由四个部分组成：标题、开头、主体和结尾。

通用框架可参考如下：

XXXXXXXXX（标题）

×××××××××××××××××××××××××××××××××××××

××××××××××××××××××××

×××××××。**（开头，引出事实或点明观点）**

××××××××××××××××××××

×××××。

······

×××××××××××。**（主体，展开材料进行论述）**

××××××××××××××××。**（结尾）**

例如：

理性看待天然气紧张

我国未来要实现可持续发展，煤改气一定会继续下去，天然气的需求仍会持续增长。

天然气紧张是今冬一个热门话题。其实，这已不是第一次，只是这次范围和程度，都比前些年要剧烈一些。

引起几次"气荒"的直接原因都是各种因素导致的需求过快增长。但是，换一个角度看，需求是任何一个产业发展的基础，没有需求就没有发展，一些领域为了发展甚至还要刺激需求。所以有需求又未必是坏事，甚至是好事。

比如十几年前，西气东输一线工程建设时，由于需求不足，有关部门要向沿线的省份分摊气量，甚至出现了天然气的降价促销。对于天然气生产企业，同样是烦恼，相信今天需求过旺带来的烦恼总比当初有气卖不掉的烦恼要好些。

当然，今天的需求增长确实有点快，甚至快到了难以应对。但是，抛开阶段性的现象从宏观看，中国的天然气需求增长的势头才刚刚开始。我国目前天然气在一次能源中的占比不到10%，到2020年也就10%左右。而世界平均水平是大约25%，发达国家甚至达到1/3。按这一口径，我国天然气需求增长的大头还在后面。

再说此轮"气荒"的直接动因煤改气，这也是社会发展的必然趋势。20世纪初，美英两国和我们一样，也是煤炭唱主角，煤炭比重都在70%左右。通过几十年的结构调整，如今他们基本实现了煤炭、石油和天然气的三分天下。我国未来要实现可持续发展，煤改气一定会继续下去，天然气的需求仍会持续增长。所以，我们万万不可把开头当过头，只是这一转变要防止操之过急，要循序渐进，逐步实现。

最后，不得不说的就是价格。任何一个产业要健康有序发展，除了需求，最重要的就是理顺价格。

天然气这种一次能源产品，价格形成有其特殊性。一般工业品价格往往是需求与价格成反比。因为需求大，才能刺激产量上规模，边际成本就会下降。所以，工业产品往往是越普及、越大众化，价格越便宜。在流通领域，买得越多越存在讲价空间，也是这个道理。但是，工业品的这一价格逻辑在能源类产品中往往不适用，甚至是相反。比如国际石油价格，需求越旺油价反而会上升。所以产油国为了产销平衡，往往会用限产来抑制油价下跌。限产就是为了相对提高需求。

天然气由于其主要以管道输送的特殊性多采用双方协议价格，但与油价接轨的呼声日益高涨。特别是液化天然气（LNG）比重的增加，会进一步加快油气价格的同步。因此，天然气价格也会随着需求的不断增长而上升，这是经济规律。

其实不仅仅是一次能源，像电力甚至水这类产品也是需求和价格反向运作。比如阶梯电价，不仅我国实行，美国一些州由于日本福岛事故后的去核化导致电力供应紧张，也在采用阶梯电价，也就是消费得越多，电价越高。在没有找到更清洁、更经济的替代能源之前，我们想用比较清洁的天然气替代高污染的煤炭，就不得不付出更大的成本，毕竟鱼和熊掌很难兼得。

沙特的例子给我们以启示。沙特是举世公认的天然气资源大国，但该国的天然气供应却不足，根本原因就是天然气价格政策不合理。该国的天然气销售价格低至成本价以下，导致无论国际资本还是国内资本都不愿意投入，结果天然气产业无法实现良性发展。这提示我们：解决中国天然气问题必须打破垄断，引入竞争。但是，引入竞争的前提必须是理顺价格，否则任何资本都不会投入一个赔本赚吆喝的领域。

（来源：人民日报 2018 年 1 月 15 日）

案例分析：

这篇新闻言论的标题即向读者阐明观点，要理性看待天然气紧张的问题，不可盲目唱好或者唱衰。其次，文章开头部分交代背景：我国要实现可持续发展，天然气需求仍会持续增长，"气荒"问题不是首次出现。紧接着，阐明论点：换一个角度想，需求是任何一个产业的基础，没有需求就没有发展……所以有需求又未必是坏事，甚至是好事。之后，举例论证说明：比如十几年前……再说此轮"气荒"的直接原因……最后，不得不说的就是价格……结尾部分，由事实进行了升华，这提示我们……否则任何资本都不会投入一个赔本赚吆喝的领域。

纵观整篇言论，从事实背景引出论证问题并给出论点，根据论点逐点展开论据进行说明，最后再回到所要论证的问题，并总结观点提出意见。全文逻辑结构完整，论述说理娓娓道来，可读性及说理性都较强。

一、新闻言论的标题

新闻言论的标题主要是告知读者评论范围和表明评论核心观点。读者在读新闻言论的标题时，能够一眼看出作者的论点，了解文章的站位。对于新闻言论标题的写作要求，要遵循三个基本要求：

（1）观点鲜明，表达准确。新闻言论的标题，是核心论点的凝练，一定要以观点为导向，在语言表达上要求准确概括，不夹杂无关信息，不以偏概全。

（2）简洁明快，响亮通畅。朗朗上口的标题通常都是精简的短句，通俗易懂，简洁明了，切忌拖泥带水、拗口难读。

（3）鲜活生动，美观大方。标题作为文章的眼睛，美观大方是必要的，在标题制作中，要活灵活现，整齐生动。

总之，新闻言论的标题一般是讲述观点，告知文章的中心思想，需在陈述事实的基础上，尽可能对标题进行美化和凝练，以求更好的传播效果，但也要注意度的把握，切忌将标题制作为宣传口号，引起读者的厌读情绪。

二、新闻言论的开头

新闻言论的开头是指文章的开篇或起始部分，可以是独立成段，也可是多段，主要用来介绍新闻事实，即评论背景，同时提出问题或表明观点，是整篇文章提纲挈领的部分。

新闻言论的写法有多种多样，有分成六种写法，也有分成九种写法，究其根本，无非是在修辞运用和切入视角的差别，而从对文章的整体构成角度来看，可大致归为两种：一种是交代背景，引出论题；另一种是开宗明义，观点先行。二者只有结构走向上的区别，无行文要求上的差异，都适用于相同的写作技巧，可以是平叙陈述，也可是设置疑问；可以是类比说明，也可是用典借喻；可以借事说理，也可立足实例。

1. 交代背景，引出论题

这种新闻言论的开头通常是典型三段论写法的第一段，而后主体部分进行分析、提出论点。以这种开头写作的新闻言论是一种由表及里的行文走向，写作者往往只向读者阐明本篇新闻言论所评何事，因何而来，从而引出论题即可。这种写作手法按照起因、经过、结果的逻辑顺序进行写作，能够保证逻辑连贯和易于理解。

用希望之光点亮未来

今年是希望工程实施30周年。近日，习近平总书记寄语希望工程时指出，在党的领导下，希望工程实施30年来，聚焦助学育人目标，植根尊师重教传统，创新社会动员机制，架起了爱心互助和传递的桥梁，帮助数以百万计的贫困家庭青少年圆了上学梦、成长为奋斗在祖国建设各条战线上的栋梁之材。希望工程在助力脱贫攻坚、促进教育发展、服务青少年成长、引领社会风尚等方面发挥了重要作用。

30年间，希望工程以改善贫困地区基础教育设施、救助贫困地区失学少年重返校园为使命，对接社会需求，不断创新发展，成长为社会公益领域的著名品牌，成为一个时代的记忆。当接受资助的孩子源源不断地通过自身努力改变了命运，进而反哺社会，用爱心传递希望之光，无疑是一幅令人倍感温暖的时代画卷。

公益慈善事业的发展水平，是一个国家文明进步的重要标志。30年来，希望工程积极探索"坚持党的领导，关注社会需求，符合中国国情，发挥团组织优势，动员青年积极参与，集中力量办大事"的公益事业模式，对我国公益组织的孕育、公益文化的传播产生了重要影响。进入新时代，希望工程要保持自身发展优势，应进一步探索中国特色公益慈善事业发展之路，开辟动员社会力量广泛参与的新路径，发掘加大公益慈善服务供给的新方法，在不断满足人民群众对美好生活新期待上有新贡献；同时，要在道德引领、价值观培育上释放更大能量，继续倡导公民互助，弘扬志愿精神，让公益成为一种普遍的生活方式。

不断拓展教育扶贫的新领域和新内涵，是希望工程的新追求。扶贫要与"扶智""扶志"相结合，才是激发内生动力，阻断贫困代际传递的治本之策。希望工程蓬勃发展的30年，也是我国综合国力不断提升，公共服务不断健全的30年，普及九年义务教育和"两免一补"等政策逐步实施，农村基础教育状况得到普遍改善。凭借着在教育扶贫领域深耕的经验，希望工程应抓住转型的新机遇，积极应对时代提出的新课题，从帮助孩子"能上学"到为孩子"上好学""学得好"而努力，为打赢脱贫攻坚战役、全面建成小康社会，为进一步缩小城乡教育差距、推动教育公平发展、促进农村地区青少年全面发展承担起新的使命。

让青少年健康成长，是国家和民族的未来所系。我们期待进入新时代的希望工程，继续履行"助学育人"职责使命，努力为青少年提供新助力、播种新希望，让广大青少年都能充分感受到党的关怀和社会主义大家庭的温暖，为培养担当民族复兴大任的时代新人做出新的更大贡献。

（来源：人民日报 2019 年 11 月 22 日）

2. 开宗明义，观点先行

这种新闻言论的开头写作是将言论要阐释的主要观点进行点明，告知该篇言论的核心观点和诉求，而后主体部分以新闻事实作为剖析案例，层层深入分析论证，最后点题。这种写作手法可达到一语破的的效果，使读者能够先从整体把握写作者视角，增强言论的说理能力。

利用香港遏制中国发展是白日做梦

为遏制围堵中国，美国一些政客已经到了丧心病狂、不择手段的地步。美国国会无视国际法和国际关系基本准则，公然用国内法干涉中国内政，通过所谓"2019年香港人权与民主法案"。这一法案罔顾事实、混淆是非、违反公理、用心险恶。

当前香港面临的根本不是所谓人权和民主问题，而是尽快止暴制乱、恢复秩序、维护法治的问题。面对有组织有预谋的肆意纵火、打砸商铺、暴力袭警等严重犯罪，任何法治社会都无法容忍；面对火烧老人、胁迫幼童、暴打孕妇等残暴行为，任何有良知的人都会义愤填膺。然而，美国一些政客面对血腥和残暴，丧尽天良、泯灭人性，不断为暴力犯罪分子撑腰打气，伪善、冷血溢于言表。香港秩序越乱，他们越起劲；香港暴力越多，他们越亢奋，他们的祸心就是盼着香港乱下去，成为他们手中阻遏中国发展的一张牌。

为了达到反中乱港的目的，美国一些政客跳将出来、公开宣称激进示威者的行为"激励了全世界"，美化暴力行径是"美丽的风景线"，这种赤膊上阵的煽动怂恿，不仅引起中国人民的强烈愤慨，也再次让全世界看到，什么是赤裸裸的霸权行径，什么叫毫无底线的双重标准。过去几十年间，为了谋取地缘政治利益、维持全球霸主地位，他们打着"人权""民主"的幌子，在世界各地制造骚乱、挑起"颜色革命"，留下了一个个动乱不止、满目疮痍的烂摊子，把当事国推入泥潭，给当地人民带来灾难。

面对国际公愤和战略困境，美国一些政客不仅不反思，又把黑手伸到香港。5个多月来，香港接连不断的大规模违法暴力行径，与美国或明或暗地支持扶植直接相关。从美国外交官会见反中乱港头目，到美国参议员谎称在香港没有看到暴力行为；从美国众议院议长佩洛西晒出与反中乱港分子合影，到美国国会参众两院通过所谓"2019年香港人权与民主法案"，他们无视香港市民的权利和福祉，不断为暴力犯罪张目，为恐怖主义站台，妄图进一步搞乱香港、牵制中国发展大局。然而，把无法无天的暴徒美化成"民主斗士"，把恪尽职守的警队污蔑为"暴力镇压"，把践踏法律的暴行吹捧为"自由抗争"，这种包藏祸心的双重标准，哪里是关心人权民主？这样赤裸裸的干涉他国内政，又岂能为国际法和国际关系基本准则容忍？这只能让人进一步看清他们人权民主脂粉下的丑陋嘴脸，认清他们伪善面目下搞乱香港以遏制中国发展的险恶用心。

香港是中国的香港。任何对中国内政的粗暴干涉，任何对中国发展的无端打压，只会让包括香港同胞在内的全体中国人民更加众志成城，更加坚定必胜信念和前进步伐。中国人民受欺侮、被踩蹋的时代早就一去不复返了，想把霸权主义那一套强加在中国人民头上，纯属白日做梦、痴心妄想。

（来源：人民日报 2019 年 11 月 24 日）

三、新闻言论的主体

新闻言论的主体是说理论证的全过程，承担着承上启下、组织论据、证明论点的任务，主体的写作写法上无特殊限制，需注意的是在写作过程中的谋篇结构，要体现出逻辑性和层次性，即论据与中心论点之间的必然联系。

四、新闻言论的结尾

新闻言论的结尾对于新闻言论而言，其重要性不亚于开头，新闻言论重在说理，而好的结尾能够照应核心论点，蓄全文之势，强化说理效果，引起读者强烈共鸣。

新闻言论的结尾写作，简要概括为以下三种形式：

（1）概括性结尾。对言论讨论的议题进行概括总结，拔高增色。

（2）点评式结尾。对言论所评新闻事实进行客观点评，深化主旨，升华亮点，加深言论观点。

（3）呼吁式结尾。对言论所评新闻事实反映出的行为、思想进行呼吁，号召从善抑恶，择白拒黑。

五、电力新闻的言论写作

新闻言论重在展示观点和论证逻辑，因此，其写作的创新和难点更多体现在选题、题目拟定和语言安排上。新闻标题的相关内容前文已经论述，创新写作亦按此法，不再赘余，本节侧重从言论的选题和语言两个方面展开。

1. 言论选题

电网企业的新闻言论选题总体来说相对固定，前文也已明确列出大致范围，早有学者对新闻言论提出"二忌"，一曰忌"陈"，二曰忌"浅"，而电力新闻言论最容易出现的正是主题陈旧，论说肤浅。但言论选题正如看风景，不同角度看，呈现的景色都不尽相同，因此，转换言论选题写作的角度，实为创新首选。

对选题角度的转变，可着重从三个方面进行尝试：

一是他人较少涉猎的角度。这种从小众角度进行写作的新闻言论能以特殊性和新奇性为公众认可，不过发现小众角度具有一定的难度，需要写作者多读、多看、多思考，摒弃惰性，主动去摸索和发现。另外，从小众角度展开的新闻言论写作，往往其观点呈现"叛逆"的倾向，需要写作者注意度的把握。但不可否认的是，如果写作者有一定的写作水准和能力，能从小众角度写好一篇新闻言论，往往都比较出彩，能够引起更大的关注，有较强的说服力。

二是结合热点角度。电力新闻言论的选题通常可从行业特性与社会热点进行链接，通过社会热点事件言说电力新闻言论选题，增强选题的时代感和感召力。同时，用热点事件加持，也能方便言论的论述和逻辑展开，无须顾虑读者接受言论的论证的连贯性问题。

三是从拔高或细化的角度。此二者为放大或缩小新闻选题，放大能增强稿件分量和价值，从大处落笔；细化能贴近生活，解决读者用户实际生活之需。二者也即是将相关选题由小及大放置在社会时代背景或深入精细到从用户的问题及利益角度进行论述。电力新闻言论的选题中，这两个角度是通用的论述角度，但写出新意就相当考验写作者的写作水平。

2. 语言安排

新闻言论的语言与新闻消息和通讯大有不同，主要体现在风格上，就传播而言，三者都需以通俗易懂、读者乐于接受的语言为标准，但风格上，新闻言论的语言主观色彩更浓，并且往往更为尖锐。

新闻言论讲求以理服人，在写作中，语言表达必须十分精准，精准的语言是构成逻辑论证的基础一环，如果语言表达出现漏洞，则极容易出现前后矛盾，影响论证以及读者理解，另外，就事实材料层面也同样要求精准、真实。

除了精准，新闻言论的语言还要讲求美感，通常体现在对修辞的运用。说理论证本身是逻辑性严密的分析过程，这一过程往往是乏味、枯燥的，快速消耗读者的注意力。而修辞的运用则极大缓解这一现象，在说理论证中，形象化的论述能够使读者易读、乐读，并且还是推动论证的重要工具，能够帮助论证更好地说明论点。

语言表述还要注重度的把握。诙谐、幽默、讽刺以及比喻、俗语、举例等，虽然将新闻言论的说理性及趣味性充分调动，但过度使用则会显得低俗甚至失去严肃性，以至于幽默变成了油滑，尖锐变成了尖酸，使得文章过度气势汹汹，或者轻薄肤浅，对于以宣传为目的的稿件来说，此为大忌。

总体来说，新闻言论要角度新颖，语言得当。同时，要遵循四个原则进行写作创新：客观公正，以全面、整体的视角看问题；以平等交流为主，避免盛气凌人；导向正确，不可肆意引导；立足事实，摆事实，讲道理。

第四节　新闻摄影的规范要求和能力提升

关于新闻摄影，新闻摄影教科书上认为：新闻摄影的概念有广义和狭义两层内涵，广义的新闻摄影泛指一切用摄影手段制作影像并通过大众媒介进行传播的报道活动。狭义的新闻摄影，则指以具有影像拍摄功能的设备为工具，以采访拍摄为主要手段，以报刊和新闻网络发布平台为主要载体，以拍摄图片和文字相结合的形式报道新闻的活动。❶这里从宣传传播的角度取新闻摄影的狭义概念。

新闻图片不仅可以构成图片新闻，还可在文字报道中提供辅助作用，讲求时效性、真实性、典型性和现场感，为新闻事实提供实证性说明。相较于文字报道，可以更有效地削减专业性与读者之间的壁垒，使读者能更直观地了解生产、管理、抢修等内容，把照片拍清楚，是新闻摄影的最基本要求。关于摄影器材及其相关功能介绍，可详查相关使用说明。

一、摄影的基础知识

拍摄一张清晰的图片，主要关注三个要点：曝光、聚焦和稳定。

---

❶ 盛希贵．新闻摄影教程．4 版．北京：中国人民大学出版社，2013：18.

1. 曝光

对于数码相机而言，影像的形成是由入射光线照射在感光元件上，转变成不同强度的电流信号，再由相机处理器转换成可识别的图像文件，并进行存储的过程。在同一场景下，光线越强，则形成的电流信号也越强，形成亮度适宜的影像所需的时间也就越短。对于电力新闻工作者而言，在具体的拍摄过程中，控制曝光就是要确定拍摄中的各项参数（光圈、快门速度、感光度，这也被称为曝光三要素），使拍摄对象能够在感光元件上准确曝光，形成明暗合适、成像清晰的影像。

在同一光线条件下，当感光度不变时，光圈及快门速度与曝光量的关系如下：

光圈越大，曝光量越多；光圈越小，曝光量越少。

快门速度越长，曝光量越多；快门速度越短，曝光量越少。

我们可以举一个简单的例子帮助读者理解曝光。把曝光看成是水龙头给水桶装水，把水桶装满即可。光圈相当于水龙头阀门开启的大小，快门速度是阀门开启的时间。如果阀门开启的大，则可以很快装满，而如果阀门开启的小，将阀门开启久一点也能装满。反映在曝光上，即是拥有相同的曝光效果。这样来理解光圈及快门速度对曝光的影响，应该会比较形象。

准确测光是准确曝光的前提，在进行拍摄前，必须先对被拍摄场景进行测光，才能以此为依据确定曝光组合。在胶片时代，我们通常使用外置测光表或凭经验完成测光，而在当下以数码相机为主流的时期，对于电力新闻工作者而言，使用数码相机内置测光装置即能获得较准确的曝光组合，同时我们还可以通过查看液晶屏和直方图来进一步确认。判断曝光是否准确，可参考如下判定：

曝光正常——色彩饱和，明暗过渡自然，细节清晰。

曝光过度——影像苍白，高光处无细节，层次不清。

曝光不足——影像发暗，阴影处无细节，层次不清。

如图 5-1 所示，分别为曝光正常、曝光过度和曝光不足示例。

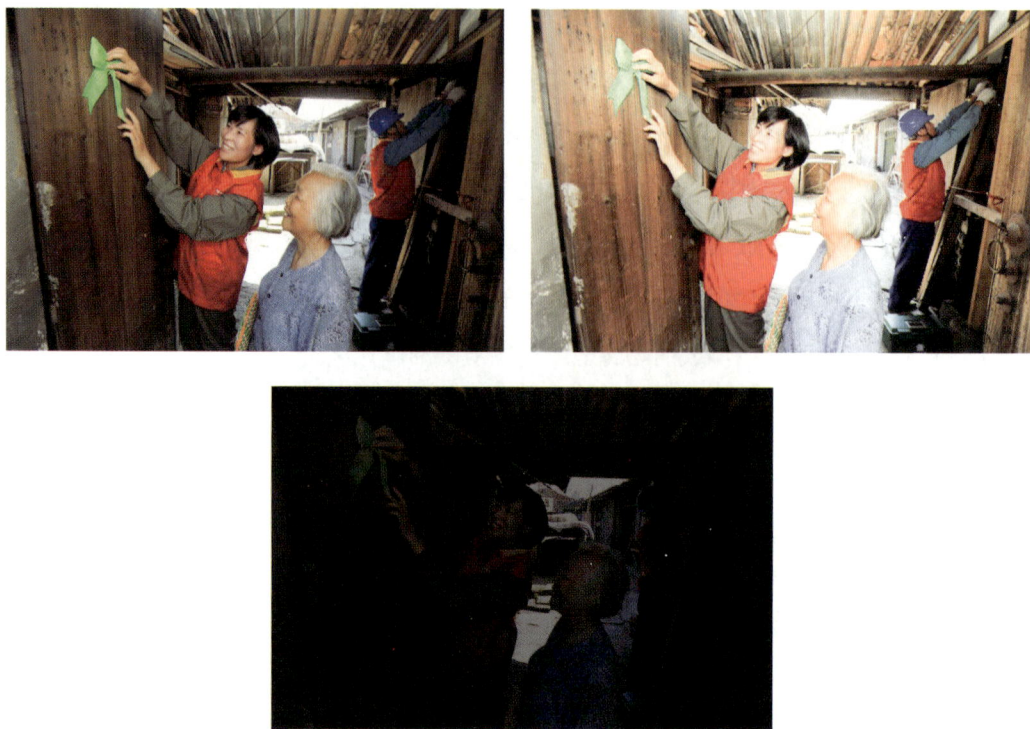

图 5-1 依次为曝光正常、曝光过度、曝光不足示例

图片出现曝光失误时，基本处置原则是当曝光过度时，可适当缩小光圈或提高快门速度；当曝光不足时，则应加大光圈或降低快门速度。这里要注意的是，我们在调节快门速度时，不能低于安全快门速度（一般认为安全快门速度等于当前镜头使用焦距的倒数），如果在安全快门速度下画面依然曝光不足，则需要通过提高感光度或者使用闪光灯进行补光。在实际工作中，使用相机中的评价测光模式，可以满足大部分场景的拍摄要求。在这个模式下，相机会综合判断画面中各部分的亮度，顺逆光情况等，给出合适的曝光参数。

2. 聚焦

聚焦是把图片拍清晰的关键所在，不同场景、不同主题往往需要聚焦不同焦点，焦点的选择需要进行合理判别。聚焦模式分为自动聚焦和手动聚焦，依据不同的拍摄需要进行对焦操作。拍摄场景光线复杂时，往往需要手动对焦，此外的绝大部分情况下均可使用自动对焦进行拍摄，能够满足一般新闻传播的要求。

在拍摄时，可半按快门按钮，进行自动对焦，若聚焦失败可松开快门重复操作对焦，当取景窗口图片显示清晰或聚焦确认指示灯亮起状态时，再确认拍摄。利用手机等移动设备拍摄时也可等待自动聚焦或者手动点击屏幕内想要突出的对象进行手动对焦。

3. 稳定

拍摄过程中，相机不稳定，很容易导致影像虚化。尤其是在按下快门的瞬间出现抖动，可能照片作废，特殊情况下还可能失去抓拍机会。稳定相机的方法有多种，但多数属于专业摄影的技术操作，对于电力新闻拍摄的实际借鉴意义不大，较为实用的一般可用以下三种方式：

（1）使用拍摄支架。不管是使用三脚架还是便携的独脚架，在稳定性上都优于手持拍摄，可以避免因相机晃动而造成的模糊。

（2）使用防抖器材。包括防抖镜头和防抖机身，二者均可减少细微抖动的影响，有效提高手持拍摄的稳定性。防抖镜头的优势在于可从取景画面中实时看到修正后的效果，同时减少防抖自身对画质产生的影响；防抖机身虽不如防抖镜头更为直观，但胜在性价比更高，可适配不同镜头。

（3）寻找实地支撑物。即寻找拍摄处环境内可供依靠或支撑的地方进行固定，这种做法虽不及前两种的稳定性强，但较于直接手持拍摄仍有较好的防抖效果，同时，可现场取材，灵活方便，尤其是对于苛刻的拍摄环境，最能体现简单易操作的优势。

二、摄影构图及拍摄

摄影是对拍摄对象的创造性记录过程，通过对摄影照片的构图设计，可以凸显主次关系，强化主体作用，提升视觉审美，这意味着摄影者需要在拍摄之初进行选择，合理安排主体、环境、衬体的关系。在新闻拍摄中，有时还要兼顾到现场性、突发性和瞬间性的表达，当新闻真实性与审美性产生冲突时，应以保证抓拍新闻事实的真实性为首要前提。

影响构图的因素主要有拍摄距离、拍摄角度、画面结构和视线规律。

1. 拍摄距离

对于同一场景，不同距离进行拍摄，拍出的景象皆有不同，拍摄距离越远，能够摄入的对象越多，摄入对象在画面中的呈现越小，反之亦然。根据拍摄距离的不同，形成了不同的景别，由远及近为远景、全景、中景、近景和特写，还有一种用来对局部特征进行拍摄强化的"局部特写"，但在新闻摄影中使用较少。

　　远景是从较远的距离拍摄的画面，景物范围大，但缺少细节勾勒，常用以表现大环境或总体结构，如图 5-2 所示。

图 5-2　远景拍摄示例

　　全景是最常用的景别，即表现拍摄对象及其背景的全貌，全景拍摄能够交代主体与环境之间的关系，在确保主体完整的前提，适当留有背景余地，周围环境细节得以适当保留，如图 5-3 所示。

图 5-3　全景拍摄示例

　　中景拍摄时，拍摄者距离景物较近，重点拍摄对象的局部，环境退居其次，适合表现画面之中各部分之间的关系，如图 5-4 所示。

图 5-4　中景拍摄示例

　　近景拍摄时，摄影者贴近主体，放大主体局部特征，能够清晰表现主体的细节，如图 5-5 所示。

图 5-5　近景拍摄示例

特写拍摄时，基本忽略环境和背景的表现，画面所含景物十分有限，需酌情控制，如图 5-6 所示。

图 5-6　特写拍摄示例

2. 拍摄角度

正所谓"横看成岭侧成峰"，拍摄角度能够影响距离、方向和高度的判断，选择不同的角度进行拍摄，所摄图片也有不同的信息传达，能够直接影响读者对所摄主体的认知，对于拍摄者来说，选择合适的拍摄角度不仅可以拍出好的新闻图片，还能传达出自身对于所摄对象的态度及评价。

拍摄角度大致可分为水平角度和垂直角度两种分法。

（1）水平角度。

水平角度影响拍摄方向，指以被摄对象为中心，在同一水平面上对其进行选点拍摄，水平角度通常分为正面角度、前侧面角度（斜侧角度）、侧面角度、后侧面角度（反侧角度）和背面角度。

正面角度。是指与被摄对象正面成垂直角度的拍摄位置，主要优点是能够展示对称的结构形式，能够显得稳重端庄，但同时也会使所摄对象的立体感不足。

前侧面角度。是指偏离正面角度但未达侧面角度，前侧面角度的拍摄往往能够既表现出正或侧面的形象特征，又能使所摄对象形象生动。

侧面角度。是指与被摄对象的侧面成垂直角度的拍摄位置，侧面角度在人像拍摄中，通常用以表示人物的外部轮廓和形体特征。

后侧面角度。与前侧面角度相对，是指偏离侧面但未达背面的区域，后侧面的角度具有反常意识，在人物摄影中通常能够表现人物的运动方向和视线方向。在新闻摄影中，后侧面的拍摄一般较为少用，通常在用来烘托人物精神时使用。

背面角度。指与被摄对象背面成垂直角度的拍摄位置，是一种含蓄的拍摄手法，背面角度拍摄时，通常能够给读者留下更多的想象空间。

水平拍摄各角度示意如图5-7所示（注：A、B、C、D为小范围区域，非固定一点）。

A点附近小范围区域的拍摄角度为正面角度，与所摄对象的面部呈垂直角度。

A-B与A-D之间的区域为前侧面拍摄角度。位于正面角度和侧面角度之间。

B点、D点附近小范围区域的拍摄角度为侧面角度，与所摄对象的侧面呈垂直角度。

B-C、D-C区域为后侧面角度，位于侧面角度与背面角度之间。

D点附近小范围区域的拍摄角度为背面角度，与所摄对象的背面呈垂直角度。

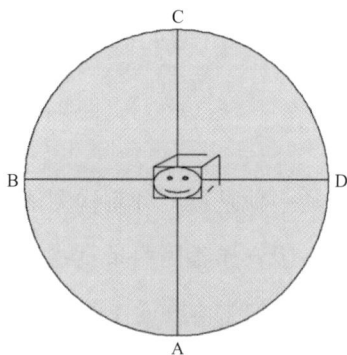

图5-7　水平拍摄各角度示意图

（2）垂直角度。

垂直角度指的是镜头的俯仰，即镜头与人眼水平视线之间的关系，有仰视、平视和俯视三种角度。

仰视。即拍摄位置在所摄对象的水平向以下，拍摄时需镜头上扬，通常用来表现被摄对象的高大形象，是对主体进行拔高的一种拍摄角度。

平视。即水平角度的总称，与所摄对象处于同一水平线，所摄图片符合人类视觉习惯。

俯视。即拍摄位置在所摄对象的水平线以上，拍摄时需镜头下俯，俯视视角通常用于远景拍摄，表现大场景、大阵势，在视线习惯上能让读者在读图时有居高临下的感觉。

垂直各角度拍摄示意如图 5-8 所示。

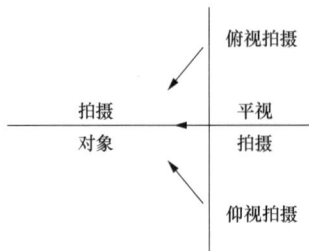

图 5-8　垂直各角度拍摄示意图

3.画面结构

摄影的构图是在画框中完成，图片本身是一个二维平面，而新闻摄影要表达的是三维立体事实，如何在二维平面中进行结构调整以更好呈现立体感和真实感，并且在拍摄中增加美观程度是进行画面结构设计的重要意义所在。

（1）布局结构（平面向）。

1）黄金分割法。

摄影的布局构图中最常用的一种是黄金分割构图法，类似于三分构图法、井字格构图法，该构图法将画面在横、竖方向各用两条直线分割成近似等分的三部分，成一个"井"字形画框，拍摄时，将拍摄的主体放置在任意一个焦点上，如图 5-9 所示的 A、B、C、D 四个点即为焦点。该构图法是一种景物拍摄和人物拍摄均适用的构图结构，适宜多形态平行焦点的主体，可表现大空间或小对象，使所摄图片符合视觉审美习惯，营造一种平衡感和宽松感，一般常用于近景拍摄。

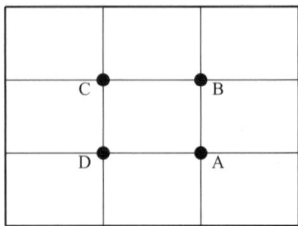

图 5-9　黄金分割构图及焦点图示

黄金分割构图法在具体拍摄中，需要注意的是要区分方向和拍摄目的，尤其在拍摄人物图片时，面向三分之二的空旷区域与面向三分之一的画面的区域的视觉效果和意义有本质区别。当所摄对象面向三分之二区域（位于 A、B 点，面向 C、D）时，画面显得宽松、和谐，意在诠释人物主体精神面貌；当所摄对象面向三分之一区域（位于 A、B 点，背向 C、D 点）时，画面显得紧凑，常用以表现人物主体与环境的关系。黄金分割构图拍摄示例如图 5-10 所示。

图 5-10 黄金分割构图拍摄示例

案例分析：

上图即是利用黄金分割法进行构图，所摄人物主要位于坐下角焦点位置附近，三分之二的画面区域由环境组成，整个画面显得宽松和谐，既突显了人物与环境之间的关系，同时又迎合了读者的视觉习惯，使读者在读图的时候能瞬间抓住图片的核心焦点内容。这种构图方法既提升了图片的美感，又增强了图片的意义表达。

2）对称式构图法。

对称式构图法，也是一种常用的摄影构图方法，对称式构图法即在构图中，将所摄事物按对称形式进行分布，即在画框中，从长或宽中取一条直线，将画框进行二等分，拍摄左右景物成对称分布。对称式构图法具有平衡、稳定、相呼应的特点，常用于表达严肃、庄重、宏大的气势，在电力新闻拍摄中，常用来拍摄建筑、会议室或其他具有对称性的景物。需要注意的是，对称式构图法在拍摄时，要注意站在拍摄景物前的中间线上，以免造成左右失衡，如图 5-11 所示。

图 5-11　对称式构图法拍摄示例

案例分析：

这幅图片是以画面正中间的垂直线为对称轴进行拍摄，两边画面近乎镜像分布，整体上显得严肃庄重、恢宏大气，能够表现出大场景的气场与特点。同时，镜像分布由近及远延伸，能够有效拉长读者的视觉感受，实现了有限篇幅的无限内容表达。

（2）辅助景物（纵深向）。

辅助景物对于新闻图片的拍摄具有重要意义，新闻图片的拍摄不同于一般图片拍摄，新闻图片要为所报道的新闻事件提供要素辅助，而在新闻图片的拍摄中，拍摄者常常因过多关注所摄主体而忽略了辅助景物的作用。

1）前景。

前景景物位于所摄对象与相机之间，靠近相机，一般位于图片的边缘位置。前景的特点是成像大，色调深，主要用以加强画面的空间感和透视感，镜头有意靠近某些前景人或物，与远处所摄对象形成明显的形体大小和色调深浅的对比，调动读者的视觉来感受画面的空间距离，相当于为画面增加了一条纵深轴线，使画面变得更为立体。此外，前景的使用还可增加画面的仪式感、美感，起到均衡和美化画面的作用。

在摄影时，许多摄影者喜欢运用虚焦点，将前景虚化来突出主体地位和空间距离，同时营造朦胧美感，这种拍摄手法在新闻图片拍摄时同样适用，一般多用于近景及特写拍摄中，形成视觉冲击，但需要注意的是，大多数新闻图片在拍摄时更趋向于自然、真实和清晰，重点在于传播事实和具体细节，如无必要，慎用虚化。

2）背景。

背景景物位于所摄对象之后，背景的主要作用是提示拍摄对象所处的环境，在构图过程中，背景选择要有代表性，尽量选择能突出对象所处的时间、地点、季节、天气等特征的景物作为背景。相较于前景而言，背景往往是读者继拍摄对象之后的第二视觉点，背景的选择一定要以烘托拍摄对象为目的，不可过于抢眼而影响了拍摄对象的主体地位。

我们常说"绘画是一门加法的艺术，而摄影是一门减法的艺术"，相较于绘画等从无到有不断叠加的过程而言，摄影的确是在不断地作减法，这就要求新闻拍摄者在具体操作中，要针对性地去除妨碍表现主体的背景景物，尤其是过于杂乱或与表现主体不符的元素。另外，还要注重在色彩方面的抉择，新闻拍摄要求背景要有影调、色彩的对比，但过于艳丽或强烈视觉冲击的背景景物也要去除，以免本末倒置，掩去主体的表现力。

三、新闻摄影的形式

图片新闻离不开图片和文字，关于摄影形式的划分，目前大体分为插图照片、图片新闻（也称摄影故事）和专题摄影组照三种形式。

插图照片，顾名思义，即为配合新闻报道而刊发的照片，以文字为主的新闻报道。插图照片承载着一般图片的功用，为新闻报道进行实证。在插图照片中，除了要求图片自身质量和价值过关之外，还要讲求与新闻报道的配合性，即插图照片要针对新闻报道的核心点以及文字阐释不清处进行配用，不可囫囵吞枣、随意拍摄配用。

图片新闻，是图文并重的一种形式。图片新闻是报刊最常用的新闻摄影体裁，它是由一幅或多幅照片配以文字说明构成，题材上较为具体，有明确的主题思想。图片新闻的图片与文字报道互相阐释，每幅图片都有一个完整的故事环节，文字与图片共同构筑整篇新闻报道的逻辑。图片新闻与插图新闻相比，最本质的区别在于，插图照片在整篇新闻报道中主要是作为要素展示的一种形式，其全文的逻辑结构是由文字逻辑构筑的，图片与图片本身的逻辑性并不强；图片新闻则不同，图片新闻与文字报道的逻辑是同步进行且紧密联系的。基于此，对于新闻图片的摄影也有了新的要求，在新闻摄影中，要注意抓取每一个代表性瞬间，要求所摄图片具有一定的新闻价值，同时，要注意场景与人物的变换，尤其是在拍摄过程中要熟练运用构图技巧及景别。例如，表现人物工作状态时，可以使用近景甚至特写面部表情；表现人物日常生活状态时，可以使用中景，在不同景别及视角选择方面的调整，展示报道人物的多样性和特点。总之，图片新闻中的摄影图片承担的不是配图作用，而是与文字叙述同等重要的地位，在具体的新闻摄影过程中，一定要注意照片的拍摄与行文逻辑问题。

专题摄影组照，专题摄影组照是指围绕着一个主题，以多幅图片，记录不同的片段，并结合报道新闻主题的一段完整文字进行报道的形式，专题摄影能深入刻画人物的精神面貌。专题摄影剧照是由完整的标题、多幅新闻图片、总说明词和分说明词组成的。

专题摄影组照的形式是组照，以图片为主，文字为辅。图片是围绕着主题展开的，图片与图片之间有内在的联系，文字起到辅助说明作用，专题摄影组照的新闻报道逻辑是由图片的排列顺序以及翔实程度来决定的，不同的图片组合可围绕主题层层推进，每幅图片都有其逻辑链的独特一环。总体来说，专题摄影组照的内容翔实，内容量大，图片是叙事主体，所以在拍摄时，要求有一定的叙事主线，或以时间为主线进行顺序拍摄，或以事实的发展流程为主线进行图片拍摄，总之，专题摄影组照就是图说版的新闻报道，要以主题为中心进行合理安排。

需要注意的是，专题摄影组照中，也要注意几个小问题：

要有详略的概念，即需有形象表现力较为强的照片作为主打，一般占据版面较大，或作为封面出现。要有生动的图片说明词，说明词在介绍图片的时候要有生动的情节叙述，不能过于简单介绍成"图为某人在干某事"。要兼顾图片表现力，一般来说，一组专题图片，基本上涵盖新闻事实的全过程，在拍摄过程中，要有远近前后的错落感，有远景大范围展示，也要有近景、特写的刻画。

四、新闻摄影的要求

摄影与新闻摄影在一定意义上是完全不同的两码事，新闻摄影是采访方式的一种形式，它和新闻事实之间的关系不是单纯用照相机记录下来那么简单。在相当长的一段时间里，人们普遍认为新闻摄影的主要工作就是拍照片，其功能是验证事实，在版面上的作用也仅仅是"美化版面"的工具而已。但事实上新闻摄影并非如此简单，新闻摄影在拍摄之前、拍摄中和拍摄后都体现着拍摄者的思考以及其蕴含的新闻属性。

首先是拍摄前的策划选择问题，一般摄影只需要从拍摄者自身的喜好出发进行题材选择即可，但新闻摄影却要从新闻价值、读者阅读习惯、所处媒体的传播定位等进行选择；其次，在拍摄过程中，摄影记者需要与所摄对象有直接交流，从而了解新闻事实的真相，并根据对新闻事实的敏感程度进行拍摄抉择，同时，这也要求在交流过程中，新闻记者要以最大限度保证中立、客观、公正的态度，避免交流带来喜好的波动；最后，拍摄结束，新闻记者还要对新闻事实与新闻图片进行抉择，依据新闻事实传播的需要决定图片的取舍及选用问题，而对于一般摄影的后期修图、调整等技术处理，新闻摄影则坚决不对图片进行内容方面的修改。

新闻摄影在实践操作和传播过程中有三个最基本的要求：

1. 注重时效

注重时效是指在短线新闻报道中的要求，其目的在于利用一张或几张新闻图片，能够尽早配合新闻报道将信息传达给读者，更多地体现在对时间的把控与新闻价值的平衡上。当然这里的时效不只是对新闻图片的拍摄时间的严格把控，更是对新闻事实的动态变化中关键画面的时效把握。新闻摄影的目的是见证历史事实的发生并将之记录，而错过的每一秒，都是无法再倒回重塑的镜头，所以，在具体的拍摄过程中，还要注意对新闻事实每一秒的抓拍准备，当具有新闻价值的镜头发生时，要能够迅速及时地将其记录下来。从对新闻摄影镜头的抓拍到新闻摄影图片的发表，在短线新闻报道过程中，都需要注意对时间的把握，充分体现出其时效性。

2. 注意角度

新闻图片是对新闻事实表象的记录，这种记录对于新闻本质的反映是通过拍摄技巧来体现的，这也就意味着新闻摄影记者在拍摄过程中要注意对新闻信息要素的甄别，不同主体的选择也在不同程度上决定了新闻报道的指向问题，在具体操作中，可通过对新闻事实角度的选择来进行处理。

这里的角度概念是一个双关概念，一为对于新闻事实的反映角度，新闻事件往往伴随着雷同性，同样，新闻图片的拍摄也是有着高度的相似性，如何从雷同的事件中拍摄出具有新意的图片，就需要新闻记者另换角度，从寻常事件中挑选不寻常的亮点进行拍摄。第二个概念则是具体实操中的图片呈现角度问题，意指在对人、物的拍摄中，要合理利用构图结构、层次、景别以及拍摄角度，借助俯拍、仰拍及水平和位置拍摄，同时注重对不同构图结构、景别的运用。在具体事件过程中，可依据拍摄时间需要对各种角度和景别等进行尝试拍摄，再择其优而用。

3. 注重真实

真实性是新闻的生命，对于新闻摄影而言，同样要求如此，且新闻摄影对于真实性的要求在操作上更为严格，不但要求事件是真实的，还要求拍摄过程是真实的。而具体工作中，仍有不少导演摆布、盗用图片、诱导干预、后期造假的现象发生，这是对新闻真实表达的直接破坏，需要警惕，新闻的责任和公信力要求真实性必须得到保证。

真实性具体而言包括以下方面：

事件属实。这是新闻摄影最基本的原则，传播事实要求新闻摄影必须坚持时间、空间以及拍摄对象三位一体，拍摄者应当明确旁观者角色的定位，忌摆拍、诱导拍摄等行为，以最大限度保证对新闻事实的还原和瞬间的记录，同样，在对新闻图片的处理上也杜绝对内容要素做后期修改。

过程真实。过程真实是一个宏观概念，包括从选题策划到深入采访拍摄的全过程，尤其是针对长线任务更是如此，过程真实要求新闻记者要对采访进行深入的挖掘和分析，从而明确整体需要。例如，某个别现象短期内看似情况属实，但不符合事物发展规律，针对这种事件的新闻拍摄就需要合理甄别，新闻摄影是图说新闻事实，要对新闻进行全方位地呈现，切不可有以偏概全的现象。

五、新闻摄影的职业道德与基本原则

新闻摄影的价值通过图片进行传达，而经典的图片，绝大部分来自于准确的瞬间

抓拍和震撼人心的人性场面，抓拍的偶发性和典型性能够充分展现新闻事件的感染力，但在新闻摄影的过程中，除了要恪守操作层面上的职业原则外，还牵扯到一个亘古不变的话题："该不该拍"的问题，这是对新闻摄影记者道德层面上的追问。拍摄的目的是什么？拍摄是否对拍摄对象造成伤害？是否有悖社会价值及公德？诸如此类的问题是在新闻摄影之前应详加思考的问题，这就要求新闻摄影记者有良好的价值判断和职业操守。

在新闻摄影相关教科书中关于新闻摄影记者的道德原则问题，少不了以下两幅极具代表意义的新闻摄影图片，如图5-12和图5-13所示。

图5-12　饱受争议的《饥饿的苏丹》　　图5-13　记者守株待兔抓拍骑车人摔倒

案例详情：

图5-12这幅名为《饥饿的苏丹》的摄影作品由南非自由摄影记者凯文·卡特拍摄，并于一九九四年获得普利策新闻特写摄影奖。图片拍摄背景是1993年苏丹战乱频繁的同时发生大饥荒，苏丹北部边界饿殍遍地、战乱纷纷。一天，凯文·卡特在灌木林外听到一声微弱的哭泣，一名瘦骨嶙峋、裸着身体的小女孩，奄奄一息地在贫瘠苍凉的大地上向食品发放中心爬行，此时，一只秃鹰落在小女孩身后，正等待女孩死亡后大快朵颐。

该照片的发布让世界成功地关注到了苏丹的现状，但摄影者也被众人抨击为缺乏道德、丧失人性。甚至有人为此特写专栏，大意是：你看这自私的、不关心民众的媒体和记者，踩在小女孩的尸体上得了普利策奖。

虽然这张照片的详细信息最终被公布，"女孩"实为男孩，且其手部配有救助手环，记者在拍摄完成之后也及时给予了帮助。但在这场人性道德与职业要求的审判中，凯文·卡特无疑是个失败者，在声讨和压力中，最终选择了自杀。

图 5-13 是 2005 年新华社转发的福建厦门一名骑车人在暴风雨中遇到路面陷落而摔倒的照片。记者忠实地记录了一位骑车人在暴风雨中碰到路上的水坑而摔倒的全过程，图片上报后，随即在网上被广泛转载，众人褒贬不一。

很多网民认为记者不就路上有坑提醒路人，而是守株待兔看着路人落难的做法应受谴责："照片拍得倒是精彩，可拍照的人太缺德。明知有坑不设路障，却满怀信心地等着人栽跟头"，"记者肯定知道会出事，就在一边看着，鄙视"。

对于"守株待兔"的指责，该记者道出苦衷："摄影记者这个职业有时候的确很残酷。当时狂风暴雨，我在那里坚持了差不多一个小时才等到那个场面。如果没等到，我根本不能用照片说明那里有个水坑。拍不到那个坑，有关单位或许不够重视，今天就不会填上那个坑，这样的话，就会有更多的人可能在雨中摔跤。"

案例分析：

两组照片均向新闻摄影记者提出了一个两难的问题，新闻摄影记者在具体摄影过程中应该如何抉择道德与新闻价值的关系。或许新闻摄影记者在生活中面对生命与新闻价值之间的考验有限，但以人为本远不止对于生命的理解问题，对拍摄对象的人格尊重、隐私保护、生活影响等都是考问新闻摄影记者的一个个选择题，新闻摄影记者虽有记录历史图像的职责，但应在尊重生命和尊严的前提下，要深知先为"人"而后为记者。

关于新闻摄影记者工作原则上的具体细则，可参考《中国新闻摄影工作者自律公约》及最新修订的《中国新闻工作者职业道德准则》：

《中国新闻摄影工作者自律公约》

1. 认真贯彻执行全国记协制定的《中国新闻工作者职业道德准则》。不断提高自身道德修养，严守新闻采访纪律，加强职业道德观念，维护新闻摄影工作者的良好形象。

2. 尊重新闻摄影采访规律。用科学、正确的采访方法拍摄新闻照片。特别是在事件性新闻摄影的采访中，尊重新闻事实，不干涉被采访对象，坚持"抓拍"。反对在新闻现场"摆拍""组织加工"和"策划新闻事实"等违背新闻原则的做法。

3. 在新闻摄影采访中体现人文关怀。特别是在拍摄意外事件和日常新闻时，尊重被采访对象的合法权益和感受。在紧急突发事件现场，遇有人员受伤等情况，如其他救援人员不到或不够的情况下，先救人后采访。反对只顾拍照不顾当事人死活的采访。

4. 在新闻照片的文字说明中，不对新闻做影响事实的"拔高""移花接木"和"无中生有"描述。

5. 在新闻照片的后期制作中，除必要的影调处理外，不对新闻照片进行影响事实的电脑修改和暗房加工。

6. 在新闻照片剪裁或版面编辑时，不对被拍摄者的形象进行故意伤害。

7. 树立强烈的社会责任感，廉洁奉公、艰苦奋斗。反对见功忘利、有偿新闻和一切违规违纪、亵污新闻摄影记者形象的行为。

8. 在同一现场采访时，善于团结协作，友爱互助，同行间相互尊重、相互学习，反对狭隘偏见、恶性竞争。

9. 坚持抵制低级庸俗之风。不拍摄和传播危害国家、危害社会稳定、违反法律法规以及迷信、淫秽等有害信息。

10. 自觉接受社会监督，对群众举报的违规违纪问题，严肃认真地进行查处，并向举报人反馈，在行业媒体上公布查处结果，以实际行为取信于民。

《中国新闻工作者职业道德准则》

中国新闻事业是中国特色社会主义事业的重要组成部分。新闻工作者要坚持以马克思列宁主义、毛泽东思想、邓小平理论和"三个代表"重要思想为指导，深入贯彻落实科学发展观，高举旗帜、围绕大局、服务人民、改革创新，贴近实际、贴近生活、贴近群众，用马克思主义新闻观指导新闻实践，学习宣传贯彻党的理论、路线、方针、政策，继承和发扬党的新闻工作优良传统，积极传播社会主义核心价值体系，努力践行社会主义荣辱观，恪守新闻职业道德，自觉承担社会责任，敬业奉献、诚实公正、清正廉洁、团结协作、严守法纪，做到政治强、业务精、纪律严、作风正。

第一条 全心全意为人民服务。要忠于党、忠于祖国、忠于人民，把体现党的主张与反映人民心声统一起来，把坚持正确导向与通达社情民意统一起来，把坚持正面宣传为主与加强和改进舆论监督统一起来，发挥党和政府联系人民群众的桥梁纽带作用。

1. 积极宣传党和政府的重大决策部署，及时传播国内外各领域的信息，满足人民群众日益增长的新闻信息需求，保证人民群众的知情权、参与权、表达权、监督权；

2. 牢固树立群众观点，把人民群众作为报道主体和服务对象，多宣传基层群众的先进典型，多挖掘群众身边的具体事例，多反映平凡人物的工作生活，多运用群众的生动语言，使新闻报道为人民群众喜闻乐见；

3. 积极反映人民群众的正确意见和呼声，批评侵害人民利益的现象和行为，依法保护人民群众的正当权益。

第二条 坚持正确舆论导向。要坚持团结稳定鼓劲、正面宣传为主，唱响主旋律，不断巩固和壮大积极健康向上的舆论。

1. 始终坚持以经济建设为中心，服从服务于改革发展稳定大局不动摇，着力推动科学发展、促进社会和谐；

2. 宣传科学理论、传播先进文化、塑造美好心灵、弘扬社会正气，增强社会责任感，坚决抵制格调低俗、有害人们身心健康的内容；

3. 加强和改进舆论监督，着眼于解决问题、推动工作，坚持准确监督、科学监督、依法监督、建设性监督；

4. 采访报道突发事件要坚持导向正确、及时准确、公开透明，全面客观报道事件动态及处置进程，推动事件的妥善处理，维护社会稳定和人心安定。

第三条 坚持新闻真实性原则。要把真实作为新闻的生命，坚持深入调查研究，报道做到真实、准确、全面、客观。

1. 要通过合法途径和方式获取新闻素材，新闻采访要出示有效的新闻记者证。认真核实新闻信息来源，确保新闻要素及情节准确；

2. 报道新闻不夸大不缩小不歪曲事实，不摆布采访报道对象，禁止虚构或制造新闻。刊播新闻报道要署作者的真名；

3. 摘转其他媒体的报道要把好事实关，不刊播违反科学和生活常识的内容；

4. 刊播了失实报道要勇于承担责任，及时更正致歉，消除不良影响。

第四条 发扬优良作风。要树立正确的世界观、人生观、价值观，加强品德修养，提高综合素质，抵制不良风气，接受社会监督。

1. 强化学习意识，养成学习习惯，不断提高政治和业务素质，增强政治意识、大局意识、责任意识，努力成为专家型新闻工作者；

2. 深入基层、贴近群众、体验生活，在深入中了解社情民意，增进与群众的感情；

3. 坚决反对和抵制各种有偿新闻和有偿不闻行为，不利用职业之便谋取不正当利益，不利用新闻报道发泄私愤，不以任何名义索取、接受采访报道对象或利害关系人的财物或其他利益，不向采访报道对象提出工作以外的要求；

4. 尊重新闻同行，反对不正当竞争。尊重他人的著作权益，引用他人的作品要注明出处，反对抄袭和剽窃行为；

5. 严格执行新闻报道与经营活动分开的规定，不以新闻报道形式做任何广告性质的宣传，编辑记者不得从事创收等经营性活动。

第五条 坚持改革创新。要遵循新闻传播规律，提高舆论引导能力，创新观念、创新内容、创新形式、创新方法、创新手段，做到体现时代性、把握规律性、富于创造性。

1. 深入研究不同传播对象的接受习惯和信息需求，主动设置议题，善于因势利导，不断提高舆论引导能力和传播能力；

2. 认真研究传播艺术，利用现代传播手段，采用受众听得懂、易接受的方式，增强新闻报道的亲和力、吸引力、感染力；

3. 善于利用新载体、新技术收集信息、发布新闻，提高时效性，扩大覆盖面。

第六条 遵纪守法。要增强法治观念，遵守宪法和法律法规，遵守党的新闻工作纪律，维护国家利益和安全，保守国家秘密。

1. 严格遵守和正确宣传国家的民族区域自治制度、各民族平等团结和宗教信仰自由政策，维护国家主权和社会稳定；

2. 维护采访报道对象的合法权益，尊重采访报道对象的正当要求，不揭个人隐私，不诽谤他人；

3. 维护未成年人、妇女、老年人和残疾人等特殊人群的合法权益，注意保护其身心健康；

4. 维护司法尊严，依法做好案件报道，不干预依法进行的司法审判活动，在法庭判决前不做定性、定罪的报道和评论；

5. 涉外报道要遵守我国涉外法律、对外政策和我国加入的国际条约。

第七条 促进国际新闻同行的交流与合作。要努力培养世界眼光和国际视野，积极搭建中国与世界交流沟通的桥梁。

1. 在国际交往中维护祖国尊严和国家利益，维护中国新闻工作者的形象；

2. 积极传播中华民族的优秀文化，增进世界各国人民对中华文化的了解；

3. 尊重各国主权、民族传统、宗教信仰和文化多样性，报道各国经济社会发展变化和优秀民族文化；

4. 积极参加有组织开展的与各国媒体和国际（区域）新闻组织的交流合作，增进了解、加深友谊，为推动建设持久和平、共同繁荣的和谐世界多做工作。

附则：

对本《准则》，中国记协各级会员单位要结合实际制定相应实施细则，认真组织落实；全国新闻工作者要自觉执行；各级各专业记协要积极宣传和推动，欢迎社会各界监督。

新闻摄影，远不止拍一张照片那么简单，每一个选题、每一张照片拍摄之前一定要进行缜密的思考和判断，在不断的锻炼的实践中提升拍摄技巧，同时，要有明确的责任意识，将"铁肩担道义，妙手著文章"内化至每一次新闻报道中。

第五节 网络新闻写作的规范和能力提升

据中国互联网络信息中心发布的第 44 次《中国互联网络发展状况统计报告》，截至 2019 年 6 月，我国网民规模达 8.54 亿，普及率达 61.2%；我国手机网民规模达 8.47 亿，网民使用手机上网的比例达 99.1%。其中，即时通信用户规模达到 8.24 亿，较 2018 年末增长 3298 万，占网民总体的 96.5%。网络新闻用户规模为 6.86 亿，半年增长率为 1.7%，网民使用比例为 80.3%。其中，手机网络新闻用户规模达到 6.60 亿，占手机网民的 78%。在线政务服务用户规模达 5.09 亿，占网民整体的 59.6%。网络直播用户规模达 4.33 亿，较 2018 年增长 3646 万。互联网的大规模普及对于新闻报道及品牌传播而言，一方面能使得新闻报道及信息可以更加便捷全面地传送到受众的手上，另一方面，过度冗余的信息也使得受众对于信息的挑选更加严苛。同时，读者的阅读耐性对信息本身的质量和可读性也提出了更高的要求。做好新闻报道和品牌传播，掌握新媒体技术是必然抉择，除自身的媒介素养之外，新媒体独特的特性和受众特征也是传播过程中必须考虑的因素，熟悉新媒体传播规律，才能在技术使用时深谙其道，事半功倍。

虽然一篇网络新闻的构成组件较为繁杂，但延伸阅读等是由平台内置超链接提供的，对于电网新闻工作者而言，当下阶段需要掌握的仍然是如何先完成让传统新闻"上网"的操作规范，也即传统新闻写作的技巧提升。

不过要注意的是，与传统媒体新闻相比，虽然网络新闻目前仍然是传统新闻写作"上网"，但也需要注意对网络受众阅读变化的细微差异进行把握，例如网络新闻的标题与传统新闻写作的标题与主体呈现的差异：

（1）网络新闻的标题特征。文藏于题。网络新闻需要通过读者点击标题链接进行阅读，文章是藏于标题之后的链接，如果标题对读者而言是缺乏吸引力的，就无法实现点击操作，导致新闻讯息无法正常推送。这就需要在编辑时，准确提炼新闻要点，制作富含新闻要素和趣味性的标题。

题长受限。网页版面的整体布局是相对固定的，篇幅对于新闻标题的展示具有一定的限制作用，这就要求对消息标题进行长度的限定，避免折行和前后失衡，即使在移动端的媒体 App 上，也要确保是凝练的短句，虽然部分媒体平台对于标题一般限制为 30 字以内，但实际操作中，为确保阅读的美感和韵律，网络新闻消息标题字数最好把控在 14 ~ 20 字。

多用实题。传统媒体的标题可以通过引题的引导、正标题的概括、副标题的补充，把一篇新闻报道完美展现，这意味着报纸的新闻标题有虚、实之分，实题要交代新闻要素，虚题可以是抒情等。但网络新闻消息的标题通常为单行题，虚题往往使读者不得要领，也就影响了读者的点击欲望。因此，网络新闻消息标题一定要抓住新闻事实中的一个或几个新闻要素，通过恰当组合，抓住核心要素，凝练新闻实体，吸引读者点击阅读。

（2）网络新闻的主体呈现。网络新闻消息、通讯的主体编改，主要侧重在对形式和内容的结构安排上，这是由读者的阅读习惯和注意力决定的。美国传播学者尼尔森研究认为，人们在网上阅读新闻时通常采用快速阅读的方式，即力图在 15 秒钟时间内得到想要掌握的信息的要点。统计表明，那些只阅读新闻简要内容的人是坚持阅读完全文的人的 3 倍，即便是阅读"全文"的读者，实际上也只阅读了全文内容的 75% 而已。换句话说，在网上，人们很少逐字逐句对每一句信息进行阅读思考，网络用户浏览新闻时的注意力有限、跳跃性式阅读是阅读常态，这意味着读者很难同时在一个段落里关注到两个及以上的重点，因此网络新闻的正文写作应遵循一个段落只表达一个重点的原则，且将重点放置在段首为宜；另外，网络的呈现特点也有益于对关键信息的表现，在主体写作中，对于重要或易被忽略的关键内容，可以用加黑、改变字体颜色等特殊标注方式来呈现，以突出重点，展现层次，降低网络阅读的难度。

总之，网络读者很难像纸媒读者一样静下心认真了解新闻，这就需要将传统新闻稿件放置在网络上时，一定要利用网络的独有特征将主体进行有效切割。在标注重点时最通用的参考模板如下：

段落一：××××××××××（重点内容精简一）。×××××××××××××××××××××××。（具体阐释）

段落二：×××××××××（重点内容精简二）。×××××××××××××××××××××××。（具体阐释）

段落三：×××××××××（重点内容精简三）。×××××××××××××××××××××××。（具体阐释）

例如：

国网浙江电力公布 11 月电力生产运行数据

发布日期：2018-12-04　信息来源：媒体业务部

用电量　11 月全省全社会用电量 360 亿千瓦时，同比增长 3%。1—11 月累计全省全社会用电量 4131 亿千瓦时，同比增长 8.1%。其中，全省统调用电量 305 亿千瓦时，同比增长 0.6%；1—11 月累计统调用电量 3522 亿千瓦时，同比增长 7.7%。

最高负荷　11 月统调最高负荷 5323.32 万千瓦，1—11 月统调最高负荷 7140.52 万千瓦，全社会最高负荷 8030 万千瓦，同比增长 4.97%。

发电量　1—11 月全省电厂发电量 3187 亿千瓦时，同比增长 4.1%。其中 6000 千瓦及以上电厂发电量 3080 亿千瓦时，同比增长 3.1%；浙江统调电厂发电量 2146 亿千瓦时，同比增长 2.9%；非统调电厂发电量 396 亿千瓦时，同比增长 7.6%。

新增生产能力 1—11 月全省电网新投 110 千伏及以上线路 2940 千米，变电容量 2223 万千伏安。

（来源：国网浙江省电力有限公司新闻中心）

案例分析：

该篇新闻较为典型，是一篇数据公开的网络新闻，整篇新闻直接对数据进行归类编写为四个段落，同时，在各段落的段首不是简短概述而是采用关键词标粗引领全段，告知读者该段数据的主要内容。以数据发布为主的新闻对于读者而言，阅读吸引力较弱，并且读者对不同数据容易存在理解偏差，采取这种编写方式则恰好是一种较好的解决方式，既将不同内容进行逻辑整理，又便于读者理解和阅读，增强传播效力。

一、网络图片新闻的编辑与写作

当然，网络技术的发展，也整合了传统媒体的优势与长处，充分将报纸、广播、电视与互联网进行整合，完善传播渠道和表现手段，打破不同媒介之间的壁垒，实现信息传播深度、广度与速度的融合，使新闻信息的制作和播送更加富有特色和便捷。

网络图片新闻在形式上的要求相对宽泛，多数情况下是图文结合的组合方式，网络图片新闻不同组合的区别主要在于是文字为主还是图片为主。

1. 新闻图片的前期处理

网络新闻图片受制于刊载环境，在刊载时要进行技术处理。例如压缩、裁剪等，当图片符合刊发要求时，才能进行图片写作。但要注意的是，这里的图片处理并非是对图片内容进行更改，而是对图片形式进行适配处理，主要包括裁剪大小、压缩图片及更改格式、添加水印等。

裁剪图片大小是对图片进行适配性处理的首要环节，裁剪图片主要分为两种形式，一种是根据图片内容进行裁剪，在不破坏图片意象表达的前提下，裁去与文本无关的赘余部分，从而使图片的意象表达更为清晰和美观，这种情况通常是应对在拍摄时未注意细节，筛选时发现有材料赘余的一种操作方式，根本原则是不破坏图片本身意象。第二种是根据图片位置的需要裁剪。如图片所在位置需要放置其他内容，或者放置不太美观时的一种裁剪方式，这种裁剪也是对图片的内容进行一定的裁剪，这种情况的使用较少，原因在于，图片在文章内的位置适当调换，或者进行比例缩小，必要的时候还可以将文字与图片合为一图。

压缩图片大小也是对图片处理的基本要求，这是传统新闻图片很少考虑的情况，但这种情况在网络图片处理中则十分常见。图片的常见格式有：PSD/PDD 格式，这类格式是 Photoshop（PS）自身专用格式，是处理图片的图层等信息的保存格式；JPEG（包括 JPG）和 GIF 格式，这两种格式是网络新闻图片保存中最常见的两种图片格式，两种格式其实对应的是两种压缩技术，JPEG 格式和 GIF 格式的图片优点是数据量比较小，且 GIF 还支持动图展示，二者的缺点也较为明显，即经压缩后的图片会丢失部分细节；PNG 格式，这种格式是背景储存透明的一种储存格式，优点在于失真小，没有锯齿，可以较为完美地还原压缩前的图片原貌，但缺点是不能储存动图；SVG 格式，是可缩放的矢量图形，不管放大或缩小都不影响其清晰度。在网络新闻阅读中，图片的大小会影响打开页面时的速度，所以一般对图片的大小修改以保存为 JPEG（JPG）格式居多，不同格式之间可以通过 Photoshop 及大部分看图软件进行修改。

添加水印也是一种技术处理方式。添加水印的好处有很多，如保护版权、增加主体曝光度、强化读者印象等。目前绝大多数平台在发布时会根据账号主体意愿选择是否自动添加，添加位置一般为图片右下角。水印添加有时会影响图片要素表达，尤其是对图片右下角的遮挡，在添加水印时一定要先确认是否会影响到图片要素的表现力，当遮蔽关键要素时，应选择不添加水印。

2. 图片新闻的编辑与写作

当图片编辑完成时，即可进行新闻图片写作。新闻图片的写作总体流程包括选择图片表现方式、选择发布位置以及相应的图文编辑。

选择图片表现手段。这个是写作之前要确定的，图片新闻写作中，文多图少的新闻写作，对于图片的表现方式相对要求简单，贴切图片表现即可，而图多文字少的图片新闻中，图片是最核心的内容，应依据表现主体进行一定选择。图片新闻的表现手段常用的主要有两种：按照行文顺序依次排开，这种表现手段能够在单个页面上陈列多图，能够保证新闻事实论述的完整性，图与图之间有一定的内在顺序逻辑，通常是一定的顺接关系。另一种图片表现方式则是组图，即每页只显示一张图片，数张图片分为一组。这种表现手段常用以并列式的新闻写作中，数张图片围绕同一个主题进行组合，但各主体又独自承担新闻事实，一张图片即是一个故事独占一页，阅读完毕点击"下一页"链接至另一张图片和故事。例如：讲述多位优秀电力员工风采或政策在各属地实施情况时，可采用这种方式。

选择合适的发布位置。图片新闻与文本新闻一样一般采用规范的发布模板，而在模板中图片的位置基本是固定的。但是要注意的是图片与文字要有内在的逻辑性，以文为主时，图片要紧跟文字逻辑，图片的发布位置依据图片的作用决定。当图片对文字具有引导作用时，图片一般在文字段的上或左方，当图片对文字仅是辅助说明作用时，一般为下或右方。当图片为主时，图片的发布位置相对固定，可对图片进行调整来增加美观度，例如，上图为图左字右，下图可图右字左，或者部分图片调整大小集中展示等，调整的方式有很多，但要确保不影响对新闻事实的传播逻辑和整体阅览的视觉美感。

图文编辑。图文编辑是图文新闻中的"干货"加工，是内容的集中展出加工厂，图文编辑首先要做的基础工作是为图片配标题、解释说明图片、告知来源及作者等；当图片的基础加工完成后，对图片与新闻进行整合，调整新闻逻辑以及图文匹配度。

3. Photoshop 的基础使用操作

图片制作软件有多种多样，简易操作软件更是无法细数，但常用功能上基本都大同小异，故选取常用且相对专业的 Adobe Photoshop（即通常意义上的"PS"，以下简称 PS）进行展开。具体如下（不同版本功能、布局稍有不同，仅做参考）：

（1）认识 PS。PS 的功能丰富，对于新闻图片的制作而言，主要是进行图片的格式转换和裁剪，以及部分情况下的色彩光暗调节等类似的简单处理功能。新闻图片在 PS 使用中常用的功能及相关位置分布如图 5-14 所示。

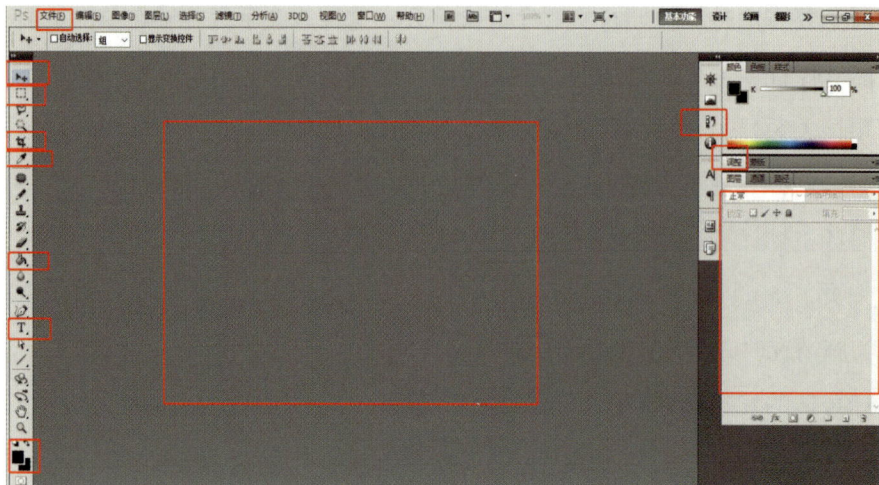

图 5-14　PS 的主要功能界面

（2）创建文件。打开 PS 软件后，会进入到空白主界面，对于图片技术处理而言，无须进行画布设计，可直接选择打开图片文件进行操作，打开方式有两种：一是通过双击主界面空白处，二是通过界面左上角的【文件】打开。如图 5-15 所示。

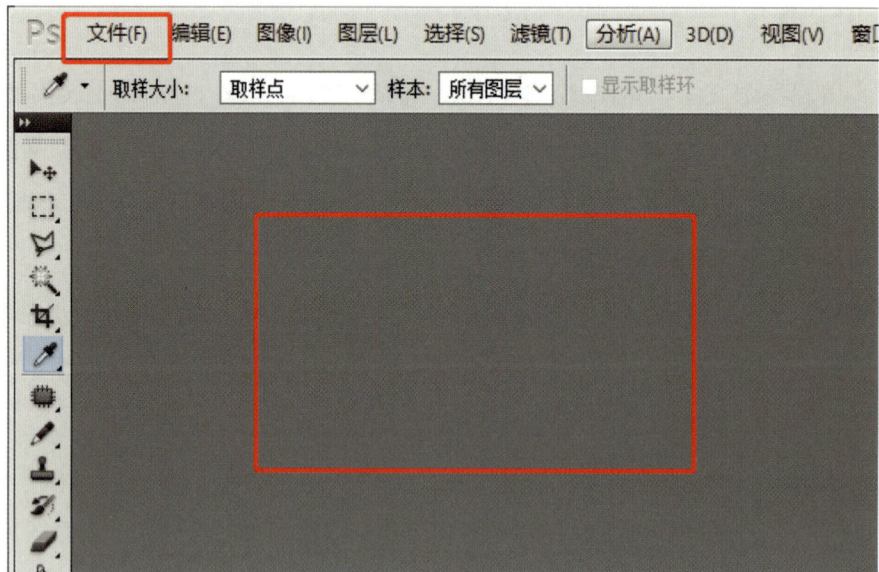

图 5-15　打开文件方式

（3）认识图层。PS 修改后的图片是由不同"图层"合并叠加的图片，"图层"是进行 PS 操作的基础单位，对图片进行修改时，需先选取"图层"再在进行操作，"图层"位于 PS 界面右侧下方。每次对图片进行技术处理前，要先解锁"图层"（一般图片打开时默认为背景层且为锁定状态），左键双击即可。如图 5-16 所示。

图 5-16　图层解锁图示

（4）操作原理。当解锁完毕后，即可进行操作，在"背景层"上的每次增添操作都会生成一次新的"图层"，在其他"图层"（非背景层）上的操作，仅会对该"图层"有效。如图 5-17 所示，当在原背景图层上进行两次文字输入时（两次操作均需选择背景层为操作对象，即下图中的图层 0），会生成两个文本图层，即下图两个"T"字开头的图层。若对图层二的文字进行修改，则需选定图层二再进行操作，对图层二的任何修改都只适用于图层二，其他图层不受影响。

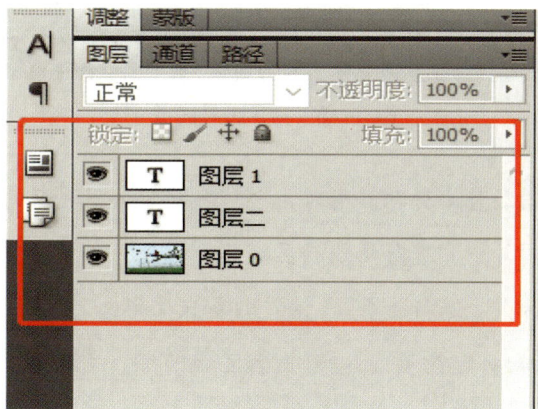

图 5-17　图层操作图示

（5）常用工具。对于新闻图片而言，要保证图片的真实性原则，意味着通常只需要进行简单的基础操作即可，无须合成、嫁接、更改等操作。基础操作常用的工具主要有"拖动"功能，"裁剪"功能，"滴管"取色、"油漆桶"涂色功能和"文字"功能，具体如图 5-18 所示。

图 5-18　常用工具图示

拖动功能：选定图层整体移动。同时，也是各功能使用之后的复位。

选定区域：选取图片中要进行操作的区域。

裁剪功能：对图片大小进行裁剪。（注：裁剪只保留选定区域）

取色功能：将取色功能放置在选定颜色区域，可将当前备用颜色更改为所选取颜色。

涂色功能：对选定操作区域进行调色，所调颜色为上图"当前颜色"的左上方颜色。

文字功能：在图层上增添文本。

（6）实用功能例举。在对图片进行操作时，出现效果不理想或者失误的情况时常发生，当出现失误时，可利用"历史记录"进行回溯，"历史记录"会记录对于图片操作的每个步骤，选定想要回溯的步骤，即可返回。如图 5-19 所示，在对图片进行裁剪时出现失误，则可通过打开历史记录，点击上一步骤"文字工具"选项，即可回到裁剪之前，有效避免裁剪失误可能导致前功尽弃的情况发生。

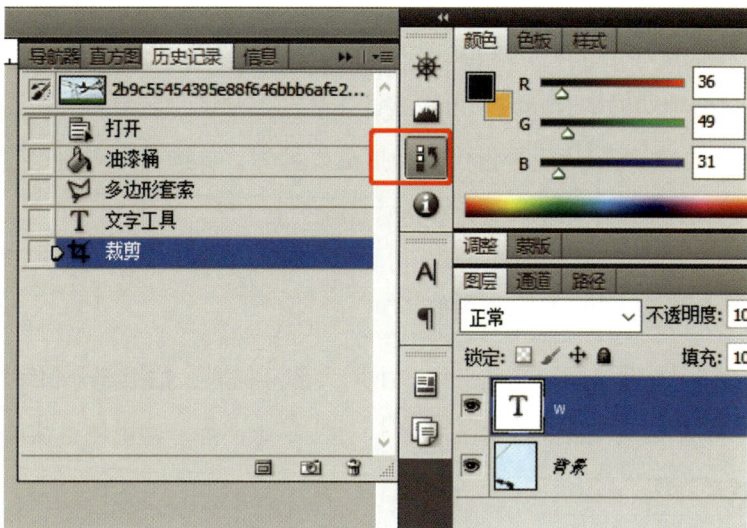

图 5-19　历史回溯功能图示

对于新闻图片的技术处理时，还经常使用到对图片明亮度的调整，尤其是电力新闻照片拍摄时，经常受环境影响而不得已拍摄曝光过度或者曝光不足的照片，例如逆光拍摄电塔上的工作场景或者深夜检修复电的工作场景等。对图片的明亮度调整是新闻图片中的常见问题，可在图 5-20 中所示的调整功能中进行调整，比如"曲线调整"的方式，可灵活调节图片明亮度。

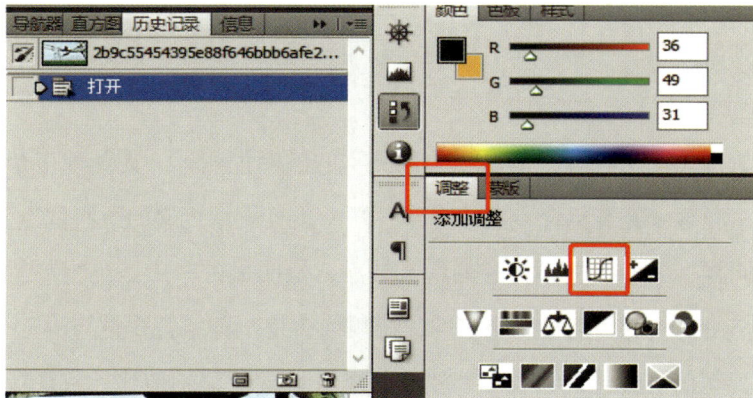

图 5-20　调整功能图示

另外，还可使用界面左下角倍率放大、颜色库设置数值选取颜色等功能，可在实践操作中探索使用。

（7）图片保存及格式修改。当图片修改完成之后，需对图片进行保存，图片保存与文件打开位置相同，保存时，应以实际需要选择保存格式。

PS 的图片处理功能十分强大，可极大优化新闻图片的呈现效果，但需注意不可过度依赖修图软件，新闻图片应尽量以提升拍摄质量为首要选择，对图片的修改必须建立在不影响图片要素真实呈现和视觉审美的基础之上。

二、网络视频新闻的剪辑与编辑

网络视频新闻与网络图片新闻一样，由两大部分构成，拍摄部分和编辑写作部分。拍摄部分是一项精细且烦琐的工作，需要针对性专业训练，这里侧重从剪辑与编辑部分论述网络视频新闻。

1. 网络视频新闻的形态

对于网络新闻的传播而言，视频新闻是在图片新闻上的进一步优化，同时兼具了声、像、字的传播要素，但需要注意的是视频新闻不是新闻访谈和影视剧，这意味不能传播过长的新闻视频，需要在传播过程中对视频进行切割以符合受众的阅读习惯，经验表明受众对于新闻类视频的接受度通常保持在 3 ~ 5 分钟，针对拍摄视频通常为较长视频的情况，可根据传播需要进行裁剪，若是无法割舍视频内容，则可采用专题报道的形式，将长视频切割成多个短视频，或者转换呈现视角（如下文第三种形态），需注意在切割时确保单个新闻事实的完整性。

网络视频新闻包含三种形态：纯视频新闻，视频与文字新闻结合，视频、图片与文字的结合。

纯视频新闻。即除标题、来源和少量文字的解释说明外，无其他多余叙述。这种视频新闻干净利落，完美契合受众的观看喜好，具有影像传递的所有优点，如现场感，真实性等。同样，也兼具视频传递的所有缺点，最明显的一点是纯视频新闻的思想深度有限，这是由视频的传播机制决定的，视频传播是一种结合视觉与听觉的传输方式，受众在接受视频信息传递的过程中，快速的场景切换及信息传递导致观众仅能对接收到的信息做出对或错的判断，难以有时间细致思考和理解，这意味着纯视频类的新闻报道主要起到告知新闻事实的作用。

　　视频与文字相结合。这种视频新闻的写作方式，主要是以文字为主，视频起到补充材料和辅助的作用，这种新闻报道方式兼具了思想深度，同时又完美利用了视频传播的优点。在视频与文字传播过程中，一般单篇新闻报道以一段视频为主，通常位于文本之前或文本之后，一般不在新闻文本中间穿插视频。

　　视频、图画与文字结合。这种方式通常用以报道较大事件时采用，是视频新闻传播中最完整的报道方式，通过文字对新闻事实予以报道，同时在报道过程中，辅以视频截图或视频动图进行说明，在文末放置完整新闻视频以供感兴趣或想深入了解实地情况的读者进行查阅。这种视频新闻报道无需对新闻视频进行切割，视频在新闻中被完整保留。

2.视频剪辑的基础知识

　　（1）视频剪辑工作原理和相关软件。视频的本质是不同静态图像的集合，这是由于人眼的视觉暂留原理决定的，又称"余晖效应"。是指人眼在观察景物时，光影像对视网膜所产生的视觉在光停止作用后，仍能保留一段时间，而视频正是利用这一原理，在有限的时间内快速播放一系列的图像，使人产生图像运动的感觉。其中每一张图片被称为一"帧（Frame）"，每秒通过的静态图片数量称之为"帧速率"（Frame per Second，简称 FPS）。视频剪辑最基本的工作原理是还原到对每一帧图片的处理上。也即是精确到对帧的处理上。

　　视频剪辑相对而言都较为专业且软件繁多，尤其是大量新兴的简易视频编辑工具和网络平台提供的内置视频剪辑功能等，均是入门且简易操作的视频剪辑软件。常见的有 Quick Time、Video For Windows、Movie Maker、Adobe premiere、会声会影等，其中有 Premiere 这种操作相对复杂但综合功能强大的软件，也有 Movie maker、会声会影这样相对简单、操作难度较小的软件。新闻视频几乎不对视频本身内容进行更改（更需杜绝通过剪辑出的"真实"），一般是在立足新闻事实的基础上进行剪切，故在处理上也相对较为简单，只需进行基础了解即可。

　　（2）视频的格式。视频格式是视频能否顺利播放的基础，若出现无法播放或者上传受限，就需要使用相关软件进行格式转换。常见的视频格式主要由以下几种：

　　AVI（Audio Video Interleaved）格式：是由微软公司推出的一种视频格式，是 Windows

系统中的通用视频格式，优点是兼容性较好，图像质量高，但占用存储空间较大。

MPEG/MPG（Motion Picture Experts Group）格式：主要包括 MPEG-1、MPEG-2、MPEG-4 三种格式，其中 MPEG-1 是常见的 VCD 格式，对原视频压缩程度最大，清晰度略低；MEPG-2 常用 DVD 制作，压缩幅度相对较小，高清晰度，常用拓展名包括".MPG"".MPE"".MPEG"".M2V"及".VOB"文件等。而 MPEG-4 则是为了播放流式媒体（分段传送即时影音数据的一种形式）的高质量视频而专门设计的，它能够保存接近于 DVD 画质的小体积视频文件。

MOV 格式：MOV 格式是苹果公司基于 MAC 计算机视频处理提出的视频格式，储存容量小。

DAT 格式：基于 MPEG 压缩方法的文件格式。

ASF 格式：高级流媒体格式，同样是由微软公司提出的格式，具有较好的压缩率和图像质量，是互联网影音实时传播常用格式。

RM 格式：流式视频格式，是由 Real Networks 公司开发的一种视频文件格式，这种格式是为了确保在有限带宽情况下的在线播放和即时传播而开发的。RMVB 格式是由 RM 视频格式升级延伸出的新视频格式。采用的是浮动比特率的编码方式，将复杂画面和静态画面采用不同的转换资源，在保证清晰度的前提下，最大限度压缩视频大小。

（3）新闻视频编辑的主要内容及原则。新闻视频编辑主要是对视频长短的剪辑以及字幕的添加，总体要求包括剪辑合理、声画同步和规范处理。

剪辑合理。视频剪辑时，首先需要对视频内容进行基本的价值判断，辨析原视频的核心与无用素材，剪辑过程中以保留核心素材为主，但最主要的是要确保剪辑完成后的视频逻辑严密性和真实性，不能因剪辑操作导致视频原意失真，更不能变质。

声画同步。视频剪辑时，要确保声轨与视频轨的剪辑同步，以确保声音与画面始终处于对应状态。这也要求在剪辑时，不但要注重视频画面的逻辑合理性，还要注意声音的前后语境是否出现矛盾或前言不搭后语的现象。集中表现的问题是出现声音断句或前后出现较大断裂，在视频剪辑时需提高警惕。

规范处理。规范处理是侧重指对新闻视频进行添加元素操作时的规范，对于新闻视频而言，主要包括同期声、后期解说、字幕等，要确保形式统一，解说顺畅，画面和谐等。

第六章
新媒体使用要求与能力提升

第一节　新媒体迭代变化与具体操作规范

新媒体（主要指 Web2.0 时代）是以网络技术和移动通信技术为基础的媒体形态，主要依托于网络、无线通信等途径，借助不同传播设备和平台为受众提供信息。相较于传统媒体，新媒体主要特征是交互性、开放性和自发性。

（一）交互性

交互性是新媒体最主要的特征，相较于传统媒体的线性单向传播，新媒体以革命式的双向互动传播极大提升了传播的速度与效果。相应的，这种双向互动的非线性传播也给传播者本身带来挑战，传播者无法再利用信息差和技术优势进行灌输式宣传，再也不是高高在上的信息发布者，而是一种信息提供者。因此，新媒体传播者应有意识地掌握双向交互传播的核心内涵，提升受众的自主选择意向和重视反馈是重中之重。

（二）开放性

新媒体的准入门槛降低，信源拓宽，受众在接收信息的过程中，也在传播信息。此外，随着移动媒体终端和自媒体的快速发展，基于受众兴趣的算法传播成为正统，自媒体平台在信息推送机制上，通过推演受众个人以往的阅读兴趣、职业、年龄等特点精准化推送信息，受众也可以自主选择和定制（关注）感兴趣的内容。由此，传统基于传播者与受众之间的封闭式信息传播转变为信息市场的自由竞争和挑选。

（三）自发性

自发性也是新媒体传播中的一个重要特征，主要体现在受众的信息需求上。新时代受众对于信息的获取意愿已经成为满足基本生理需求之外的另一重要日常需求，快速更迭的信息和生活节奏加快使得信息成为人们的日销品。对于传播者来说，这种信息需求意味着有更加广阔的信息生产空间，同时，也对信息生产的质量提出了新的要求。

一、媒体传播环境的嬗变

媒体传播环境的嬗变并非一朝一夕，互联网进入中国开始，媒体传播即进入 Web 迭代。Web1.0 时代，基于网站和浏览器为传播技术领先标准的信息传播仍然体现着传者本位的特征，并且人与信息的链接仍是主流；Web2.0 时代，互联网开始着力提供不同群体话语表达的场域和空间，公民新闻、公民记者、UGC 等新的传播主体、内容和模式实现了话语表达和信息获取的独立和自由。正如 2006 年美国《时代》杂志为全球互联网使用者颁发年度人物奖项时提到的那样："Web2.0 是一个大型的社会实验，与所有值得尝试的实验一样，它可能会失败。这个有 60 亿人参加的实验没有路线图，但 2006 年使我们有了一些想法。这是一个建立新的国际理解的机遇，不是政治家对政治家，伟人对伟人，而是公民对公民，个人对个人。"❶ 简单来说，Web2.0 时代，人与人的连接成为硬关系，信息成为纽带。如果说 Web1.0 的本质是实现了信息检索，Web2.0 的本质是实现了互动，那么 Web3.0 则是将世界数据化的时代，在这个时代中，面对的是物联、互联、智慧信息等全面交互的信息网络，无限性和可能性将会是这个复杂网络的特色。

（一）内容的深度整合

Web3.0 时代解决的一个核心问题是将用户生产的内容进行深度整合。这种整合将会被标签化，从而方便信息检索和整理，解决信息冗杂和庞大且盲目的问题，譬如自媒体平台的标签词汇。

此外，Web2.0 时代建立的具有匿名性、庞杂性的人与人基于信息互动还存在信息

---

❶ 中国新闻网：《〈时代〉周刊杂志 2006 年度人物"颁奖词"全文》，2006 年 12 月 27 日．

虚假的问题，而 Web3.0 时代将会对互联网用户的发布权限进行评估认证，筛选可信度高的信息进行展示，可信度较高的用户及其所发布的信息能够获得更多的推送和曝光率，在一定程度上提升了信息的真实性和有效性，解决了信息源的可信度问题。

此外，智能机器在 Web3.0 时代的信息处理中也扮演着弥足轻重的角色，语义网络的发展也为内容整合提供了手段。语义网络是一种表达能力很强而且灵活的知识表现方法，从图论的观点来看，它其实就是"一个带标识的有向图"，有向图的结点表示各种事物、概念、属性及知识实体等，有向图的有向边则表示各种"语义联系"，指明其所连接的结点之间的某种关系，如图 6-1 所示。简单来说，Web3.0 可以通过语义网络将庞杂的内容拆分成不同的单位，对词义进行标准化、架构化的梳理，同时，通过基于语义检索进行匹配，使得内容的相关度和精准度极大提高，极大提升信息传播的针对性。

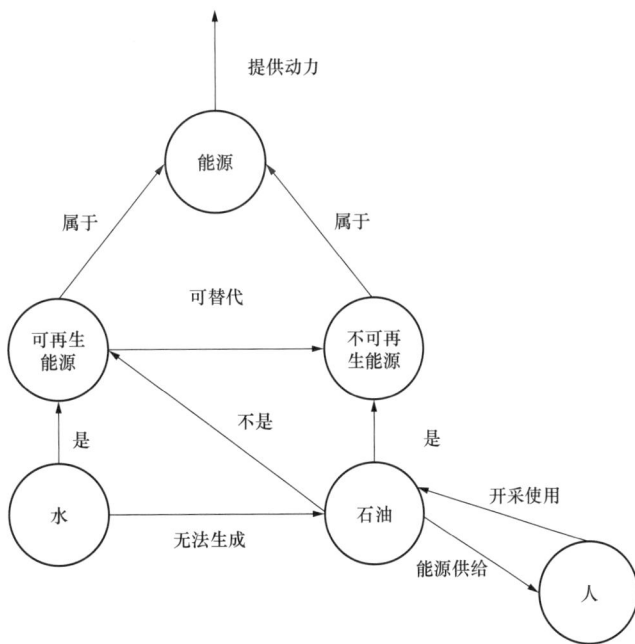

图 6-1 语义网络示意

（二）多终端同步切换

Web3.0 时代的另一特征是多终端同步及自由切换，多终端对于信息传播者和受众而言最直观的呈现是从 PC 走向移动终端，并且实现多屏互动。大屏幕向小屏幕的转向实际上是信息接收习惯的变化，实现了信息接收的"去中心化"，即受众不再依赖固定的接受方式和习惯，而是随时随地畅享信息。因此，对于传播者而言，要把握信息宣传的重心，着力掌握移动媒体的信息生产。

此外，Web3.0时代并非对Web2.0的脱节，在信息生产智能化、深度整合和重视移动终端的基础上，优化信息体验和信息服务等同样不容忽视。

（三）个性化信息服务

信息定制对应到信息生产者即是提供个性化信息服务，算法推送的不断精进使得大众媒体和信息传播走向精细。不同用户对信息的需求侧重不同，所以，生产单一信息传播在一定程度上已经处于信息服务的滞后位置。因此，在信息生产时，如何在抓住用户核心关注点的同时，生产不同类型的信息内容成为核心问题。

二、新媒体平台的编排操作提升

新媒体传播从大屏走向小屏，新媒体平台的操作也主要以小屏信息生产编辑为首要对象。信息传播，内容生产是根本，但编排同样不容忽视，尤其是在小屏阅读中，信息传播能否到位，编排是否美观直接影响受众的点击率。

新媒体小屏阅读的文章排版主要涉及以下内容：标题、封面、段落、分割线、配图、字体、字号、摘要、开头、文末引导、二维码等。一般来说，小屏阅读的文章编排遵循简洁、易读的原则，丰富的内涵则体现在文章的字里行间。

（一）标题

小屏阅读文章的标题一般由一级和二级标题组成，标题过于细化往往导致层次混乱、逻辑不清。

一级标题是文章的主标题，应在不影响阅读的前提下，尽可能地醒目，一般字号设置21-24px（三号、小二号字），字体加粗，颜色设置#343434，同RGB（52,52,52）。

二级标题是正文的分标题，一般可设置为16px（小四号字），字体加粗，颜色设置以企业自有色号为准，力求醒目但不刺眼。二级标题通常为分段标题，因此，在使用二级标题的序号时，可设置艺术序列字号，具体根据文风而定，若文章为严肃文章，则应使用宋体汉字或阿拉伯数字；若文风日常轻快，则可设置罗马数字或其他艺术编辑序号。

在标题制作上，不同的内容可侧重使用不同类型的标题。网络上运用较多的是以下两类标题。

震惊体标题：《震惊！著名 LOL 玩家和 DOTA 玩家互斥对方不算男人，现场数万人围观！》（周杰伦与林俊杰同台演唱歌曲《算什么男人》，注：周杰伦为忠实 LOL 玩家，林俊杰为忠实 DOTA 玩家）。

"咪蒙式"标题：《甲方一说这 10 句话，我就想报警！》《每天工作 14 小时，你有什么资格和我提升职》《你个月薪 3000 的新媒体小编，凭什么想当总监》等。

不难看出，无论是震惊体的猎奇套路还是"咪蒙式"的大胆假设、善用数字、直击痛点等，其本质都是为了吸睛，让受众能够下意识地点开文章阅读。虽然这种方式已经被证实不可取，但不可否认的是，吸睛是标题制作的关键考量。实践操作中，囿于报道题材的限制，在标题制作中，可熟练使用情感和温度作为标题制作的根本法则。如浙电 e 家刊出的《风雨中，他们是谁的儿女，又是谁的父母……》，这种好标题能直击受众心底，甚至对于有类似经历的读者来说，眉眼触及标题，便已入戏，让人忍不住点开一探究竟。

此外，囿于小屏篇幅，主标题的字数以不超过 16 字为宜。

（二）封面

封面是文章的直观形象，因此对封面图片的选择要慎重，文章能否有效传播，标题占一半，封面占一半。封面设置主要注意以下事项：

（1）封面图片一定要与文章相关，并且最好出现在正文中；

（2）封面图片要求清晰、突出、有美感；

（3）封面图片尽可能亲自拍摄或制作，避免陷入版权纠纷。

在图片的设置和标记上，头图的封面大小一般设置为 900×383，次图封面设置 200×200。

（三）配色

配色对于小屏文章阅读感影响看似无实则重，配图对于文章的意义主要有二，一是可以增强形象认同，实现宣传辅助效果，譬如党政类文章推送以正红色为配色基调，能够向读者充分展示党的红色基因；二是能够给读者提供较为舒适的阅读背景，温暖的配色对比刺眼的配色，阅读体验自当别论。

当然，如果对配色拿捏把握不准，放弃配色采用黑白底色也不失为妥善的选择。

（四）正文

正文编排主要包括字体、字号、段落、行间距、配图等，正文的编排是小屏阅读的核心。

（1）字体、字号。字体建议保持一种风格，可根据新媒体定位自主选择。正文字号一般设置14-16px（五号、小四号字），颜色与主标题颜色一致，为#343434（RGB：52，52，52）。一般来说，16号字较大，且易与小标题字号雷同，导致小标题的分段作用减弱（加粗及颜色能够缓解该问题）；14号字相对比较精细，但对于部分读者而言，阅读稍显费力，因此一般以15号字为佳。

（2）段落。一般情况下，三四行为一段，字数过多会导致拥挤感，给读者以压抑的感觉。当然，对于文风较为轻快的文章或者配图丰富的文章，也可采用一句一段的方式进行编排，也即长短句交错分段，能够充分解放读者的阅读视野，提升阅读流畅感。

此外，在段落设置中，一般设置两端对齐，使整篇文章工整对仗，当然，若出现连续短句，也可采用宝塔体居中堆叠，也能提升美感。

首行缩距一般不做要求，不过，当段落内容较多时，理论上应必须首行缩距以区分段落层次。

（3）行间距。行间距一般设置为1.5倍或1.75倍行距，当文章段落密集时，行间距可稍大，设置为1.75倍行距，以使文章宽松得当；当文章以长短句形式编排时，多用1.5倍行距，避免文章显得不紧凑。

（4）正文配图。正文配图与封面配图原则一致，不过，正文配图建议大小为320-640px，尽可能保持尺寸一致。正文配图与上下文各空一行。

（5）注释。注释通常为12px（小五号字），颜色略灰，可参考#888888，同RGB（136,136,136）

（五）落款及二维码

落款多用15px字体，颜色与注释字体一致；二维码一般置于文末，以分割线区分，多居中。

（六）注意事项

（1）重点突出的内容一般可采用加粗标重、设置下划线或设置颜色进行标注，需要注意的是，全篇文章配色尽量保持在 2 ~ 3 种，不宜超过三种，通常配色过多会分散读者的注意力，影响阅读体验。

（2）字体同样需要注意版权问题，譬如办公软件常用的微软雅黑字体等，呈现效果较好，但商用则有侵权风险，关于字体是否免费可通过字体网站查询，若实在无法判断，可采用默认字体。

（3）文章编排过程中，要注意主次关系，切不可为了排版美感而割裂行文表达，须知排版为内容服务，孰轻孰重应分清楚。

小屏文章编排是一门技术活，编辑人员应活学活用，在实践中摸索经验，在遵守基本原则的基础上创新才能生产吸引受众的新媒体信息。

第二节 各类新媒体平台特点及操作技巧

互联网技术的发展不但为新闻报道提供了便捷，同时也为新闻报道提供了多种新的载体，新载体的增加在扩宽新闻报道手段的同时，还影响新闻报道的写作风格，不同媒体对于新闻报道的篇幅、语言风格、呈现形式提出了新的要求，电力新闻工作者在新媒体领域也不能缺席，认识不同新媒体平台并学会运用对于电力新闻报道及品牌传播也具有非常重要的意义。

一、微博的特点及操作

微博，有学者称之为"网络轻骑兵"❶，是典型的自媒体形式之一。微博是一种包涵趣味性、平等性、情绪化和交互性的碎片化表达方式，其功能包括两个方面：一是信息传递，包括获取与发布；二是社会性交往与互动，包括人际网络的建立及维持。

---

❶ 杨思文. 传媒对公共政策制定之影响研究. 南昌：江西人民出版社，2013：176.

（一）微博的传播特点

微博在新闻信息发布方面，主要具备以下特点。

表达方式自由：微博的表达方式不受固定格式限制，不拘泥于言辞和标准逻辑，文本写作更偏于口语化和情绪化。在写作形式上，除文字微博外，还可增加图片、视频、表情、链接、话题、直播等多样功能。

传播效率提升：即时信息发布与获取是微博的核心功能[1]，以短微博为主的发布模式极大简化了新闻制作和编辑的流程，另外，微博新闻信息的发布也更加便捷，只需在平台及客户端输入文本即可确认发送，同时还可设置定时发布等功能，有效提升写作与传播效率。

互动能力增强：不同于其他形式的网络新闻信息发布，微博平台的大众化属性增强了用户与新闻发布主体的互动能力，点赞、转发、评论皆可实现实时互动，使用得当还能够借助此类形式实现多次传播。

（二）微博的新闻编辑与写作

微博的新闻写作相对自由灵活，这意味着在新闻编辑写作时，可适度放开过于拘谨的行文风格，微博交互的本质意义与人际交互有相似之处，平易近人是能够互动的前提。电网企业微博的运营要求，颇似政务微博，在中国互联网络信息中心2018年8月发布的第42次《中国互联网络发展状况统计报告》中，2018年上半年政务类微博被转发排在首位的是@共青团中央[2]，@共青团中央的微博写作与互动特点即是与公众缩短距离，人格化运营。

图6-2　微博的便捷操作界面，具体以版本为准

---

[1] 喻国明. 微博价值：核心功能、延伸功能与附加功能. 新闻与写作，2010（03）：61.

[2] 信息检索来源：http://www.cac.gov.cn/2018-08/20/c_1123296882.htm.

微博的编写操作较为简单，文本框内输入文字，借助相关辅助元素进行发布，如表情、图片、视频等，如图 6-2 所示。微博的编写不同于其他自媒体形式，微博受限于呈现篇幅及阅读习惯等问题，在具体微博编写中，要进行适当的调整。

1. 报道类微博信息编写

微博上的新闻消息、通讯、深度报道等形式的写作无明确界限，但囿于微博篇幅限制，通常是对新闻事实的重点内容概括。微博上的新闻报道主要以短消息为主，长篇通讯及深度报道一般以链接或者图文的形式出现。

微博消息类新闻写作，更侧重技术向的写作技巧。

凝练标题：早期的微博对于刊发内容有严格限制，必须限定在 140 字以内，随着长微博的出现，微博的字数限制已经被突破，但这不意味着对微博短小精悍的要求随之丧失，首要表现即是新闻标题的凝练化。通常情况下，微博的标题被限制在 10-15字左右，并用加粗括号框起，如 @ 国网浙江电力的某条微博标题"【金华永康为五金小微企业园'添动力'】"。

精简内容：微博对于新闻事实的报道，一般说明清楚即可，仅用于概述事实，无须展开，详细内容可借助图片长文和视频来实现。当微博新闻为长篇新闻时，微博内容往往充当导语和引言的作用，也被称为"导语式写作"。

要素齐全：新闻报道类微博写作虽然要求极简，但也要确保要素齐全，让读者知道新闻事实发生的"5W1H"，以此构成新闻内容，也可以此作为删减长篇报道的标准。

微博新闻报道类写作大致可参考以下模板：

【×××××××（标题）】××××（时间），××××××（地点），×××××××××（事件内容及结果）。（注：受微博即时性传播影响，一般时间要素前置效果更好）

2. 评论类微博消息编写

微博评论类写作相对而言较为活泼，微博评论类写作旨在点明新闻传播的目的，引导和传播思想，侧重于发表观点引起互动，在不违背社会核心价值体系和相关法律条例的基础上，微博评论写作一般无限制。

二、微信公众号的特点及操作

微信公众号与微博的差异性主要表现在呈现方式和传播思路上。

微信公众号是以社交工具微信为主要传播领域的自媒体平台。微信提供的是一种私密性较强的空间，微博则是一种开放的空间。二者在传播层面的相同点在于，都是以自媒体运营的方式进行传播，但微信公众号是一种更依靠订阅关注和二次转发分享的传播手段，微博的信息则既可依靠粉丝传播，又可通过关键词和热点信息进行搜索传播，这意味着微博更容易传播到陌生区域。微信的私密性也意味着微信公众号是一种强联系的传播方式，公众号与粉丝仅能达成一次直接性传播，二次传播则需要粉丝主动进行转发，这要求公众号运营主体需提升内容的可读性、启发性、趣味性和深刻性，基于此才可能实现微信公众号的多次传播。

（一）微信公众号的传播特点

微信公众号是订阅关系的内容生产方，微信公众号在用户关注列表的展示一般由交互和链接两个板块组成。交互是指用户可直接通过编辑信息发送至公众号进行互动，链接则由公众号运营主体自由设置，链接的多少及名称无固定形式，由运营方决定。

微信公众号的呈现形式一般以文字和图文为主，这是由文字能够提供思想深度的特性决定的，当然，在文字传播中也夹杂着视频、音频等传播手段。

微信公众号较其他形式自媒体传播平台具有以下显著特点，这些特点既是优点，也形成传播限制。

"强关系"传播。"强关系"传播并不是通常意义上的交流频次多，而是指运营主体与受众之间关系的紧密性（商业消费活动等被动关注除外）。微信公众号的粉丝在选择订阅时，往往有一定的衡量标准，订阅关系确立后，一般能长期维系，能够保证传播对象稳定。

"私密性"传播。首先需要明确的是微信公众号对于受众而言具有私密性，这种私密性会导致传播过程中的隐蔽性，即公众关注公众号，若不进行分享、转发等操作，则此次传播仅属于公众号与订阅受众的点对点传播。其次，微信公众号分享的主要领域是微信朋友圈和群聊，朋友圈和群聊又是一个相对私密的空间，这意味着公众号的传播绝大多数情况下都难以突破至"圈"外，往往是一种"圈内"分享。

"精准性"传播。如前文所述，微信朋友圈的传播通常是点对点进行传播，这也意味着微信公众号的内容通常较其他自媒体方式更为精准。

（二）微信公众号的编辑与写作

微信公众号的内容选择与微博相同，在操作上与微博有一定区别。从内容呈现上来看，微博是一种短、平、快的呈现方式，而微信公众号的内容呈现则倾向于深度和长篇文章，并且微博博文在布局格式的呈现上也与微信公众号有较大的差异。微博对于格式的要求较为简单，通常短微博几乎是一段到底，长微博也基本是对内容进行简单的分段处理，图片、视频等置于文本下方；微信公众号则可以在布局、段落、其他素材插入的分布、段落分割线以及段落外框等方面进行优化，以追求美感。从操作形式上看，微博的编发只需要在文本框输入，输入完成后直接发布即可，而微信公众号则需要一定的操作步骤。

图 6-3　微信公众号操作界面，具体以版本为准

微信公众号的操作界面相对简洁明了，标题图片、文本写作以及多媒体都分类呈现，如图 6-3 所示。在具体写作过程中，可根据需要插入相关要素。编辑完成即可推送。

微信公众号的编辑操作模板只提供一般的文本编辑功能，若想进行版面美化，可事先在其他平台或者编辑模板进行编辑，编辑完成后采取"复制粘贴"的方式将美化后的内容粘贴至微信公众号即可。另外，微信公众号的推送是以"标题＋封面"的形式展示，要注意标题和封面图片的引导性和关联性。

三、其他自媒体平台的特点及操作

除了微博、微信公众号之外，还有许多种类的媒体平台，如今日头条、网易新闻、百度百家、一点资讯（凤凰新闻）、搜狐自媒体、阿里大鱼号、腾讯企鹅号，等等。众多新闻媒体的特点和操作如出一辙，本小节以今日头条自媒体为例。

（一）今日头条的传播特点

今日头条除了兼具自媒体的共性之外，还具有差异化的特点，这是由其独特的传播模式及推送算法决定的。

个性化推送。个性化是自媒体平台的兼具属性，但今日头条的个性化远不止账号主体和受众的个性化，该类媒体的信息推送也集中体现个性化，这与微博和微信的推送机制有本质区别。今日头条的信息推送是基于兴趣算法的推送模式，会依据用户的阅读习惯和兴趣爱好构筑用户画像，而后利用算法进行针对性的新闻信息推送，可实现精准推送。

新闻集聚展示。今日头条类自媒体也以文章推送为主。不同文章以"新闻标题 + 配图"的形式逐条陈列以供受众选择阅读，这与微博、微信公众号的内容呈现有较为明显的差异。

除此之外，今日头条在阅读习惯、呈现方式、传播规律等方面还有较为独特的特点，传播主体可根据这些特点进行针对性写作，从而提升传播效率。

（二）今日头条的编辑与写作

今日头条的写作内容要求与网络新闻写作的要求一致，需注意的是在文章写作中，要注重配图的使用，这是受平台呈现形式决定的，平台在新闻罗列展示时，不展示新闻提要，而是以"标题 + 配图"的形式展示，无配图的新闻在罗列时不够显著，容易被受众忽视。

今日头条的编辑页面如图 6-4 所示，可选择发布文章和图集，其中图集为组照的形式，一图一页，辅以图片说明。另外，操作界面还提供了文档导入和定时发表的功能，需要注意的是文档导入的格式和大小有明确限制，只支持 doc、docx、pdf、txt 格式的文档导入，同时，文档大小不能超过 2M，这意味着多高清图的文档在导入时会被压缩，需注意压缩后的图片会造成图片要素损坏的情况。

图 6-4　今日头条网页端操作界面，具体以版本为准

今日头条还允许在新闻信息发布后，利用内容管理对文章进行修改和删除，可对出现问题的文章进行二次加工处理，但对于新闻信息的发布而言，应对内容严格要求，尽量不使用发布后的二次编辑功能。

四、短视频自媒体的特点及操作

视频类自媒体也是种类繁杂的领域，包括视频网站，如哔哩哔哩（B站）、AcFun（A站）等；视频直播，如映客、花椒、斗鱼、虎牙等；短视频，如抖音、美拍、快手、抖音火山版、微视等。尤其是短视频领域，是近年来视频领域的风口，吸引了大量的流量及商业入驻。本节以抖音为例进行介绍。

（一）抖音的特点

短视频的快速崛起也是由用户的使用习惯来决定的，从阅读文字到读图最后到浏览视频，阅读门槛在逐渐降低。一方面，视频形式更易于阅读和直观呈现，这决定了阅读方式更加倾向于浏览；另一方面，不断碎片化的阅读时间导致用户对于阅读及思考更为扁平，这决定了内容呈现要简短。

短视频最大的特点是"短"，从表象上来看，短仅仅是视频长度的表现形式，实则不然，"短"往往还意味着生产流程简单、制作门槛低、参与性强、趣味性显著等。

生产流程简单。与其他视频类型如纪录片、微电影等相比，短视频的生产流程可以短到只有十几秒，相较于其他专业视频生产的固定模式和拼接方法，短视频可以"一个场景一镜到底"，生产工序更为简单。

制作门槛低。一是指对拍摄技巧的要求低，二是指对设备要求低。多数抖音作品的拍摄可参照固定的模板（场景、动作、道具、音乐等），只需在对应选项填充内容即可；其次，抖音利用智能手机软件即可拍摄，不过多要求专业的拍摄器材和道具，大大降低了制作门槛。

参与性强。短视频通常主题鲜明，公众在浏览过程中能够及时参与互动，并且，短视频的推送及互动往往是基于兴趣基础，互动氛围相对融洽。

趣味性显著。短视频的内容构成是以趣味性元素为主导，一方面是因为富含思想深度的视频内容往往需要一定的体量进行涵盖，另一方面是由于短视频的用户基础及定位决定的。

抖音是一款精准定位的音乐类创意软件，同时，也是一个社区化的创意分享平台，用户可以通过选择歌曲，拍摄简单素材形成作品。此外，抖音还具有以下特点。

年轻化。抖音的用户基础相对比较固定，以年轻群体为主，这是其他形式的自媒体形式所不具备的典型特点，年轻化意味着在内容传播和形式互动上都有一定的年龄结构特色，具体传播中需要对内容进行筛选。

从众性。抖音短视频经常出现同质内容，但这种同质是一种被普遍接受的现象，甚至不同用户会对同一主题或同一场景进行模仿、分享、评比等，这种拍摄方式被称之为"拍同款"，"拍同款"是一种用户从众性的表现，同时，也是提供给视频拍摄者接触热点的常用方法。

精简性。抖音的主页面会对视频标题、标签以及主体信息之外的信息进行屏蔽，以确保画面的精简，能够确保用户在浏览过程中精神相对集中，不会分心。

（二）抖音的制作与发布

抖音的操作界面十分简单，容易上手，即是在一般智能手机视频拍摄的界面上，增添了当下流行的道具、特效和背景音乐等功能。采集场景素材只需要通过点击录制按钮即可进行录制，或者导入已经拍摄的视频素材，在制作页面的上方可选择添加背景音乐，素材与背景音乐结合即可构成一款作品。同时，也可利用道具、特效以及速度调整来增加视频效果。录制暂停后，即会在上传处出现视频的删除或发布按钮，依需要选择即可，如图 6-5 所示。

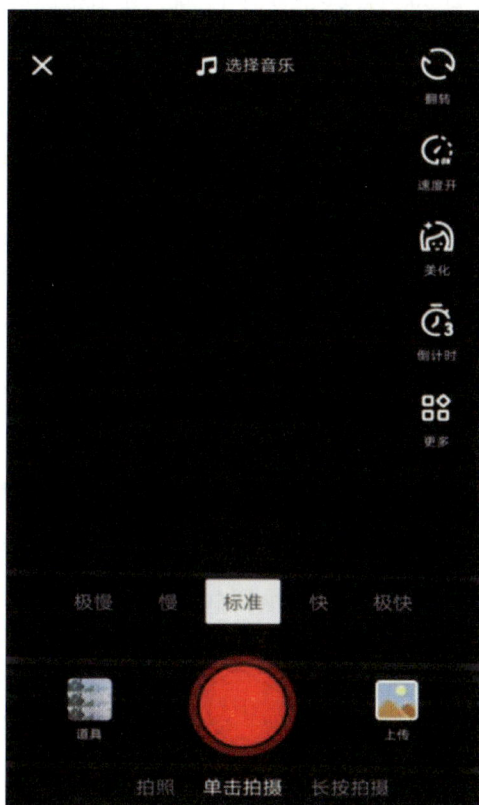

图 6-5　抖音视频拍摄页面，具体以版本为准

　　抖音的作品主要以泛娱乐内容为主，如自拍、游戏、家庭、旅行、音乐舞蹈等，这意味着在抖音上短视频的信息或品牌形象传播应选择与之契合的内容。对于企业或组织而言，利用抖音进行传播，主要目的有两个，一是传播企业品牌形象，二是进行商业引流。

　　电网企业在抖音的运用上主要以传播企业品牌形象为主，抖音上电网企业的形象展示，应以传递企业"年轻化"的形象为主。在传播内容选择上，优秀的同类型或同性质的抖音媒体账号应侧重以人物化和生活化的内容为主，不传播有认知间隙或专业壁垒限制的内容素材，如政策变动、建设成就等。例如自我介绍为"升级打怪救爷爷飞天遁地十八般武艺云南消防官方号滇小消请赐教"的云南消防总队官方抖音号"滇小消"，上线一周拍摄作品 13 个，主要涉及部队形象宣传、抢险救援现场实况、警示案例提醒、防火宣传提示、节日暖心专题等多个方面的内容，共收获粉丝 5.4 万人，获赞 145.6 万，阅读量超过 2000 万。其中 6 月 17 日父亲节推出的消防部队形象宣传短视频《消防英雄犬"小虎"退役后的生活》，点击量达 1773 万次，点赞 120 万次，转发及评论 7000 余次。

同样，电网企业也可借鉴这种生活细节类的内容作为主打方向，侧重突出生活感。可侧重参考以下几方面。

组织文化。筛选企业组织文化，打碎传播过程中的整体严肃形象，从日常小事见企业日常，包括企业管理中硬件与软件，例如组织建设、团队意识、行为方式等。

职工动态。职工动态是最能反映企业活力的具体体现，通过拍摄职工日常小事，展示员工的归属感、精神面貌等气质，侧面烘托企业形象。

工作实况。工作实况也是题材广、素材多的内容备选项，电力工作与公众生活有一定的距离，尤其是电网企业供电保电工作日趋完善，出现问题越少，电力工作也就越容易成为公众日常生活中的盲点，而拍摄电网职工工作的典型实况，可让公众了解工作状态和工作内容，提升存在感。

公益活动。公益活动是在正能量传播中最容易被公众接受的内容，也是最直接体现企业社会责任和勇于担当品牌形象的主题。

除此之外，可选择的内容还有很多，具体筛选时，应以生活化、日常化和典型性为衡量标准，在此基础上进行趣味性和审美性创新。

五、自媒体简要运营策略

自媒体的运营，更讲究人格化的运作逻辑，具体可从以下方面进行参考。

发布日常化、持续化。企业自媒体的运营实际上是企业在网络空间的活动体现，能够提升企业的曝光率，是企业活力的体现之一。同时，持续化运营也意味着互动的持续化，能够确保及时发现新情况，掌握新动态。

掌握发布时段及更新频次。自媒体用户的使用时间具有一定的规律性，一般以 9–10 时、11–13 时、16–17 时以及 20 时之后居多。可以根据时间段适当调整发布时间，也可利用定时发布功能进行发布。

重视互动。频繁互动是增进人际关系的重要途径，针对用户评论可适当予以互动，拉近与受众的距离，展现亲切友好、负责任的企业形象。

追逐热点。每个热点事件都是提高曝光率的机会，但要对热点事件进行甄别，要有能够以自身专业角度解读热点事件的能力，追逐热点不等于胡乱蹭热点。

调整风格。调整风格不但体现在文字上，还体现在对图片、视频、表情符号等的运用上，可在允许的范围内适当增加人性化表述方式，接轨公众日常自媒体使用习惯。

植入为主，宣传为辅。使用自媒体是为了借助更便捷的方式传达观点，在传播过程中，灌输的方式往往遭到抵制，效果反而有限，应多使用观点植入的方式，让受众自行体会。

自媒体运营提升的方式多种多样，但有一条普遍适用的方法，就是不摆架子、不搞"假大空"，多站在公众角度与受众交流互动，这点可供电力企业新媒体工作者参考。

新闻宣传和品牌建设部门作为社会公众消费者了解企业和企业进行对外宣传的主要窗口，既承担着对外进行新闻宣传和信息发布、维系忠实用户、营造过硬口碑和打造良好企业形象的重任，又面临着协调沟通企业不同部门、不同层级工作人员以确保新闻宣传和品牌建设工作能够正常运作的内部需求。企业员工能力素质是知识结构、技术技能和个人品质的结合体，与企业战略和组织核心竞争力密切相关[1]。提高宣传工作人员的能力素质，既要着眼于提高与其本职工作相关的诸如选题策划、图文编辑及负面舆情应急处置等专业素质与技能，又要同步关注宣传工作人员的业务能力和心理素质的提高。

现代企业内部的每个部门之间都不是相互独立的，而是互有联系、互为依靠的，单一的部门不可能离开其他部门独立运作，企业的良好运转也需要部门之间高度协同的分工协作。现代企业的这一特点要求企业员工不仅能够在其本职工作上独当一面，更对员工的综合素质提出了严苛的要求。品牌部门作为企业对外的主要窗口，其工作的开展是否规范有序、卓有成效直接影响着企业形象。而宣传工作人员对公司系统的各项工作、流程规范和发展战略的了解程度影响着企业对外宣传口径的准确性和严谨性，宣传工作人员业务素质的高低影响着新闻宣传和品牌建设工作的针对性和战略性，更决定着企业在公众中口碑的好坏和用户忠诚度的高低。公司系统建设国际一流现代企业的宏伟目标决定着公司系统要实现管理卓著、技术领先、员工一流的经营要求，

---

[1] 郭拴英. 基于需求差异化的咸阳供电局一线员工培训方案研究 [D]. 西北大学，2012：16.

这一目标对公司系统每一位员工的能力素质都提出了更高要求，当然也包括宣传工作人员。

电网企业对宣传工作人员业务素质最基本的要求是电力专业知识与技能，即能够在涉及电力基础设施、电力抢修及设备等专业知识的新闻宣传和品牌建设工作中不出差错。同时，为建设以客户为中心、价值共创的服务型企业，时刻遵循"人民电业为人民"的宗旨，为客户服务对宣传工作人员乃至整个公司系统来说都至关重要。除此之外，对公司系统业务流程规范的熟悉程度、严谨认真的工作态度、对电力新技术新发展的了解程度以及优良的个人品德修养，都是建设国际一流现代企业对宣传工作人员的业务素质提出的新要求。

心理影响行为，人的行为是其自身内心活动的外在表现。现代企业人力资源管理的胜任力模型理论指出，心理素质是员工能力素质的重要组成部分，心理素质的高低直接影响着企业员工日常工作能否正常开展。员工的心理状态良好，不仅能够保证其自身工作的顺利进行，同时还是整个企业的经营目标能够顺利实现的重要保证；员工的心理状态失衡，其工作态度和工作积极性必定受到不良影响，严重的还会对企业造成难以弥补的重大损失甚至造成人员伤亡。

宣传工作人员面临的心理压力来源于个人生活和品牌工作两方面：现代社会生活节奏加快，社会竞争日趋激烈，焦虑、失眠、抑郁等心理及精神系统疾病随时可能侵蚀每一个人的身心健康，个人可能面临着来自婚姻、养老、生育等诸多方面的压力；宣传工作人员在其日常工作中既面临着品牌传播工作对其自身业务能力、抗压能力和工作强度等各方面的高标准、高要求，又面临着品牌传播工作对负面舆情应急处置能力、创意策划能力和整合营销传播能力的挑战。关注宣传工作人员的心理素质、提高其自我心理调节能力、加强企业关怀，是建设国际一流现代企业对企业经营管理提出的新要求。

第一节　新闻宣传和品牌建设人员的专业素质要求及能力提升路径

作为宣传工作人员，其自身的专业素质是第一位的。当下，新媒体技术的变革发展、受众舆论生态的剧变以及品牌传播工作的复杂性，要求宣传工作人员不但要熟悉传统的采编技能和品牌传播理论相关知识，还要在新媒体运用、消费者心理洞察、危机事件应急处置能力以及信息整合能力方面进行全面提高。

得益于今日头条、抖音、快手等新媒体平台以及虎牙、斗鱼等网络直播平台的快速发展，企业的品牌传播工作重心已经由传统媒体和"两微一端"的传播发展，成为各大网络媒体平台"百花齐放"的新型传播态势。在这种新形势下，无论是宣传工作人员还是媒体平台的一般用户，都具备了受众和传播者的双重身份，熟练使用各类媒体平台、洞察不同媒体用户群体的心理特征，是新闻宣传与品牌建设工作在各平台开展的有力保障。

随着科学技术发展的日新月异，与品牌传播有关的软硬件设施也不断更新换代，从最初的傻瓜相机到如今用智能手机就可以进行高清拍摄，图文编辑软件的功能也更加全面，这要求宣传工作人员能够熟悉并掌握最新的媒介技术，并将其运用到品牌传播工作中去。

新的媒介传播态势还对宣传工作人员的危机事件应急处置能力提出了新要求：在新传播态势下，危机事件一旦发生，负面舆论往往呈现出传播速度快、范围广、破坏性大的特点，同时，由于公信力下降，在负面舆情爆发时，相关部门普遍陷入"塔西佗陷阱"。在这种情况下，宣传工作人员如何第一时间整合对外口径、进行全网发布并以逻辑清晰、公正权威的声音消除公众顾虑显得至关重要。另一方面，部分破坏性大的负面舆情呈现出潜伏期长、不易被察觉的特点，这一方面要求宣传工作人员提高警惕性和敏感性，时刻关注网络舆论动态，另一方面宣传工作人员也需要关注公司系统各项工作的实时进展，对可能引发负面舆情的隐患进行实时提醒和提前预警。

提高宣传工作人员的专业素质一方面要求宣传工作人员树立积极认真的工作态度，通过主动阅览相关文献书籍、关注行业动态、参与线上培训等方式展开自主学习和自我提升；另一方面需要公司系统内部有组织、有针对性地开展专项学习活动，针对不同层级、不同地域的宣传工作人员设置不同的课程内容和体系，并确立学习效果反馈机制，通过定期的绩效考核、专项测试等方式进行效果评估，以分析检测哪些学习方式及内容是最高效、最被员工认可的。

"他山之石，可以攻玉"，公司系统还可以定期组织宣传工作人员参观学习在品牌传播方面成绩出色的企业，取人之长，补己之短，学习其他企业卓有成效的品牌传播思路和方式方法，并结合自身特点化为己用。同时，公司系统还可以邀请自媒体大V进企业进行宣讲，向宣传工作人员乃至整个公司系统讲授新媒体传播的动态、规律以及扩大传播效果的思路。

一、新闻宣传和品牌建设人员的专业素质要求

（一）品牌传播专业知识与技能

作为宣传工作人员，其工作中涉及的基础的品牌传播相关理论与应用、图文采编与音视频剪辑能力等是对宣传工作人员的第一要求，概括来讲涵盖了知识结构与技术技能两个层面的内容。

在知识层面，首先要求宣传工作人员具备传播学的基本知识与理论，了解身为传播者如何选择有效的传播渠道与传播方式、如何精准定位并寻找目标受众、如何对传播的内容及主题进行议程设置等。同时，在技术赋权的大背景下，每个人都拥有信息发布和接收的能力，每个人既是受众，同时又是传播者。在这种新的传播形势下，宣传工作人员需要综合考虑社会公众所拥有的双重身份，运用大数据手段分析受众心理，了解不同受众的诉求，针对不同的受众人群进行分众传播与精准传播。

在技能层面，随着技术的发展，信息传播的载体从文字、音频、视频到如今VR、AR技术也渐渐应用于信息传播，信息传播的形式也逐渐由报刊、广播电视发展到如今的传统传播形式与网络短视频等新形势并存的局面。日新月异的传播形式对宣传工作人员对于新事物、新技术的接受能力和掌握程度提出了更高要求，同时，对品牌传播工作所必须具备的选题策划、文案撰写、摄影摄像以及音视频剪辑能力等提出更高的要求。

（二）信息整合能力

在当今这个信息过剩的时代，人们每天都面对着海量且又复杂的信息。对于受众来说，通过信息整合可以实现信息资源的有序化和共享化，进而优化信息资源配置，极大地方便了受众的阅听行为。对于宣传工作人员来说，通过信息整合可以对目前掌握的信息资源进行有效管理，清晰、有条理的信息资源库可以极大提高品牌传播工作的效率。信息整合对宣传工作人员提出了三方面的要求，即信息来源整合、信息渠道整合以及信息内容整合。

信息来源整合能力即信息的获取能力，这是信息整合能力的基础，也是进行品牌传播工作的基石。信息来源整合能力的欠缺会直接影响信息渠道和信息内容的整合，对信息来源整合不力会使品牌传播缺乏素材，导致品牌传播工作从一开始即困难重重。

信息渠道整合能力即对品牌传播的各种渠道进行发掘、维护并加以合理利用。进行信息渠道的整合首先有助于对不同的信息传播渠道的特定受众人群、信息传播成本等进行区分，有利于针对不同的受众人群和市场细分利用特点的传播渠道进行品牌传播，以节约传播成本并实现传播效果的最大化。同时，通过渠道整合，可以核算并对比通过不同渠道进行传播的收益度，选择最优的传播渠道进行传播。在目标受众群体种类复杂的情况下，也可以对传播渠道的选择进行最优的配比。

信息内容整合即对信息内容的加工与利用能力，既包括对信息内容的分析、筛选，又涵盖了对信息内容的加工和重组等。"信息爆炸"导致信息极大冗余，信息的内容也鱼龙混杂、真假难辨。面对杂乱无序的信息，宣传工作人员必须具备对信息内容的识别、筛选和有序整理的能力。同时，信息整合还要求对信息内容在有序整理的基础上进行组合、简化，以精简的语言向受众传达尽可能全面、有用的信息。

（三）负面舆情应急处置能力

信息发布的及时与否决定了事件发展不同的走向，传统观点认为，突发事件的处置有"黄金24小时"之说，即关于突发事件的信息发布、事件处置与形象修复需要尽可能在24小时之内完成。人民网舆情监测室曾基于当下媒体环境提出了"黄金4小时"原则，强调新闻发布的及时性，即企业公关方要第一时间进行信息发布，做突发事件的"第一定义者"。但实际上在移动互联网时代，危机公关的"黄金四小时"已经大大缩短了。

在人人都具备信息发布能力、人人都是意见领袖的时代，对于突发事件的负面舆论甚至谣言的转发往往呈现出爆发式的增长态势，这既要求品牌部门加强对负面舆情的监测，还对宣传工作人员的应急处置能力提出了高要求。当危机事件或负面舆情发生时，宣传工作人员需要第一时间做出反应，对相关事件进行核实，对于涉及其他部门甚至企业外部工作的，应第一时间取得联系，了解事件原委。另一方面，宣传工作人员还需对各方面信息进行整合，厘清事件原貌，及时、全面、客观地还原事实真相。同时，对波及范围广、影响巨大的突发事件和负面舆情，品牌部门还需第一时间向上级部门报告，全力配合上级部门做好应急处置工作。

（四）热点事件敏感性

利用时效性高、传播影响力大的网络热点可以进行有效的品牌营销，如何保持对热点事件的敏感和有效的把握，是宣传工作人员的必修课。热点事件营销可分为突发热点营销与可预测的事件营销，前者是不可预测的、突发的，后者是可预测的、常规的。

对于突发的网络热点营销，需要宣传工作人员具备高度的热点事件敏感性，对于可能成为网络传播热点的事件及早发现、快速反应，并针对这一热点展开传播营销策划，以确保在热点影响力爆发的第一时间能够进行品牌推广与营销。

对于可预测的热点事件，如特定节假日、大型活动与赛事以及"双十一"等，可以根据以往经验预先设置各类预案，针对事件发展的各种可能性分别进行传播策划，以保证品牌传播工作在应对各种可能时都有备无患。

（五）自我学习与提升能力

自我学习与提升能力是员工能力素质的基础，自我学习与提升能力的提高是一个缓慢的过程，但无论对员工个人还是对企业无疑都是一项高回报的投资行为。

员工的自我学习和提升有助于员工工作效率和工作质量的提高，有助于品牌传播工作达到甚至超过预期效果，更能够进一步推动公司系统品牌形象和口碑的建设。

二、新闻宣传和品牌建设人员的专业素质提升路径

（一）自主学习与提升

宣传工作人员需在日常的工作中有意识地进行自我学习，并从知识结构与技术技能两方面对自己进行提升。

在知识学习方面，宣传工作人员可以通过阅读书籍、旁听高校讲座以及参与线下培训等方式，加强对品牌传播相关理论知识的学习、交流和理解，并通过亲身工作实践，将理论应用到实践中去。另一方面，宣传工作人员还需要时刻保持对业内最新的研究成果与理论的关注，对于新的研究成果早学习、肯实践，保证品牌工作的先进性，保障公司系统的品牌传播工作始终处于领先地位。

在技能学习方面，宣传工作人员不仅要熟练掌握与品牌传播工作相关的基本技能，

并在工作实践中逐步提高。同时，对于自身并不熟悉的专业技能，可以通过阅读书籍、购买网课等途径进行自学，尤其是当下在线教育平台的规模和成熟度都已大大提高，"站酷网""致设计"等平台不仅提供了大量的免费与付费课程，更有一大批设计师、新媒体编辑、美工等工种的人员在线进行答疑交流，为宣传工作人员进行自身技能的提高提供了海量资源库。

同时，宣传工作人员应主动"走出去"，以开放的眼光走出本职工作的"画地为牢"，与非品牌部门、非电网企业的人员进行交流沟通，了解外界对于品牌传播工作的意见建议，以此为基础对当前工作进行反思，对品牌传播工作进行自主提升。

（二）公司系统支持

对于宣传工作人员专业素质的提升，公司系统应给予资金、场地以及人力资源等方面的支持，通过邀请培训师进行专业培训、组织参观学习、购进视频培训课程等方式，从公司层面助力宣传工作人员专业素质的提升。

公司系统可以践行"引进来"的战略方针，从外部邀请品牌传播工作相关的专业人士，如知名企业的品牌或市场部门负责人、自媒体大V、理论界学者等，就品牌传播理论知识与专业技术技能分别设置培训课程，按照所属的公司层级、职务层级、工作分工，有针对性、分批次地对宣传工作人员进行知识与技能的培训，综合提高宣传工作人员的专业素质。

另一方面，公司系统还可以通过"走出去"的方式，组织品牌部门相关负责人进驻品牌传播工作卓越成效的知名企业进行参观考察，重点对品牌传播工作思路、人员配备及流程进行考察学习，并邀请其品牌传播的相关工作人员一起组织交流座谈会，就品牌传播工作的一系列问题与疑惑展开现场交流沟通，向他人学习品牌工作方面的新思路、新方法，以他人的长处补足自身工作上的欠缺与不足。

最后，公司系统应鼓励并支持员工进行自主提高，例如购进专业设备、组建专门的多媒体实验室、购买网络培训课程账户方便宣传工作人员自主学习等，以公司系统的支持态度鼓励员工提升自身专业素质。同时，公司系统还可通过组织专项技能提高、新工作思路开发等专题活动，整体提升宣传工作人员的专业素质。

（三）提升反馈与考评机制

针对公司系统对提升宣传工作人员专业素质所做的投资，考虑到回报率与员工自觉性问题，建议设置与之配套的反馈考评机制，分别从知识技能掌握程度和长期绩效考核两方面入手，对员工专业素质的提高进行考核。

在知识技能掌握程度方面，可根据相关培训和学习的内容设计测试题目，在培训或学习活动结束后的一定时间内，通过笔试、上机实操等形式组织开展对宣传工作人员的专项测试，以最终的测试成绩为主考量宣传工作人员对于知识技能的掌握程度。

在长期的绩效考核方面，主要考核品牌传播工作在一定时期内所取得的传播效果，并将其与相关培训等活动前的品牌传播效果进行环比分析，总结有明显进步和表现欠佳的工作部分，在下一阶段有针对性地制定工作方案。

第二节　新闻宣传和品牌建设人员的业务素质要求及能力提升路径

国家电网有限公司建设国际一流现代企业的目标对品牌部门及宣传工作人员的业务素质提出了新的要求。品牌部门及宣传工作人员的业务素质高低直接决定着公司对外宣传工作是否有效、用户是否忠诚、品牌口碑和企业形象能否获得公众认可。除了最基本的电力专业知识和技能之外，宣传工作人员的业务素质提升内容还包括其思想道德修养、工作态度、沟通能力、管理能力以及对公司系统的业务规范的熟悉程度。

提升宣传工作人员的业务素质，不仅需要宣传工作人员端正自身工作态度、以积极的心态投入到自我学习、自我提高的过程中去，更需要企业的支持与关怀。企业要保证与员工进行充分的沟通，必要时可以采取座谈、无记名问卷等方式，充分了解员工诉求，在能力素质的提升路径方面与员工达成共识，以切实提高企业员工的能力素质和促进企业发展。

考虑到电力工作内容的专业性和特殊性，宣传工作人员需掌握与之相关的电力技术和安全生产等专业知识，电网企业可以建立岗位交流制度，鼓励宣传工作人员进入一线班组沟通交流，学习电力专业知识与安全生产知识，鼓励宣传工作人员在实践中学习，以确保品牌传播工作的准确和严谨。

一、新闻宣传和品牌建设人员的业务素质要求

（一）电力专业知识与技能

对于电网企业员工来说，基本的电力专业知识与技能是每位电力员工必备的能力素质之一。而对于电网企业宣传工作人员来说，因为远离电力基层工作一线，对于电力检修、停电复电、营销客服等情况难免了解得不够全面细致。因此，了解电力基层工作和基本的电力专业知识，能够有效避免新闻宣传、品牌建设、新闻发布以及企业公关等工作中的"乌龙事件"。

2018 年 3 月 13 日，就在 3·15 消费者权益日前夕，网红作家"六六"通过其微博公开讨伐京东，转述其好友在京东购物货不对板的遭遇，并严词责骂京东"无赖""卖假货"。这场纠纷的起源于"六六"的师姐在京东全球购上买了美国某品牌护腰枕，而商家实际卖给她的却是标识相似的另一种护腰枕。经过与商家协商，商家否认了自己的售假行为，并拒绝退货。于是，该消费者转而向京东客服投诉商家，京东客服给出的答案是"卖家发错货"了。3·15 当天，京东客服官方微博"@京东客服"发布"关于'六六'女士有关京东全球购商家投诉的声明"，在声明中，京东仍坚持"卖家发错货了"的说法，并声明称，"经过调取录音和其他原始资料发现，内容存在多处严重不实，已经涉嫌夸大编造和诽谤"。一石激起千层浪，网友纷纷在评论区讨伐京东。

就此次"六六"讨伐京东售假事件而言，真正激起网友怒火的恰恰是"@京东客服"官方微博发布的声明中的措辞，在声明中京东方面刻意将两个品牌进行了混淆，引起网友的质疑与不满。作为品牌相关人员，在进行公关活动之前，需要对自己所在企业提供的产品或服务有深入细致的了解，避免因为自己的业务不熟练而对整个公司的形象和口碑造成难以弥补的损失。

（二）业务流程与规范

同样是在"六六"讨伐京东售假事件中，面对消费者的投诉，京东客服直接认定消费者所说的"售假"只是商家"发错货"，让消费者"相信京东，相信刘强东"，并表示消费者可以退货。而当消费者表示对这个处理并不满意，提出投诉该客服不称职时，却遇到客服的消极回应，客服表示"无论你怎么投诉，最终还是会回到我这里来的，就是这个结果，不会改变"。在"@京东客服"发布的声明中，却否认了京东客

服曾讲过此种言论。在此次消费者投诉的处置过程中，京东客服并未在接到投诉的第一时间向涉事卖家进行核实，更未进行必要的自检工作，而是直接向消费者认定卖家只是"发错货了"。而在"@京东客服"发布的声明中，对于该事件对消费者所造成的不便毫无悔意，甚至表示"六六"所发文中的内容有多处与事实不符的情况。

作为企业对外的主要窗口，宣传工作人员应熟知辟谣、致歉、维权等企业对外公关行为的一般性流程与操作规范，及时核实事件真实情况，真诚表达自身态度，准确发布对外口径，避免因业务流程操作的不规范或失序而对企业造成不必要的麻烦与损失。

（三）服务意识与质量

构建以客户为中心的现代营销服务体系，是落实党中央决策部署、满足人民美好生活向往的必然要求。现代能源企业的内涵是现代能源、现代企业、服务企业，即提供清洁高效、安全可靠的能源服务，打造管理卓著、技术领先、员工一流的现代企业，建设以客户为中心、价值共创的服务型企业，提高服务意识与服务质量是整个公司系统工作人员必须时刻保持的自我意识。

著名餐饮品牌海底捞火锅一向以其周到细心的服务受到广大消费者的青睐。例如，因为海底捞食客很多，经常要排队，餐厅就为等待的顾客提供免费美甲、美鞋、护手等服务，还提供免费的饮料、零食和水果。并且服务员还会主动为顾客涮火锅、扎辫子，甚至在卫生间里都会有专人服务，包括开水龙头、挤洗手液、递擦手纸等，海底捞服务的无微不至成为众多消费者选择它的主要原因之一。要建设服务型企业，不仅需要在公司战略上重视服务质量，更需要每位员工提高服务意识，想客户所想，供客户所求。而作为宣传工作人员，在进行对外宣传时不仅要传达企业的理念，更需要替客户着想，传达客户所求。

（四）自我管理与工作态度

在进行对外品牌传播工作的同时，宣传工作人员需要意识到，不仅自己所传达的内容影响着企业的形象，其自身的形象和态度也影响着企业形象。2018年7月22日晚，国家药品监督管理局相关负责人就造假疫苗问题接受新闻记者采访，但与关切人民生命安全议题应庄重肃穆不符的是，该负责人身着带有LOGO的巴宝莉T恤出镜，并且在面对镜头时，全程盯提词器念稿，该行为引发公众不满。一时间，全网一片哗然，纷纷指向"贪污""腐败"等负面舆论上。

作为企业的对外窗口，品牌部门工作人员需要时刻保持警惕，加强自我管理，端正工作态度，以高标准要求自己，以防将自身的欠缺带入工作中，影响正常的品牌传播工作。

（五）沟通技巧与能力

品牌传播工作的特殊性要求宣传工作人员具备高超的沟通技巧与能力。交流和沟通是双向的，一名在工作中对交流沟通游刃有余的员工，不仅应当做到可以准确、高效地理解接收到的信息，还应当恰当、高效地表达或者反馈信息。因此，提升员工的语言表达与理解能力也是至关重要的。作为宣传工作人员，对外需要与用户乃至社会公众进行良性的交流沟通，了解公众的不满与诉求，尤其是就企业对公众造成的不便与困扰进行道歉时，需要把握尺度、言辞得当。当公众情绪激烈甚至失控时，如何克制自己的情绪，运用适当的言语和沟通技巧向公众表达歉意、安抚公众情绪以保证公关工作能够顺利进行，是品牌传播工作对宣传工作人员提出的要求之一；而在企业内部，品牌部门需要就品牌传播工作的各项内容与企业各部门进行高效的沟通，了解与品牌传播工作内容相关的各类服务、产品等详细信息，并将其准确、简练地总结概括为适用于当下舆论生态的传播语言以进行对外传播。同时，与企业内部其他部门人员沟通交流时保持平和心态，构建良好的沟通氛围，也是对宣传工作人员的沟通技巧与能力提出的要求。

（六）思想道德修养

企业员工能力素质是知识、技能和品质的整合，而对于企业员工的业务能力素质来说，其品质也就是思想道德修养是第一位的，也是最基础的。首先，员工的思想道德修养首先是其自身人生观、价值观、世界观的体现，体现了一个人对人生如何理解，是一个人为人处世的大方向指引。冯友兰先生曾对人生境界进行精辟论述，他提到了四种境界，自然境界、功利境界、道德境界和天地境界。思想道德修养高，境界就高；思想道德修养低，境界就低。思想道德修养的高低影响着一个人的行为对社会有利还是有害，良好的思想道德修养是构建和谐社会最重要的素质之一；其次，员工的思想道德修养的高低从侧面反映着一个企业文化的好坏优劣，也是企业整体素质的基石。员工思想道德修养的高低首先影响的是员工在日常工作中对待本职工作、对待同事和整个公司的态度，影响着其工作是否认真、待人是否真诚、对企业是否有认同感与归属感。员工思想道德修养还影响着整个企业的整体素质，决定着企业核心竞争力的高低，更影响着企业参与市场竞争的成败。

二、新闻宣传和品牌建设人员的业务素质提升路径

（一）员工自我提升

员工进行自我提升，要从知识结构、技术技能、个人品质三方面着手，全面提升自己的综合素质。

员工进行自我提升首先要加强自己本职工作相关知识的学习，不仅涵盖了品牌传播工作相关的知识，还应包括品牌传播工作中的心理学、社会学等相关知识。同时，宣传工作人员在日常生活中要有意识地关注与品牌传播以及电力相关的时事新闻、行业动态以及新的成果，对与品牌传播工作甚至电网企业相关的新变化能够做到及时了解掌握。另一方面，宣传工作人员可以同步关注有关石油、通讯、高铁等其他国有企业的品牌传播工作方式，取人之长、补己之短，以自己的不断学习和提升助力国家电网公司品牌传播工作的开展。

其次，宣传工作人员应对企业经营管理和人际沟通交流等职场技能进行学习掌握，以保证在基础的品牌传播工作之上能够合理安排工作进度、分配工作任务、协调人际关系与部门间的关系，这是现代企业经营管理对每一位员工提出的新要求。

最后，树立正确的道德素质和职业操守，是员工进行自我提升最基本但同时也是最重要的一环。提升自己的道德素质，要从最基本的行为习惯做起，把对于道德素质的高要求落实到身边的点滴小事，把好的行为沉淀为习惯，习惯升华为信念。对于职业操守，员工个人应加强对于企业文化的感知与认同，提升对企业的忠诚，以高度的热忱和责任心对待企业工作，齐心协力为企业共同的经营目标而努力工作。

（二）建立员工提升的企业激励机制

在企业员工进行自我提升的同时，企业应建立与之配套的激励机制，积极制定鼓励措施，使员工劳有所得，充分发挥员工的主观能动性，确保员工素质提升工作取得实效。马斯洛的需求层次理论讲人的需求从低到高分为五个层次，即：生理需求、安全需求、社交需求、尊重需求和自我实现需求，企业激励机制的目标即着眼于需求的最高层次——自我实现需求。自我实现是指员工的各种才能和潜能在企业经营的大环

境中得以充分发挥，实现员工个人的理想和抱负的过程，而企业对于员工提升的激励，则是员工自我实现最具体直观的一种体现。

企业应建立起完善的月度、季度和年度考核标准，通过工作绩效评估、员工实际操作和年度考试等途径，就员工的各项能力素质进行评估。同时，在员工之间开展不记名的互评工作，以完成对人际交流沟通、综合管理能力等主观性较强的提升指标的考核。

考核结束后，企业应对考核结果进行分析，综合考虑员工能力素质提升的幅度大小及工作实效，分别予以适当的年终奖、薪资提升以及职位晋升等激励措施。对于提升效果不佳甚至工作实效下滑的个别员工，应给予警告甚至处罚。

（三）建立完善的轮岗交流机制

因为宣传工作人员远离电力工作一线，对于电力检修、停电复电、营销客服等电力相关工作相对比较陌生，为促进宣传工作人员熟悉和掌握相关岗位的作业流程及规范，培养复合型的宣传工作人员，提高宣传工作人员的综合素质与能力，建议建立完善的电网企业内部的岗位交流机制，具体措施为组织宣传工作人员定期进入运检、营销、客服等班组进行轮岗交流，另一方面也组织其他部门工作人员进入品牌部门进行岗位交流，以促进部门间的相互认知与理解。

对于岗位交流，应分别针对新入职员工和老员工设置不同的岗位交流措施：对于品牌部门新入职的员工，在其试用期结束后，建议在与品牌工作相关度高的部门进行短期轮岗，轮岗时间长短以能够熟练掌握相关部门业务操作规范及流程为准，以保证新员工能够快速熟悉并掌握品牌传播工作的整个流程规范及相关知识技能；而对于老员工来说，建议设置轮岗交流月，根据员工绩效考核结果，对考核优秀的员工进行建议轮岗。同时，对个人能力素质不尽如人意的员工开放自愿轮岗申请渠道，以保证每位员工都有合理提升自我的空间与途径。在工作岗位选择上，建议选择与品牌传播工作相关度高的营销、客服等部门；对于非品牌传播部门工作人员，也建议定期安排部门主管级人员在品牌部门进行短期轮岗，以促进非品牌部门对品牌传播工作的认识与理解，提高公司系统全员的品牌传播素质。

（四）塑造典型人物

对于企业来说，一个典型人物及其事迹足以影响所有员工并带动整个企业的进步，但宣传典型人物报道不能靠等典型人物，应有意识地塑造典型人物和模范。塑造企业典型人物，涉及典型人物的发掘、人物形象的塑造、系统内部甚至对外宣传以及典型人物形象维护工作，是一项长期的综合、系统的工作。

对于公司系统典型人物的发掘首先要求具备高度的敏感性，对先进人物及其事迹保证做到及时发现并全面报送。其次，塑造典型人物需要注重其精神品质，典型人物一般具有乐于奉献、踏实肯干、勤于学习、乐业敬业等优良的精神品质。最后，典型人物需要具备一般员工的共性特点，即典型人物最好是基层普通职工，以普通员工的先进事迹彰显"在平凡中创造价值"的价值理念。

在典型人物形象的塑造方面，需要对所选择的典型人物进行全面细致的了解，不仅对其日常工作内容及工作中的态度进行描绘，更将人物形象塑造工作深入到典型人物的日常生活中，通过典型人物的个人习惯、家庭生活等方面的侧面烘托，使典型人物的形象更加立体饱满，使企业员工对典型人物产生熟悉感与亲近感，以保证典型人物发挥引领作用。

对于典型人物形象的维护，更多依赖于典型人物个人思想觉悟的高低，依赖于典型人物在工作生活中严于律己、保持警惕。对于公司系统来说，可以对典型人物形象的维护做好辅助工作，例如加强典型人物的思想政治教育，对典型人物的动态进行实时关注与发掘，并对其形象进行日常宣传等。

（五）系统地开展培训

企业员工培训是企业员工潜力开发与能力素质提高的一项重要内容，对全体员工知识与技能的更新与提高、创造力与创新精神的挖掘和培养、行为的规范与责任意识的规范和强化发挥着极其重要的作用。伴随着知识经济、信息社会的到来，党和国家领导人明确指出，教育培训工作是人才队伍建设的先导性、基础性、战略性工程，企业之间的竞争越来越表现为员工各项素质的竞争，造就高素质员工成为企业参与时代竞争的必然之路。

进行企业员工培训需要确立并完善一整套合理的员工培训机制——从培训目标的确立到培训项目申请，再到培训课程体系建设、培训方式选择与师资队伍组建，以及培训的落地实施与效果评估等方面。

进行企业员工培训，首先要明确培训目标，即希望通过培训提高员工知识结构、技术技能、个人品质中的哪一方面的哪一具体内容，如拓宽电力知识、业务流程规范或者人际沟通能力等。同时，培训目标的确立需要对后续的员工培训及员工个人能力素质提高具有持续性的推动作用，并对公司发展有一定的促进作用。

在建设培训课程体系以及培训方式选择时，需分别考虑培训目标、培训对象、培训内容的具体情况，进行综合分析研判，就课程体系的课程设置、内容选取以及培训方式选择科学地进行设计，尤其是在培训方式选择方面，可以结合品牌传播工作的特点和当下新媒体的发展，灵活的采取线下实训与线上学习相结合、团队协作游戏和参观优秀企业等方式，保证员工可以在学习中得到实践、在实际应用中得到提高。

对于培训的师资队伍建设工作，企业需综合考量公司内外部环境的不同特点，既需要从企业内部的优秀员工中选拔培养出一批优秀的培训导师，以优秀员工的个人工作经验现身说法，在进行培训讲学的同时号召员工向优秀的同事学习；其次，可以邀请与培训内容相关的优秀企业人员进行授课，学习其他企业的先进理念与工作方式方法，吸取其他企业的经验教训，见贤思齐，为企业及员工的知识结构、技术技能和品质方面引入"活水"；最后，还应邀请理论界相关学者参与企业的培训工作，员工通过学习新的研究理论保证自身能力素质能够紧跟时代步伐、走在竞争前列。

在培训的落地实施阶段，公司系统需提前预热培训活动的宣传工作，组织、吸引更多员工的参与。同时，就培训内容、培训的时间与地点以及培训讲师等事项进行最后确认，确保培训授课环节的万无一失。

最后，建立切实可行的培训效果评估机制是整个员工培训过程的重中之重。培训效果评估不仅仅是对培训结果的评价，还应包含对培训课程体系、培训内容及方式的评价。通过效果评估可以检验培训是否完成了预定目标、达到了预期效果。同时，高效可信的效果评估对后续的培训体系建设、培训内容改进以及培训方式选取等方面都具有战略性指导意义。对于培训课程体系以及内容方式等方面的评估，可以采用员工无记名问卷的方式，了解员工认为满意和需要改进的地方，同时吸取相关专家的意见建议，以对日后的员工培训活动进行科学的优化设计。员工层面的效果评估可以从员工的知识结构改善、技术技能掌握方面入手，通过培训后测试的方式第一时间进行评估，同时采取员工不记名互评的方式，就个人品质这一主观因素强且难以量化的指标进行评估；企业层面的效果评估则主要从企业绩效成果方面入手，通过培训的货币受益与货币成本的比较，计算投资回报率，以此对培训效果进行评估。

在效果评估之外，企业还需建立与之配套的奖惩机制，对个人通过培训的学习效果预先设置测试及格线，对表现优秀的员工给予一定的奖励措施，而对表现较差的员工则进行再次培训甚至处罚。

第三节 新闻宣传和品牌建设人员的心理素质要求及能力提升路径

品牌传播工作是一项对员工的业务能力、专业能力要求较高、挑战性较强的工作，要求工作人员在完成常规的品牌传播工作和要求的同时，还能够推陈出新，策划富有创意性的传播活动，不断提升传播效果。因此，时间紧、任务重、人手不足是经常遇到的问题，这就要求宣传工作人员必须具备坚强的心理素质和极强的抗压能力。

人的心理影响行为，人的行为是其自身内心活动的外在表现，心理状态的好坏直接影响到宣传工作人员的日常工作行为，因而宣传工作人员良好的心理状态对于品牌传播工作有着十分重要的作用。心理素质好的员工，能够在工作中及时调整心态，化压力为动力，积极进行传播策划与落地执行，以积极的工作态度面对品牌传播工作；相反，心理素质差的员工则会因工作上的压力而心绪不定，甚至引发精神恍惚、抑郁等心理疾病，员工这种不健康的心理状态极易引起工作上的失误进而导致不必要的损失。

当面临的工作压力过大时，宣传工作人员一方面需要及时采取措施进行自我心理状态的调整，避免出现抑郁、恍惚等不健康的心理状态，并进一步引发心理健康问题，导致正常工作受到影响甚至危及自身身心健康；另一方面，宣传工作人员需要有明确的自我认知，了解自己的心理承受能力和临界点，必要时及时寻求心理医生的帮助。

关注员工的心理健康，提高员工的心理素质，首先需要加强对员工个人的培养，全面提高员工在面对心理压力时的自我调控能力，引导员工进行正确的自我认知，确保员工的心理问题不会影响品牌传播工作的正常开展。其次，企业要重视员工的心理健康问题，把"以人为本"落到实处，通过设置减压室、心理咨询室等方式，实时维护员工的心理健康，切实提高员工的心理素质 ❶。另外，由于心理健康问题的症状难以察觉、指标难以量化，企业应引进一套既适用于电网企业员工又适用于品牌或者新媒体从业人员的心理测试系统，通过定期的员工心理监测，实时分析并掌握宣传工作人员的心理状态，对可能存在的心理异常进行预警，并安排专人对存在潜在的心理问题或者已经发生心理问题的员工进行及时的心理关怀及疏导。

宣传工作人员的心理压力还来源于对于本职工作的归属感不强，这一方面是因为与其他专业部门相比，品牌传播工作的工作绩效相对难以量化，宣传工作人员的成就感较难获得，对于本职工作的归属感也就随之降低。企业应就品牌传播工作的这一特点建立合理的传播效果评估机制并实施与之配对的激励机制。同时，品牌部门还应定期组织团队建设活动，开展团体心理拓展，增强团队协作能力和凝聚力，提升宣传工作人员对于本团队的归属感，以提高整个团队的心理素质。

一、新闻宣传和品牌建设人员的心理素质要求

（一）心理抗压能力

心理健康是指个体保持健全的人格，并与他人及生活环境、工作环境之间保持良好的协调和均衡的一种持续性状态，一个人的心理是否健康会直接影响到工作和生活的方方面面。员工的心理抗压能力是员工个人对由工作中的逆境引起的心理压力、负面情绪甚至生理不适等的承受与调节的能力，主要表现为对逆境的适应力、容忍力、耐力和战胜力的强弱。一定的心理承受能力是员工良好的心理素质的重要组成部分。宣传工作人员首先需要具备良好的心理抗压能力，能够承受来自工作和生活的种种压力。

能够不被心理压力所引起负面情绪和不适左右，以积极乐观的心态面对接下来的工作，树立自信心和对于工作的信念感，正常、有序地维持品牌工作的日常运作。

（二）自我调控能力

当宣传工作人员面对的心理压力超过其自身的承受限度，就需要对自身的思维、情绪和行为进行有效的调控。自我调控能力顾名思义，分为自我调节和自我控制两部

---

❶ 武淑平. 电力企业生产中人因失误影响因素及管理对策研究 [D]. 北京交通大学，2009：141.

分。自我调节指心理压力超过个人的心理抗压承受限度后，个人的思维、情绪以及行为受到负面影响，通过运动、深呼吸甚至哭泣等适宜的方式方法，对心理压力进行转移与释放，调节自身的负面状态，扭转因心理压力过重而造成的工作上的被动局面；自我控制指在一时难以采取有效措施进行自我调节时，为消除个人因情绪或行为的失控而对工作造成不必要的麻烦与损失，而采取的抵制冲动以进行自我行为约束的过程。

宣传工作人员要具备一定的自我心理调控能力，拥有一套适合自己的心理调控方法，当面对来源于工作与生活的压力时，能够及时采取有效的措施对负面情绪进行自我管理，通过合理途径进行压力的释放和工作状态的调节。而如何判断自己承受的心理压力过重、何时应该采取措施进行心理调控，则有赖于清晰、准确的自我认知能力。

（三）自我认知能力

心理学上的自我认知主要指对自身思维、情绪、意志等具有个人气质特征的心理状态和活动的自我洞察与评价，是个体进行有效的自我心理调控的前提。清晰、准确的自我认知有助于个人对自身的心理素质和心理状态、自身与外部环境的关系进行客观、实事求是的判断与评价，是保持心理健康的重要前提。

对自身心理素质的认知是对自己思维、情感、意志、能力以及性格等方面的自我认识，是对自己先天心理素质条件的评价。对自身心理素质清晰的自我认知有助于个体认识到自己心理素质的优势，了解自身心理承受能力的高低与临界点，对于个人的心理生活、行为表现及协调个人在社会群体中人际关系的协调，都具有重大的影响作用；对自身所处心理状态的认知是个体在自我心理素质认知基础上达成的，是对外部环境种种刺激的洞察，也是对自身应激反应的认识，有助于个体及时发现自身因外界刺激而产生的心理负面状态并采取措施进行自我心理调控，以便及时排除因为负面心理因素带来的不良影响。

（四）对工作和企业的认同与归属能力

对自身本职工作和企业的认同与归属感是员工为企业的各种目标进行奋斗、尽职尽责做好本职工作的内在驱动力，也是缓解员工心理压力的有效途径。员工对工作和企业的认同感与归属感不仅需要来自企业层面的员工关怀和企业文化的构建，同时也需要员工主动地在工作中寻求对工作和企业的认同感和归属感。

认同感是个体对某一事物有价值的一种判断，是对待外界事物的价值所持有的一种认可的态度。企业员工对本职工作和企业的认同感既是对工作所创造的价值的认同，同时也是对企业文化和所创造的社会价值的认同。员工对企业的认同感能够大大降低企业的监督成本，在认同感的影响下，员工能够积极主动地为企业的共同目标努力工作，实现更高的工作效率，给企业带来不可估量的长远利益。在品牌传播工作中，宣传工作人员不仅需要对公司系统的企业文化进行对外宣传，更重要的是加深对企业文化的理解，对公司的价值观能够感同身受，以作为公司一分子的身份参与到工作中去。

归属感是个体对其所属的特定群体存在的一种特定的认同、隶属的情感，是个体与群体间从属关系、个体与群体中不同个体间关系的体现。从社会心理学的角度来讲，人对于归属感的需求既是马斯洛的需求层次论中的自我实现需求，自我实现需求的满足给个体带来身处群体间的满足感，有了这种满足感，个人对于所处群体的归属感才会强，对于群体的责任感也会随之增强。对于企业来说，员工的归属感指在工作一段时间之后，员工对于企业的文化、价值观、经营目标等在情感上产生的认同感、成就感、自豪感、隶属感等具有鲜明的个人情感色彩的感情的集合，是员工对于企业的忠诚度和责任感的情感来源，是调动员工工作积极性的重要因素。从员工的角度来讲，要对企业具有归属感还需要企业对自身的认同，这就要求员工能够为企业创造价值，增强个人与公司的价值连接。

二、新闻宣传和品牌建设人员的心理素质提升路径

（一）学会自我心理调节

合理的自我心理调节是最及时有效的缓解心理压力的途径，当面对心理压力时，可以采取一些适当的方法对不健康的心理状态进行调节：首先，如果造成心理压力的主要原因是工作，可以短暂地"放空"自己，暂时远离工作，同时用下棋、绘画等对精神集中度要求高的活动强迫自己的思维从工作上移开，以切断心理压力的来源；其次，对自身已有的心理异常状态进行调节，借助可以有效舒缓精神紧张程度的方式如听音乐、旅游等，舒缓紧张的神经，使自己的情绪得以平复；最后，是对自己的心理压力进行释放，通过剧烈运动、观看喜剧或恐怖片等方式对心理压力进行宣泄，使自身的心理恢复到正常的状态上去。

在工作任务无法规避而自身心理状态又失衡的情况下，为避免影响正常工作甚至造成工作失误，对由于心理压力引起的不良情绪和行为进行控制是必要的。自我控制是对自己的情绪和行为等进行理性判断后采取的克制行为。对自身情绪和行为进行控制时，首先要学会对自己喊"停"，即停止当下所做的工作、平复既有的情绪，为自己创造短暂的思维空当，以便对处于心理压力下的自身情绪和行为进行理性的思考与判断；在对自身的情绪和行为进行理性判断之后，并不意味着要立即对不良的情绪和行为进行规避，而是留给自己短暂的时间进行放松，如深呼吸、远眺等方式，放松紧张的心理状态；最后，根据理性判断的结果，对不良情绪和行为加以克制，回归到正常的工作中去，待工作任务结束再对自身进行心理调节。

（二）积极的自我心理暗示

企业员工积极的自我心理暗示是对自身工作能力、工作成效的肯定，对工作中产生的不良情绪具有镇定作用，有助于员工自身保持积极乐观的心态，为员工提供工作的动力。而消极的自我心理暗示则会挫伤工作激情和信心，影响员工个人的心理健康和工作的正常开展。

进行积极的自我心理暗示最简单的方法是言语暗示，即通过在纸条上书写或者小声默念"工作任务一定可以完成"等语句对自己进行肯定的心理暗示，并且语句越简短，越能够产生情感上的冲击力，暗示效果也就越强。同时，进行言语暗示时不能够采取否定自身错误的方式，例如"我一定不会再犯错""不能再拖了"，即用来自我暗示的语句中不要出现表意否定的负面词汇，因为积极的自我暗示是对自身能力的肯定，而不是否定自己的不足，通过否定自身错误的方式进行心理暗示，往往会取得适得其反的效果。

进行自我心理暗示的方法还包括肢体语言的暗示，因为人的肢体动作和表情也是人际交流中的语言符号，通过表意给自己鼓劲加油等肢体动作，也是进行积极的自我心理暗示的方法之一。

最后，利用具有特定象征意义的事物也是进行心理暗示的一种途径，例如绿色代表阳光与生机，卡通玩偶象征活泼欢乐等，员工可以通过在桌面上视线可及的地方摆放具有积极的象征意义的摆件，来对自己进行积极的心理暗示。

（三）员工帮助计划（EAP）

EAP（Employee Assistance Program），又称员工帮助计划，是由企业为员工设置的一套系统的、长期的福利与支持项目。通过专业人员对组织的诊断、建议和对员工及其直系亲属提供专业指导、培训和咨询，旨在帮助解决员工及其家庭成员的各种心理和行为问题，提高员工在企业中的工作绩效。

在员工帮助计划的人员配备方面，建议聘请专业的心理咨询师对员工的职业心理健康问题进行评估，对心理健康存在问题的员工，进行及时的心理咨询与疏导。同时，心理咨询及疏导应成为企业的一项日常工作，配备专门的心理咨询室或心理咨询部门，建立与之匹配的员工个人信息保密制度，为员工提供合理寻求心理帮助的途径；在硬件配备方面，建议开辟相互间独立的心理发泄室，每个心理发泄室内配备发泄用橡胶人、沙袋以及拳击手套等用品，既保障发泄人的个人隐私又为其提供尽可能多的心理压力发泄的途径。在员工帮助计划的工作内容方面，制定日常工作制度，将员工帮助日常工作与个别帮助相结合，对个别的寻求心理帮助、发生心理健康问题的员工进行定向的心理咨询与评估、心理疏导及后续的观察。而在日常工作中，建立全员心理档案，通过心理测试为每位员工的心理健康状况进行评估，对员工的心理健康问题实时监测、及时发现、有效解决。另一方面，将对企业员工心理健康的关怀深入到企业的日常工作中，采取心理健康讲座、分发心理健康自查手册和相关培训等方式，为员工提供支持性的工作环境。

需要注意的是，员工帮助计划是一项长期的系统性工作，每一位员工的心理状态也处于不断变化之中，对员工心理健康状况的评估与关怀不是一劳永逸的，而应该是日常的、动态的。因此，考虑到人为对员工心理健康状况进行评估的人力成本，建议在公司系统内引进专业的在线心理测试系统，制定定期更新、实时变化的心理测试题目，通过分批次、分时段地组织员工进行线上心理测试，并结合后台数据分析，对员工的心理健康状态进行日常的监测与评估，及时对心理健康异常者进行疏导与帮助。

第八章
新闻宣传和品牌建设人员全媒体能力提升路径

第一节　大数据时代新闻宣传和品牌建设人员能力提升

一、大数据时代新闻宣传与品牌建设人员面对的新环境

（一）大数据成为品牌传播重要依据

如今，大数据已经无孔不入地渗透我们的生活，其主要由两类数据汇聚组成：一是海量的交易数据，随着企业将更多的数据和业务流程移向公共和私有云，这一类数据的数量正在日益增多，内容结构也愈加复杂；二是海量的交互数据，尤其是来自由即时消息、在线社交、微博和共享空间这四类应用程序共同构成的社交网络大数据，由于其能实时展现人们的各种活动，因此对此类数据的获取、分析得到了更多关注。这些大数据信息已经成为宣传工作人员进行主题策划、挖掘和拓展的重要资源，甚至为品牌战略决策和品牌管理提供了依据。

（二）大数据推动信息传播走向精准

大数据时代，以往那种以单向度、针对性低、精准度差的大众传播为主的传播方式已经满足不了需求，受众也不再是被动地从众多信息资源中寻找自己感兴趣和有用的内容，同时传播者也不再为无法及时从受众那里获得反馈而感到困惑。随着大数据的发展，以数据分析为基础的精准传播会越来越普及，并且成为未来主要的信息传播态势。首先，利用大数据技术对受众进行分析，不仅可以关注他们的媒介使用行为，甚至还能涉及他们的整体行为习惯等，进而获得受众关于传播内容的兴趣、偏好和需

求，以把握影响他们信息使用行为的相关因素，使传播真正实现以受众需求为中心。其次，大数据不仅关注整体的受众需求，对个性化需求也同样关注。众多的社交网站和视频 APP 等通过搜集、整理用户留下的浏览数据，经过分析后向其推送一系列相关的个性化信息，从而大幅提升这类信息的点击率，形成精准传播。

（三）大数据加速传播媒介融合

随着互联网、物联网和各种移动终端的发展，过去很多不能被记录的数据，如人的行为数据和物体的状态数据都被传送到互联网并记录下来，使得数据量不断加大，建立在云计算等数据处理技术之上的大数据时代随之来临。在这个时代，传媒环境越来越复杂，新的传播媒介种类会越来越多，促使传统媒体加速与网络平台的融合和创新。传统媒体拥有天然的信息优势，每天有大量的文字、图片和视频被创作出来，只不过这种信息大多以模拟数据的形态存在，没有转变为数字数据，因此，传统媒体要让自身的数据得到充分利用，必须完成和网络平台的融合，而数据的互通，使这种融合变得更加容易实现，融合也更为彻底。

（四）大数据促使内容生产模式转变

"全民记者"的出现。大数据全面革新了现有的传播态势和格局，对品牌传播的生产模式和机制也产生了重大影响，对宣传工作人员的生存空间也造成挤压：一方面，随着社会化媒体兴起而形成的"全民记者"形态对传统渠道不断侵蚀；另一方面，在大数据技术及相关技术的支持下，计算机也开始承担部分传播甚至是创作工作。在这种形势下，宣传工作人员要积极适应变化，不故步自封，努力提升自身的新媒介素养。这不仅是媒体人自我完善、实现职业抱负的需要，也是传媒行业在新形势下不断提升和发展的需要。

"数据新闻"的出现。在大数据技术影响下，过去主要由媒体人承担的内容生产，逐渐分散到广大受众身上，甚至被部分地转移到计算机身上，即"数据新闻"，又称"数据驱动新闻"，是对数据进行分析与过滤从而创作出新闻报道的方式，主要指从数据中发现新闻并用数据来解读新闻。它不仅创新了新闻的表达方式，可以大量采用数据图表和可视化图形阐述新闻事实，而且变革了新闻的内容生产流程。米尔科·劳伦兹指出，数据新闻的产生包括以下基本步骤：通过反复抓取、筛选和重组来深度挖掘数据，聚焦专门信息以过滤数据，可视化地呈现数据并合成新闻故事。很显然，这与传统新闻生产的流程明显不同。

媒体机构的变革。目前，传媒体制无论从经营方式还是经营理念上都发生了质与量的变化，品牌战略和商业宣传都打破了传统模式，媒体可以更好地服务大众，媒体产业链也延长了。大数据时代，各类媒体、媒介的数量剧增，传媒集团、企业、社团、工作室，还有新媒体中不同领域的自媒体人都聚集在媒体行业中，依托互联网、移动互联网开发全新商业模式的营销平台，更从技术战略出发，打造以用户为主的方便快捷的媒体传播方式，如客户端、各类媒体 APP、网台联动、移动客户端等。

二、大数据时代对宣传工作人员提出新要求

在大数据时代，为传媒专业人员的媒体人应该具有哪些"新素养"以应对时代的挑战，是目前迫切需要思考的问题。我们认为，大数据时代媒体人应该具备的"新媒介素养"，主要应该包括理解、运用信息数据的新思维，评判新媒介、新技术的新态度，运用新媒介、新技术的新技能。

（一）大数据时代宣传工作人员的新思维

大数据时代不仅带来科技和信息，更重要的是它改变了人们的思维方式。信息形成数据的过程中，宣传工作人员的思维也随新科技变革产生的社会效应在不断改变。在思维变革的过程中，宣传工作人员作为信息最直接的传播者，对数据的反应和接受应比普通人更敏锐。大数据时代，宣传工作人员要将传统意义上的信息，升级为有价值的数据分析，进而通过传播形成品牌效应，服务品牌传播。

（二）大数据时代宣传工作人员的新态度 ❶

随着大数据时代的到来，各种新媒介和新技术在传播当中的作用越来越凸显，如何认识和评判这些新媒介和新技术成了现代媒体人首先要面对的问题。有学者曾指出，在面对新技术时总是容易走进两种极端：一是习惯于把技术要素凌驾于其他要素之上，奉技术为神，走入唯技术论的怪圈；一是畏惧新技术，拒绝新技术，面对新技术的发展奉行鸵鸟政策。具体到宣传工作人员来说，就是一部分人自认为只要紧跟媒介发展

的步伐，披上新媒介的外衣就一定能使传统媒体走出困境，而忽略了信息内容的质量，造成传播内容泥沙俱下；一部分人则对各种新技术不敏感，或是由于学习难度大等因素，甚至存在抵触和抗拒的心理，拒绝接触新媒体。因此，宣传工作人员要用辩证、批判的眼光看待问题，不仅要接受媒介技术对传播环境的影响，更要把握媒介技术和媒介环境发展的新趋势，利用新媒介和新技术为自身发展服务。

（三）大数据时代宣传工作人员的新技能

新技术在创新媒介发展的同时，对媒体人运用新媒介和新技术的能力也提出了新的要求。英特尔中国研究院首席工程师吴甘沙提到："人是大数据的第一推动力。"确实，宣传工作人员面对的媒介环境已经具有了超链接、交互性、数据化等新特点，这些新技术已渗透到社会生活的方方面面，如果此时媒体还没有进行相应技术手段的变革，不仅在信息内容的深度加工和整合方面会有不小的困难，而且会使媒体失去先机。

提升有效获取大数据的能力。面对大数据时代，宣传工作人员要具有获取可靠、关键数据的能力，要在工作实践中建设自己独有的信息收集网络，获取第一手数据信息。在网络普及和检索工具日益便捷的今天，要掌握必要的信息检索技能，以便快速准确地获取文献数据信息。

增强甄别检验大数据的能力。大数据时代，数据的威力越来越大，通过数据分析，甚至可以描绘出一个人的生活轨迹、兴趣爱好等，无论是政府、企业、个人都可以通过大量的数据分析来制定合理的决策。但是大数据也有着诸多先天不足，作为宣传工作人员应该有所了解，在进行数据收集、分析、挖掘和解读过程中要慎之又慎，坚持科学原则，不违背伦理道德，具有良好的职业媒介素养操守，尽量避免片面解读和信息误读。同时，当看到大数据时代呈现的某种规律或者现象时，要学会用用辩证的眼光看待、判断这种规律是否为病态的，是暂时的、局部的，还是被曲解的、被滥用的。用特有的眼光和经验，甄别、检验经新闻素材、科研成果、社会追踪等所有内容，坚守好品牌传播这块信息传播阵地。

强化深度解读大数据的能力。面对形式各样的大数据，宣传工作人员不仅要在数据中找到有价值的信息，更要分析这些有价值的数据信息。大数据分析是基于数学、信息学、管理学等多个学科的融合，一些常用的数据分析工具和专用的数据分析软件，为量化人类社会中存在的各种关系提供的一种可计算的大数据分析手段。在分析解读大数据的基础上，进而形成有意义的信息输出，形成社会舆论，服务社会。如何快速、负责、可持续地使用数据越来越重要，这就要求媒体人具备获取、解读和运用数据信息的能力，要有敏锐的数据意识，对各种信息和行业数据，特别是与自己的工作、学习和生活有关的数据信息要有所关注。

加强高效应用大数据的能力。大数据的关键在于如何高效应用大数据，如何将"一堆纷繁复杂、存在千丝万缕关系的数据"变为有规律、有价值的"大数据"。目前，社交网络应用使用频率较高的有网络舆情分析、情报搜集与分析、政府决策支持等。宣传工作人员要提升自己在媒介技术应用方面的新技能，尽快熟练使用新技能为品牌传播工作服务。这些新技能主要包括社交媒体的相关技能，必要的数据素养以及图像处理能力、导航能力，例如，能熟练使用微博、微信、微视等社交网络，能使用超文本标记语言（HTML）等网络编辑工具，能够在网络上纷繁复杂的信息渠道和格式间游刃有余……这些都是媒体人必须具备的新技能。

善用可视化和讲故事的能力。大数据时代，品牌传播需要将数据进行可视化操作，这对宣传工作人员提出了新的要求，要能够用可视化的工具分析、表现和解释数据。目前的数据新闻呈现形式，除了常见的信息图，新的发展趋势是基于 PC 或移动端的网页交互式作品，甚至是游戏化新闻叙事。一个好的可视化专家，不仅仅需要掌握如 Photoshop、Illustrator、Excel、Tableau 等图表和设计类软件，还需要掌握 Nodejs、MySQL、HTML、CSS、JavaScript 等网页开发语言，以及如 jQuery、D3 等网页开发框架，会利用一些开源的数据新闻制作平台，例如 Silk、Raw、Tabulau Public、Knight Labs 等开源工具。二是强调其讲故事的能力。数据新闻跟以往报道方式的不同，从本质上讲主要有两点：一是强调对资料的挖掘，从已有数据里发现新闻价值；二是强调信息传达的可视性，因为可视性是一种更适合当前信息爆炸环境下的信息传达方式。能否用数据讲一个好故事，将发现的新闻事实用准确、形象、生动的方式传递给受众，是一个数据新闻作品成功不可或缺的要素。这里的设计不仅仅是指视觉设计，同时也包括网页设计，掌握网页前端开发和后端维护的能力。

当然，掌握以上技能并不容易。因此，最初可以考虑借用一些外部力量的支持实现对大数据的挖掘和处理，但不管怎样，媒体人都需要形成与大数据相匹配的思维，理解怎样通过数据分析来弥补人工分析的不足。大数据信息往往只能告诉人们不同现象之间具有很大的关联性，但并不清楚造成关联的原因是什么，这就需要媒体人利用自己的经验积累进行分析和解读，因此，将人的分析能力与数据的处理能力结合起来，使数据分析的结果为信息传播服务才是大数据技术应用的根本所在。

三、大数据时代品牌传播能力提升的新路径

（一）转变思想，确立大数据时代的新思维

大数据时代为品牌传播的转型发展提供了良好契机。要抓住这一历史机遇，宣传工作人员就要适应此背景下信息生产和传播方式的转变，转变思想，确立大数据的传播理念，合理利用大数据技术为传媒发展服务；要确立终身学习的态度，加强对新媒介和大数据的了解和掌握。

（二）身份重塑，定义宣传工作人员新身份

在传统媒体时代，内容生产是职业化的生产活动，一般由传播者对内容进行选择、加工，制作成产品传递给受众。大数据时代，对品牌传播带来的冲击是显而易见的，首先是信息的冲击，主要表现在：当"每个人都是记者"时，品牌传播的话语权出现流失；当"大 V 纵横"时，舆论引导的优势不再；当"到现场"快不过"在现场"时，传播的时效性被赶超；当品牌信息遭遇海量信息时，导致"信息被淹没"❶；当"移动互联网开启"时，交互性成为品牌传播的重要瓶颈。大数据时代，宣传工作人员有了新任务、新角色，从大数据入手了解品牌传播的发展趋势，积极探索发展之路。

（三）受众定位，确立品牌传播对象新角色

大数据时代，宣传工作人员可以通过数据分析，确定受众的喜好，然后据此定制内容，此时，数据已经成为内容的组成部分。大数据时代的用户分析，不仅关注媒介行为习惯本身，还会关注用户的整体行为，并从中寻找影响他们内容消费行为的相关因素。同时，不能仅仅将注意力放在用户整体分析上，而是要注重对个性化需求群体进行分析，以更真实地反映用户的需求、偏好以及行为模式。宣传工作人员根据这些需求推送更适合他们的品牌内容，在与受众产生"定向互动"的过程中，使自己传播

---

❶ 雷玄．大数据时代媒体人角色的再定位．中文信息，2013：253.

的内容得以更好地反馈。

（四）多种形式，培养运用大数据的新能力

面对大数据的挑战，传媒产业需要大量掌握大数据应用技术的高级人才。一是通过自学和短期培训相结合的方式，提高媒体人对数据的认识，掌握基本的应用技术。一些软件开发商往往提供低成本的教程和短期培训以及资格认证，媒体可借此机会进行数据抓取、数据库应用、数据可视化软件使用等方面的专门培训。二是通过专业技术人员传帮带提高宣传工作人员的数据技术应用能力。国外传媒业一般的做法是引进专业的数据人才，通过构建合作团队的方式完成数据信息的新闻化过程，这就需要具有传播素养、数据素养和艺术素养人员的通力合作。我们也可借鉴这种做法，通过频繁接触专业技术人员，使媒体人在日常工作中潜移默化受到影响，提高大数据技术应用能力。三是采用资格认证和行业准入相结合的方式促使媒体人加快转型，要求媒体人取得相应的认证资格，并用相关的政策和制度进行规范。

（五）加强保障，强化宣传工作人员新责任

有专家在谈到媒体伦理问题时说："无论是经济科技的发展还是社会文明的进步都是无止境的，关于良知的问题或者道德伦理的问题也是永恒的，不可违背的。"随着大数据时代媒介环境的变化，媒介和媒体人的权利也越来越大，需要对其进行制约。因此，在现阶段可以通过加强自律和注重他律相结合的保障措施❶，强化媒介和媒体人的数据伦理道德。所谓自律，就是媒体人在进行信息传播时要有责任意识和敬畏之心，时刻反思自己报道呈现的目的是什么，是否协助建立良好的社会氛围，并对手中的话语权和事实真相怀有敬畏之心，不用话语权谋私，不过度使用话语权，能对信息审慎判断，揭示事实真相。用他律加以规范，就是通过建立健全相关的法律法规，切实落实行政规章，组织应该形成自己的组织文化和价值观，并以此来影响工作人员，成为他们内在的文化素养和必须努力实现的组织理念，建立对从业人员形象的评估机制，或者相应的奖励和惩罚机制，督促从业人员拥有良好的职业道德，具有社会责任感。

---

❶ 杨宁.大数据时代媒体人的新媒介素养.中国广播电视学刊，2015：89-92.

第二节　新传播生态下新闻宣传和品牌建设人员能力提升

一、新传播生态下的品牌传播场景之变

（一）"三微一端"的传播渠道之变

渠道与内容永远都是竞合关系，任何内容都必须经由渠道向外传播。随着技术的发展，网络空间与移动终端逐步颠覆并模糊了新闻的传播渠道，从纸媒延伸到PC端与搜索引擎，从微博与微信等社交软件延伸到网络直播与短视频，从网站延伸到各类移动端。在微博、微信兴起之后，又出现了微视，快手、梨视频、抖音、西瓜视频等新生代移动端产品，微视频用户井喷式攀升，"三微一端"的微传播格局业已形成。数据显示，截至2018年，中国移动视频用户规模达7.07亿，在手机网民中的渗透率为88.1%[1]。移动视频成为比直播更受欢迎的新传播形式。随着传播渠道快速拓展，一家企业拥有多个新闻发布平台，实现同步多渠道地发布，已成为品牌传播的常态。2018年6月，云南消防总队抖音账号"滇小消"，上线一周收获粉丝5.4万人，获赞145.6万人，阅读量超过2000万，网友互动评论上万条，开拓了地方官方政务号"入抖"的新篇章。2019年8月中旬，受第9号超级台风"利马奇"影响，浙江电网遭受破坏，而在这场台风中，国网杭州供电公司的电力检修人员田汉霖因心系民情，抢修保电被强制休息而失控大哭一度成为全网焦点，8月10日，杭州交通91.8电台微信互动平台"杭州交通918"在当天第二次推送的第二条发布了题为《"我尽力了，但还是……"抗台一线，浙江这个小伙子哭了！》的图文报道，当晚9:20，国网浙江省电力有限公司微信订阅号浙电e家头条新闻以"风雨中，他们是谁的儿女，又是谁的父母……"为题，再次对这条现场新闻做了报道，迅速收获10W+的阅读量。8月11日，新华社微信公众号和人民日报微信公众号头条位置转发报道，并对国网浙江官方公号对心系民情、真情实感进行传播宣传给予了高度赞扬。移动端已成为最重要的资讯来源渠道。新闻客户端依据其结构方式的不同，可区分为聚合类（如今日头条、UC头条、ZAKER等）、门户类（如腾讯、网易、新浪等）和专业类（如央视、新华社、澎湃等）三种，其中，聚合类新闻客户端表现最为抢眼，它凭借技术抓取其他

---

[1]　艾媒网.2019年中国移动视频用户规模将达7.74亿.https://www.iimedia.cn/c1061/65185.html[OL],2019,07.

网络平台的内容，通过算法精准推送，满足用户个性化、多样化的需求，其实质是对"注意力经济"的强调。相比之下，门户网站和专业媒体依然是新闻内容的产出单位，聚合类资讯客户端则被视为内容搬运工。随着资讯多样化时代的来临，渠道方是机遇与挑战并存。

（二）"UGC+MGC"的内容生产之变

在这个"人人都有麦克风"的时代，一方面，UGC（用户生产内容）的崛起对OGC（职业生产内容）和 PGC（专业生产内容）形成巨大冲击；另一方面，MGC（机器生产内容）的出现则对新闻从业者构成更严峻的挑战。MGC 依托人工智能技术，实现新闻生产由人向机器的转变，将传统新闻"采—写—编—排"的生产流程简化、整合为"清洗数据——抓取信息——生成文本"，通过数据处理和分析运算，以最短时间实现"数量＋质量""速度＋精确度"的完美结合。不可否认，每一次新闻生产技术的革新都会引发新闻各要素的重新定位与整合。MGC（机器生产内容）早已渗透到新闻生产领域，2015 年下半年，腾讯财经推出 Dreamwriter 写稿机器人；2015 年记者节当日，机器人"快笔小新"加盟新华社。2017 年 12 月 26 日，新华社发布国内首条 MGC视频新闻，时长 2 分 08 秒，这条由人工智能平台"媒体大脑"制作的视频，实时调用服务器 1000 台，分析网页 108786961 个，检索视频 15793 分钟、音频 4465 分钟，调用知识节点 437 个，计算耗时仅 10.3 秒。该系统将文字稿件和多媒体素材经由视频编辑、语音合成、数据可视化等一系列过程，最终生成一条新媒体新闻。2017 年 8 月 8日，中国地震台网中心发布《四川阿坝州九寨沟县发生 7.0 级地震》消息，文末标注"以上内容由机器自动编写，用时 25 秒"，瞬间刷屏朋友圈。当下，在天气新闻、财经新闻、体育及股市等新闻稿写作中，机器人写作已经全面铺开，譬如腾讯 AI 机器人dreamwriter 目前已经成为年均新闻写作实际发稿量超过 50 万篇、8000 万字的大写手，以 2018 年 11 月 15 日为例，据统计，当天机器人共写作天气新闻 1298 篇，财经新闻773 篇，汽车新闻 546 篇，房产新闻 126 篇，体育新闻 76 篇❶，未来，MGC 将进一步走进大众视野。

---

❶ 中国机电网.腾讯机器人日均写稿过千篇　你读的新闻可能是 AI 写的.http://www.chinamae.com/shownews_163926_15.html[OL]，2019，01.

（三）"参与、场景、社群、互动"的受众之变

主动参与的受众地位。无论哪个时代，媒体与受众始终都密不可分，从传统媒体到新媒体再到智能媒体，受众角色、行为和地位随之变化。早期，媒体权威性空前，受众是媒体信息的被动接受者。中期，消费时代到来，受众转化为客户，作为信息的消费者对媒体具有制约作用。传播活动的理想效果莫过于人人自发参与传播，新媒体时代，受众不仅接收、消费信息，而且主动参与到信息的生产与传播当中，集信息的接收、消费、反馈乃至生产与传播于一身。美国传播学者尼葛洛庞帝（N.Negroponte，1996）说过，"在网络上，每个人都可以是一个没有执照的电视台"。技术的进步带来的变化显而易见：其一，受众主动参与到新闻传播链中，以文本、照片、短视频等形式将"正在发生的历史"第一时间发布在网络或移动终端上，打破传统媒体对新闻源头的垄断；其二，受众不仅发表意见形成"观点的自由市场"，甚至主动创设议题影响媒介的议程设置，左右舆论的形成及发展变化；其三，为争夺眼球经济的份额，从传统媒体到新媒体，从报道内容到传播形式，均适时进行调适，从而导致整个传媒生态的变化。新媒体为民众赋权已成共识，而移动终端的出现让受众从新闻传播链的末端走向中心，并参与到新闻传播的全过程。在这个分众的时代，对传播效果的追求已经成为媒体人挥之不去的执念。

移动化、场景化的使用方式。随着手机成为第一应用终端，基于手机的新媒体平台，基于移动端的新闻、资讯、图片、电台、娱乐应用，成为最有参与性和互动性的媒体平台。自媒体时代是时代和经济发展的产物，它的出现彻底改变了媒体原有的生态格局，对传统媒体曾经霸主性的传播渠道带来极大冲击；同时也改变了社会各个领域的社会生活场景。企业可以通过多种途径建立自己的传播网络（如微信、微博、头条号等），并与消费者之间实现亲密的"互动"和"链接"。以微信为例，腾讯2019年一季度财报显示，2019年一季度微信及WeChat合并月活跃账户达11.12亿，同比增长6.9%❶。小到小商小贩，大到国家部委，微信的普及已遍布社会各个角落，微信公众平台成为企业品牌传播的标配，由此延伸出企业新媒体运营等很多新的岗位，一些互联

---

❶ 联商咨询.腾讯发布2019年第一季度财报 总营收854.7亿元.http://www.linkshop.com.cn/web/archives/2019/424873.shtml[OL].2019-05-15.

网公关广告公司更是将为企业维护微信公众平台作为主要业务。

精准化、个性化的社群分众。新媒体的内容更加个性化，也更加贴近某些用户群体的喜好。由于内容定位足够精准和细分，筛选出具有较强兴趣的用户群体组成社群，并产生社群效应。社群往往是基于共同的兴趣、爱好、行为、关系、地域等因素聚合而成，因为某一方面的共通性而扮演着信息传播的重要角色。企业根据自己产品的特质与用户定位，可以逐渐积累形成自己的社群，从而达到精准传播与互动的良好效果。

及时反馈、快速反应的用户互动。移动社交新媒体最核心的优势就是"互动"，即时反馈，快速反应，高频迭代，以最精准和投资回报率最高的方式传播。及时大量的数据反馈也为内容选择与推送指明了方向。新媒体无法形成海量和广泛的用户聚集中心，与以往媒体平台不同，但对垂直领域用户仍具有较高影响力，碎片化决定了可以在受众上线的任何时间、任何地点进行传播，发掘占据用户的碎片时间。宣传工作人员要密切关注受众的反馈数据，通过分析受众的需求信息，不断增强传播效果。

二、新传播生态下的新闻宣传和品牌建设人员能力要求之变

（一）提高"敏锐度"的能力，打造"重效果"的品牌传播

提高对信息的辨识度。随着数字化的到来，各种信息层出不穷，信息量的激增需要一改传统的信息搜集方式，需要将新式的信息搜集方法融入工作中。这就要求新闻宣传和品牌建设人员掌握现代化的科学技术手段，具有高度的信息价值辨识度，从众多的信息中选取具有极大经济价值的信息。新闻宣传和品牌建设人员还需要能够操控较多的现代化信息媒介，比如微博、微信等，通过现代化媒介的操控与人们之间进行有效的信息沟通，获取大量的有效信息。同时，新闻宣传和品牌建设人员在数字化时代，还需要具有一定的信息提炼能力，从众多的、庞杂的信息中对重要信息进行提炼，并通过多种方式向受众群体展现。

提高对数字的敏感度。新媒体时代从一个侧面来说也是数字的时代，数字作为具有较高可信度的新闻表达形式，需要引起编辑工作者的关注。新闻宣传和品牌建设工作者应该具备较高的数字灵敏度，通过数字发现事件规律。要使新闻宣传和品牌建设工作更加有说服力，提高新闻报道的可信度就要对数字进行挖掘，对数字进行多重过

滤，把数字数据制成表格图表的形式进行报道，这样对数字进行归纳整理才更具有说服力。数字化时代，各种谣言绯闻层出不穷，没有确切的数据说明问题很难使读者信服。

提高对热点的敏锐度。内容是决定新媒体发展的基础，在内容同质化的环境下，紧扣社会热点是把握传播效果的最佳途径。所谓敏锐度就是指宣传工作人员在海量的信息中捕捉热点信息并正确做出反应的能力。对信息反应的敏锐度是一名优秀的宣传工作人员所必须具备的能力，这是因为对信息的敏锐度直接影响着品牌传播的工作效率与质量，当然敏锐度的形成不是一朝一夕的事，需要品牌传播工作者长年累月地积累，积极地进行强化训练，在日常工作中有意识地培养自己敏锐度，要能透过信息表面看到背后的本质。有些信息的价值往往隐藏在平淡事件的背后，只有透过事情看本质，才能发现新闻最重要的价值。这就对品牌传播工作者的信息敏锐度和工作能力提出了更高的要求，加之，当下的新闻传播也从一元化开始走向多元化，不同的社会阶层与社会媒体都可以通过各种各样的渠道发出自己的声音。在这种形势背景下，品牌传播工作者必须展现自己的专业性与良好的基本功，为受众提供自己专业的服务，帮助大众解读企业品牌，了解企业文化。此外，还要能积极产出独特的内容，高度的敏锐度会让内容人员在选题、撰写和最终阅读数上获益。同时也要清醒地认识到，不可能每天都有轰动性的新闻，多数新闻素材都是平淡无奇的，如何从平凡素材中寻找好素材，如何合理加工好这些素材，让其成为传播热点，这对宣传工作人员来说是不小的挑战，不仅需要丰富的工作阅历，还要学会逆向思维、读者思维和网民思维，将蕴含在新闻事件中的精髓抽丝剥茧找出来，才是新传播生态下的宣传工作人员的重要职责。

提高对真伪的甄别力。随着新媒体尤其是自媒体的发展，网络上的信息在海量增长的同时，虚假信息也开始泛滥。网友或自媒体从业人员为了获得关注度，或为了个人利益，捏造或传播虚假信息，有的还将黑手伸向传统媒体或官方网络媒体，希望官方为自己"背书"，来获得更多的关注和利益。因此，宣传工作人员，要认真筛查信息源，对来源于网络的新闻信息进行再三核实，甄别网络信息的真伪，通过缜密的判断后，再进行传播。对来源不明的信息，要做到不转发、不点赞、会举报，防止虚假新闻经过再次传播后，危害更多网民和读者的知情权乃至个人利益。

（二）提升"讲故事"的能力，打造"会说话"的品牌形象

品牌传播不能仅仅为"刷"存在感。受众在接触品牌的过程中，会产生各种各样的疑问甚至误解，这是就需要宣传工作人员积极进行话题设置和引导。新传播生态下，企业与顾客之间的互动显得更加重要，受众需要的不是冷冰冰的企业形象，而是能与受众互动的人物形象，必须依靠活生生的富有感情的人"动起来"，主动与受众互动，主动去表达自己，并耐心倾听他们的需求。要把以往的官话套话用受众听得懂并且喜欢听的方式表达出来，消灭"假、大、空"，让企业形象更接地气。

品牌传播的制胜点是成为话题的焦点。当一个卓越品牌出现的时候，它必须要引领话题，或者塑造社会上的话题。话题是成就品牌最重要的因素，被谈论、被提及才是关键所在，亦即代表了成为话题的焦点，就握有品牌传播的制胜点。大的品牌可以拥有很多的话题，在产业领域中的新颖观点、讲故事的能力、邀请受众共同参与等都是话题的关键。

受众对于故事的心理依存愈发强烈。如何创造话题？首先是故事性，一个新的话题背后一定要有故事。在媒体平台繁多但内容同质化的今天，受众对于故事的心理依存愈发强烈。因此，宣传工作人员应具备出色的故事陈述能力。具体来看，讲故事能力应包括以下几个方面。一是故事语言要能"接地气"。新媒体平台不是说教的渠道，语言风格要尽可能贴近生活，最好是以聊天的语气来呈现内容，更容易被受众所认可。二是内容要具象化。新媒体传播都非常善于抓热点，尤其对于新政策出台、新形势解读最为热衷，大多数新媒体平台本身并不具有高权威性，单纯地进行"传声工作"会让可读性降低。因此，一定要围绕具体政策进行故事挖掘。比如，在一些政策的传播中，新媒体平台应当搜寻在这一时期与政策发生关联的典型案例，深入其生活探究变化，这样讲述出的故事极富代表性。三是，故事内容要包含预测。内容人员需要结合专家意见、自身经验来分析未来走势，为下一步发展给出预测，以引发新的共鸣。

（三）提升"快学习"的能力，打造"正能量"的品牌调性

加强理论功底提升理论水平。理论功底是宣传工作人员的必备素质，思想理论的深度决定了品牌传播的层次，宣传工作人员要在实践中深刻意识到自己肩负的职业责任，面临复杂的社会新闻要有清醒的思维，面对各种诱惑，将受众最需要的内容呈现在媒体上。具备较高的理论素养，才能在新闻采编工作中见微知著，准确把握品牌传

播的内涵，写出反映社会现实和真实规律的新闻作品，并且能够打动人心，让受众感受到新的真实性和震撼力。但实际上，在年轻化的新闻从业人员队伍中，理论水平的欠缺是不争的事实，亟待树立牢固的政治立场，克服浮躁心态，要有大局意识和长远意识，提高政治敏锐性，树立马克思主义新闻观。

积极学习业务提升工作能力。以网站、客户端为代表的新媒体，年轻化十分明显。因此，对新生代宣传工作人员来说，人生经验和工作阅历的欠缺，是短时间内无法弥补的，这需要一个比较长的时间去磨炼培养。但对年轻人来说，积极学习获得扎实的新闻业务能力，是更加迫切的任务，需要通过研究业务、锤炼稿件来积累提高。每调查一个选题、创作一篇稿件，都要以扎实的心态去完成每个环节的工作，选题策划环节不能脱离现实、采访环节不能蜻蜓点水、思考环节不能想当然、创作环节不能敷衍了事、修改完善环节不能充耳不闻。

（四）提升"会运营"的能力，打造"多渠道"的传播平台

新媒体的崛起关键在于以数字技术为依托的渠道，所以新闻从业人员不论所在单位的媒体形式如何，都要关注新媒体的渠道。目前比较受关注的新媒体，包括门户网站、交友网站、微信、微博、微信公众号、视频网站、App 等，都有各自的一套运营规律。宣传工作人员面临自身职业能力的提升，在提高自己业务能力的同时，还要涉足新媒体领域，在比较基础的新媒体传播规律、自媒体稿件采编和排版设计领域，都要具备相应的业务能力。简而言之，宣传工作人员要熟悉并掌握新媒体的运营。内容创作方面，新传播生态下需要更加活泼的语言和新奇切入角度，以此来吸引更多读者关注、阅读，并引发二次传播，不断扩大影响力。这需要创作者熟悉"网络语言"和新媒体创作理念，不同于传统媒体新闻稿件写作的"套路"，新媒体稿件需要提高阅读的舒适度，用更加简洁的语言表述新闻事实，避免假大空和晦涩的词汇，拒绝呆板和一本正经的说教语气，更要减少政策解读中的照搬文件现象。

三、新传播生态下的新闻宣传和品牌建设人员能力之变

（一）注重深度挖掘能力，抓住传播关键点

在新传播背景下，人们接收信息的渠道与方式越来越多，相比过去只能通过报刊、电视了解新闻的模式，人们可以通过智能手机、平板电脑随时随地获取自己想要的信

息。与此同时，大众获取信息的方式也越来越多样化，通过刷微博了解新闻已经成为大众的一种生活习惯。人们通过多种方式了解各类信息，足不出户就可尽知国家大事与人生百态。但是，现在大多数人了解到的信息，仅仅是信息本身，对于信息事件背后的故事。为此，品牌传播工作者针对一些重大品牌事件，一定要抓住传播中的关键点，深入挖掘，而不要泛泛地进行传播。品牌传播工作者本身要对信息挖掘重新认识，要认识到信息挖掘的重要性，在品牌事件的深度与广度上进行深入的挖掘，不能盲目跟风，更不能停留在品牌事件的表面上，要深入信息的背后，努力让公众多角度、全方位立体地了解品牌事件，这样才能使品牌传播报道具有影响力与震撼力。

（二）优化传统媒体运用能力，推进媒体间统合

传统媒体与新媒体都是依靠内容来吸引读者的眼球，传统媒体具有丰富的报道经验与专业的报道能力，具备悠久的品牌价值，而新媒体欠缺的就是这些。如果传统媒体可以凭借其特有的优势，借助新媒体的平台进行品牌传播，就可以实现传统媒体与新媒体两种不同形态的媒体的相互合作与相互促进；新媒体凭借其信息发布渠道与发布速度的优势，给传统媒体带来了冲击，但是并不能完全取代传统媒体的地位与作用。传统媒体应该充分利用新媒体发布渠道的优势，二者联合起来，为大众提供更高质量的新闻，进一步满足大众的需要，实现自身的发展。

（三）加强自身责任意识，树立社会责任感

新媒体的出现方便了人们的生活，但同时也具有一定的消极作用，比如信息泛滥、真假信息分不清、误导社会大众等。因此，品牌传播工作者在品牌传播中要牢牢把握传播方向，要客观公正地对品牌时间进行传播，不能出现政治错误，树立自己的社会责任感，本着对社会负责、对大众负责的态度，到现场去采访，努力地去还原事实的真相，揭示事件背后的故事，弘扬社会主义精神，带给社会正能量。

（四）提升工作创新能力，丰富内容和形式

在以往，主要的品牌内容创作是依靠媒体工作者完成的，品牌传播也多是借助专业媒体进行的。但是在发展迅速的当今时代，传统的传播方式已经不能满足大众的需要，随着网络与视频技术的发展，品牌传播的方式也变得越来越多样化，品牌传播工作者在进行品牌传播工作时要紧跟时代的步伐，合理地利用网络技术与视频技术，积极进行工作创新，不断丰富内容和形式。

（五）增强粉丝互动能力，不断扩大朋友圈

在移动互联时代，随着手机移动终端等新媒体的兴起，与传统的品牌传播手段相比，企业营销从借助其他载体转为"自媒体"时代。信息发布和接受渠道更加透明，彻底改变了之前单方面主导信息的局面，开始转换为商家利用自己的发布平台对外发布信息后，消费者根据喜好再发布与共享，从而实现了"人人都是自媒体"的传播局面。原本纯粹为受众的消费者变身为传播者可随时随地分享信息，彻底改变了媒体和传播市场。这就要求企业新媒体运营一定要有"用户思维"，通过与用户的互动，不断培养用户的忠诚度，让用户真正了解、喜欢并主动传播品牌。企业通过新媒体"有趣""有用"的内容，以及线上线下互动，不断地与用户进行对话，增强用户的认同、专一及忠诚度，不断地将更多的用户转化为忠实粉丝。

第三节　媒介融合中新闻宣传和品牌建设人员能力提升

媒介融合使得传播手段、方法、形式和技巧都有所不同，媒介融合是一个相对长期的过程，其最终目的是多维度打通更多的用户，融媒体时代，传播内容和方法究竟如何发展？目前业界的探索中主要存在三种形式：其一，部分融媒体平台为传统媒体内容的翻版，仅仅是把原有的内容搬至网上；其二，部分融媒体平台较好的保留原有精气神，在此基础上运用新技术，促使自身升华；其三，还有部分媒体选择改头换面，完全投入新技术的使用中，抛弃自身的定位和目标受众，通过媒体融合实现自身的颠覆。在这三种形态中，虽然业界和学界普遍认可第二种形态，但也都无法给出确切的回答，尤其是 5G 时代的来临，更是使媒介融合的发展方向扑朔迷离。

不可否认，现阶段媒介融合的实践仍然是第二种形态为主。这种形态使得媒体避免了第一种形态的低效率和刻板化，同时又避免了第三种形态步子迈得过大的风险。这种形态的媒介融合，在保留自身专业素质的同时，活用新技术，给新闻宣传带来的能效提升远非简单的优势"相加"。在媒体融合发展之前，绝大多数的新闻采访报道是独立的策划选题，一次采访一篇报道，其结果是花费了大量的人力物力，结果反响平平，而且，囿于单次策划报道的力量有限，也难以形成规模性新闻宣传报道。媒体融

合发展后,"一次采集、多种产品形态"成为最核心的变化,这意味着融媒体产品必须团队通力合作完成,文字编辑、视频拍摄、稿件加工、视觉美化、后台支撑等必须同时出工出力,诚然,这是对原有部门和人员的打碎重组,从实践结果来看,这种重组是成功的。另外,融媒体生产同样注重内容为王,这也对记者和新闻宣传人员提出了新要求,"全能型记者"成为必然。内容采集过程中,采、拍、写、编都要熟练掌握。

2019 年被认为是 5G 元年,5G 带来的不仅仅是速度的提升,更是生活方式的变革,那么,5G 时代媒体融合又将如何发展? 2019 年 5 月底的"5G 时代媒体融合发展机遇研讨会"上,上海大学教授吴信训提到:"新媒体发展的时代整体是以技术作为推动力,引领媒体、新媒体、融媒体的发展,但是 5G 时代的到来扭转了主流媒体向互联网化的局面,转变成互联网媒体主流化,这是因为贷款和速度给我们提供了无限可能,主流媒体会获得科技传播手段创新的主导权。"相应的,他也注意到几个关键性的问题伴随而生:其一,如何培养既懂新闻理念,又懂新技术的人才以满足社会需求;其二,是否可以在体制机制上有新的思路,共同整合起来,获得国家传媒产业在整体收益上的良好状态;其三,媒体融合时代,现有的传媒内部"老人"与"新人"专业技能出现落差时怎么办? 这些问题在电网企业中同样存在。

一、树立媒介融合中的品牌传播意识

(一)树立更紧迫的融合意识

自身的融合:需具备"复合人才"意识。如今,手机、博客、微博、微信、微视、客户端等成为信息传播的手段,网络时代的到来不仅仅体现为传播手段的革新,更重要的是由此引发的传播内容和传播方式的变化,传受之间的界限日益模糊甚至消失。与此相对应,媒体行业进入全媒体时代。中央电视台办起了央视国际网和中国网络电视台,新华社旗下有中国新华新闻电视网和盘古搜索,人民日报主办人民网和人民搜索。一时间,从中央到地方,"融媒体""跨媒体""媒介融合",成为社会舆论的"热词"。随着传统媒体和新兴媒体融合步伐的加快和融合程度的加深,复合型人才成了网络时代媒体的"香饽饽"。记者仅仅会采访、写稿件,已经远远不够,还得及时刷新知识系统,掌握必备的多媒体技能。

团队的融合:需具备"产品经理"意识。内容就是产品,平台就是渠道。宣传工作人员一定要具备非常好的产品经理意识，从选题到材料整合、从文字大小到行间距设置、从排版美化到推出时间，这些细节都要依据用户特点来进行针对性安排。在细致了解用户需求后，内容运营人员要对用户画像有清晰的认知，并由此开始对内容产品进行生产、包装、推广和分发。

国网浙江省电力有限公司融媒体中心内设处室4个，按科级管理，分别为策划协调处、全媒体采编处、媒体平台处、影视文化处。策划协调处主要负责工作机制、考核办法的制定，协调各处室相关资源，负责重大选题策划与指导，参与公司品牌管理和塑造工作。全媒体采编处负责公司各项重要工作、重要活动、重大事件、重要会议的新闻采写和加工，为公司各媒体平台和社会媒体提供原创内容。全媒体记者采集新闻素材包含文字、图片、音频、视频等，将素材加工成为各种形态的新闻半成品，由媒体平台处根据各自平台特点各取所需。全媒体采编处建立对接各业务部门和所属单位的分片包干责任制，原先企业的新闻宣传人员需转型为"一专多能"的全媒体记者。媒体平台处负责全媒体新闻产品在公司各媒体平台（内外网站、手机报、浙电e家）的分发。媒体平台处的编辑与传统编辑不同，需要对全媒体产品进行深加工，同时负责新闻产品的形式，形成适应各平台传播需求的表达方式。

（二）树立更敏锐的受众意识

以前，企业品牌传播是宣传多，传播少。如今，受众对媒体的选择性大大增加，如果还是高高在上地"我灌你受"，就会与民间舆论场相隔阂，让受众敬而远之。面对舆论引导的新形势，宣传工作人员不仅要从宣传为本转变到传播为本，而且还要实现受众为本的跨越。具体来说，宣传工作人员要遵循传播规律和舆论引导规律，不宜简单地把传播内容分成"正面"和"负面"，让传播观念从"屏蔽"转为"共享"；要注重用事实、数据、图表和细节说话，讲求受众相关性，强化吸引力、亲和力和感染力，有可靠的消息来源，善于将新闻故事化，摒除概念式语言等，着力实现"媒体舆论场"和"民间舆论场"最大限度的重叠与共鸣。

（三）树立更强烈的创新意识

提高宣传工作人员的创新意识可以归纳为求新求变，利用独特的思维和想法对待品牌传播。首先，信息收集工作需要多方面展开，一方面是传统的方式，通过人与人之间的沟通交流获得相应的信息内容，另一方面则是对数字技术的灵活应用，通过网络等方式了解当前的热点事件，提高相关专题栏目资料和信息的搜集水平。其次，还要依托数字化技术，对更多的门户网站予以关注，通过对信息的判断衡量其价值，结合自身的文字处理能力，文案策划形式，挖掘其可能产生的行业新模式。最后，作为宣传工作人员必须具有思维的发散性，具有事件的联想能力，具有狠抓事件的时效性的能力，需要通过数字化技术最快速地抓住热点事件，通过热点事件进行深度分析。

（四）树立更主动的学习意识

要充分利用各种网络信息获取手段，加强理论基础知识的学习，增强自身的新闻敏锐性，提升专业知识水平。可以利用的网络工具有客户端、微博、微信、网络视频等媒介，深入的研究学习时代潮流，按照当代标准完成新闻的编辑，按照媒体受众的审美要求，完成品牌传播的原创内容，增强内容的可读性和关注性。要提高对数据的收集，媒介发展方向的分析都有独到的见解，还有对不同媒介定位等都要有一定的见解。只要熟练地掌握网络编辑技能，就可以进行网络维护更新，页面布局，制作不同的版式网页，多样化视觉画面呈现效果，从多角度思维和配置内容。形成可供选择的各类型方案，学习掌握搜索条、全版导读、沟通互动等手段，利用现代化的技术操作手段办理各项事务，力求周全、准确、适度，避免疏漏和差错，保持良好高效率的工作状态，保证准确性和时效性。

二、"融媒体中心"为核心提升品牌传播能力

（一）创新体制机制，确立统分结合的工作格局

新传播生态下，品牌传播工作随之发生了改变，传统的工作模式已经无法适应当前的工作需要，融媒体中心的出现，使大量的信息、多元的内容、繁复的流程得以清晰化和条理化。国网浙江省电力有限公司在国网品牌传播中积极运用融媒体中心进行全媒体新闻采编系统实施项目管理，通过过程指导策划、提供资源支撑等为基层单位提供相关素材资源，推进公司媒体资源整合优化，督导和协助基层单位和县公司提高整体传播策划水平，加速品牌传播的省市县一体化协同创新，实现融媒体、差异化、多元化、多角度的立体展现，为国网品牌传播探索出一套"全攻略"。

坚持"统分结合"，确立工作格局。❶形成"一次采集、多种产品、多媒体传播"的工作格局。强调传统媒体和新兴媒体"融为一体、合而为一"，并不是把采编发各环节死板地"统"起来，当然也不能按媒体简单地"分"开来做，报、台、网、微、端各搞一摊。

坚持"全局意识"，明确工作流程。新型融媒体采编发网络的基本架构，一般由指挥调度中心、采编发联动平台、采访编辑技术各部门、各媒体总编辑室等方面组成。指挥调度中心是整个采编发网络的核心层，负责全社、全台各类媒体宣传任务统筹、重大选题策划、采编力量指挥。

坚持"机制创新"，设置组织架构。不断创新媒体内部体制机制。要按照新的业务流程调整机构设置、人员配备，破除采编部门间相互分割、自成一体的藩篱，破除传统媒体、新闻网站和新媒体采编发环节的壁垒，创新内部组织结构，建立采编分离、全媒体生产的运行机制。没有勇于担当、锐意改革的坚韧，是很难打开局面的。

（二）增强技能培养，打造全能型宣传工作人员

提升信息收集能力。信息收集能力是所有宣传工作人员的一项必备技能。相对于传统媒体的采访、调研等素材收集手段，新媒体的集材方式更为宽泛，可以包括网络信息筛选、数据信息分析与整合、文献资料整理等。需要强调的是，为了保证受众的阅读体验，新媒体内容人员的集材应当重点聚焦在新鲜、真实、有趣这三点上。不过，新媒体内容运营人员的信息采集必须要经过甄别和筛选两个环节。甄别即是对信息真伪的判断，在目前的媒体环境中，各个平台和渠道上都充斥着大量的假消息，这其中尤以微信平台中的朋友圈最为严重。此外，一些新媒体平台为了在内容推出上追求快速，也会在未经认真审核事实的情况下完成内容生产，这些虚假或失实消息都需要在甄别过程中被排除。此外，素材筛选也是新媒体内容生产的重点。

提升全媒体采编能力。媒介融合时代，全媒体播报成为媒体传播的新方式，有效确保了资源利用的最大化、媒介手段的多样化、传播效应的最优化。过去，宣传工作人员现场采访后只要发文字稿就行了，最多兼拍些照片。现在，他们要实现全方位的融合，不仅要发送文字报道和照片，还要发送音频、视频、链接等。因此，宣传工作

---

❶ 胡线勤. 加快媒体人融合转型刻不容缓. 中国报业，2017，04（上）：38-40.

人员要研究微信、微博等新媒体受众的年龄结构、兴趣爱好、阅读习惯，掌握新媒体传播形式的特点，如标题口语化、形象化、简洁化、亲近化，内容有干货、接地气、戳痛点，语言简洁、生动、形象，表现方式灵活多样，多用小标题、提示、图片、图表、漫画等，有效拉近与受众的距离，增加受众黏性。此外，还得熟悉传统主流媒体编辑的"老本行"——策划，特别是研究网友的"悦读"情趣和审美观点，精通制作标题、设计版式、搭配色块、美化网页等。

提升专业学习能力。媒介融合的"新"，并不简简单单是新旧的新，而是一种新思维、新平台和新渠道。宣传工作人员作为一个综合性较高的行业领域，需要坚持学习，快速掌握新的媒体形式和运作方法，才能让媒体和自身立于不败之地。在媒介融合中，宣传工作人员不仅要保留优良传统，还要顺势而为，掌握新技术和新传播特点，在媒介融合中寻找自身的定位，提升自身的职业能力和适应水平，同时结合专业培训，提高品牌传播能力和水平。宣传工作人员需要利用工作以外的时间研究专业技能，善于接受各种信息，运用各种各样的素材，用不同的视角进行借鉴比较参考，突出展现内容高度和思想深度，发挥出正确的舆论导向作用，满足媒体多种多样的要求，才能保证媒体在海量信息中脱颖而出。新闻宣传和品牌建设人员还要提高综合素养，丰富海量的知识，不断以高标准严要求，增进信息集成、来稿审核、组织策划等能力。经过不断学习积累经验，逐步加强专业知识水平，以便更好地满足新媒体时代的要求。

（三）拓展合作关系，形成高效互动的传播矩阵

内容渠道管理。品牌传播要持续地占领内容输出的阵地，扩大自有阵地的版图。

内容制作供应。有些渠道的内容供应一旦开始就不能停，比如微博微信等，一旦停止更新就等于宣告企业放弃了这个战场。

粉丝交流互动。企业里的"自媒体人"应该是对粉丝反馈最敏感的那个人，能第一时间发现大家在谈论什么。

建立合作关系。宣传工作人员要拓展与各相关方的合作关系，要与行业伙伴进行友好洽谈，积极融入各种圈子进行交流合作。

第九章
新闻宣传和品牌建设人员能力素质发展与未来展望

第一节   强化新闻宣传和品牌建设人员的品牌工作意识

一、法律和政治意识

（一）依法依规进行品牌传播活动

随着我国进入互联网时代，融入互联网的经济社会活动越来越多，参与互联网活动的人员、新媒体从业人员也越来越多，互联网及新媒体的影响越来越广泛。网络上是开放的、自由的，每个人都可以按自己的意图发布和接受信息。但网络不是法外之地，在虚拟面纱的背后，是一个真实的、让人无法摆脱的、纷繁复杂的大千世界。网络给品牌传播和社交活动提供了许多便利，同时也使品牌传播活动面临复杂的环境。依法依规进行品牌传播活动，就是要求宣传工作人员的言论和行动不仅要体现党的路线、方针和政策，更要符合宪法和法律的规定。依法依规进行品牌传播主要有两个方面。一是品牌传播工作必须依法进行，不能有违反法律的规定。宣传工作人员要自觉遵纪守法，维护法人和公民的法定权益，尊重他们的要求，采访等流程也要符合法律程序；二是要紧紧依靠法律做保障。宣传工作人员要善于运用法律来维护品牌的权益，对于网络谣言和恶意攻击，要及时启动预警程序，及时向有关部门进行举报。

（二）保持政治清醒坚定政治立场

新时代，世情国情党情的不断变化，媒体格局和舆论生态日趋复杂，引领社会、凝聚人心、推动发展的使命任务更加艰巨，品牌传播工作者要时刻保持清醒的头脑，不断强化自身的政治修养，明辨是非、分清黑白，始终保持政治上的清醒和坚定，对重大政治原则和大是大非问题，必须旗帜鲜明、态度坚定。

（三）加强法律法规和政策的学习

考虑到法制社会建设推进的现状，宣传工作人员必须严格遵守相关的法律和法规，要具备较高的法律修养，除宪法、民法、刑法、经济法外，随着我国加入世界贸易组织，国际法、外贸投资、金融保险、知识产权等诸多法律都应该成为宣传思想工作人员的必修课。同时，必须对国家的方针政策、党政决策机制有一定的了解，还要熟悉特定领域的相关知识。

（四）守住客观真实这条传播底线

真实是品牌传播的基础，也是品牌的核心要素。全媒体时代的来临，给人们带来了信息资讯的极大丰富，新闻的来源、渠道、内容、传播等都在日新月异地变化，当有了自媒体以后，人人都有麦克风，人人都是信息的传播者，而客观真实性作为品牌最为基本的属性，必须坚决守住。

二、开放和包容意识

（一）开放心态：接受新观念、具备全球观念

互联网的本质特征就是"开放"，网络时代全球信息资源共享，网络上是一个敞开的世界，每个国家、每个民族、每种文化都向世人敞开。一方面，要求生活在其中的媒体人必须具备开放心态，即及时更新自己的观念以适应新时代，先彻底放空适应传统媒体的旧观念，然后再植入适应互联网时代的新观念，唯有如此，才能真正具备新观念，才能保证新观念在实践中不走样；另一方面，要求宣传工作人员必须具有开放意识和全球观念，把观察问题和分析问题的视角从本地本国转向全世界。

（二）传受关系：互动、分享、交流、认同

媒体融合不只是新的信息传播技术的简单应用，它必将催生新的传播体系，实现传播过程中人与人之间的社会关系重构。从新闻传播的专业角度看，人类正在现代信息传播技术的推动下，经历一个传播关系嬗变的过程，从工业社会"一对众"的大众传播形态，转向以社会（社群）成员之间平等、分享为主要特征的社交化、网络状传播，这是自 1833 年第一家成功的"便士报"开创大众传播时代以来，人类社会传播关系的

最大变革。当代的传播关系是社交化、网络状的传播，是以平等主体之间的互动、分享、交流为主要特点的传播关系。在这种关系中，不存在哪一方是信息的前端和高端，而是主要体现为传播过程参与者作为平等主体之间的互动关系。这种新的传播关系较以往也有更大的活力、更强的黏性。比较微博和微信的发展路径，可以发现，微信的发展速度惊人，关键原因是它满足了朋友圈的平等互动分享的社交需要，这种关系更适合有知识、有文化的社会成员之间进行信息沟通。这种现象，不仅是技术发展的结果，也是社会关系演变的结果。因此，宣传工作人员要真正以平等的态度，处理好与其他信息传播参与者之间的关系，加强品牌传播与用户间的互动交流，吸引用户提供线索、素材和意见建议，提高用户的关注度和参与度，在互动中参与，在参与中传播。

（三）面对民意：理念上要认可、姿态上要倾听

网络的技术特征，不仅方便了网民的参与，更展示了网民的真实看法。民意在世界各国都受到高度重视，套用网络语言，不管你见或不见，民意都将存在。尽管网络意见纷杂，充斥着不同的声音，但宣传工作人员要以一种积极、开明、宽容的态度，来看待网络民意，并且对公众的声音快速进行梳理和分析，学会倾听民众的呼声，在此基础上，通过包括网络在内的诸多渠道，以网络回应、网络发布、媒体采访等诸多形式，与公众进行交流和沟通，争取公众理解和支持。

三、创新和学习意识

（一）创新的意识：不断学习、与时俱进、完善知识

网络时代形成全球信息市场，媒体竞争更加激烈，竞争舞台也从原有的区域性扩展到全球，品牌传播只有不断创新，才能赢得主动权，立于不败之地。选择学习就是选择进步。在知识、技术日新月异的今天，谁不与时俱进，谁就会落伍，就会被时代淘汰。过去一个人只要懂得了一门学科的基本知识就可享用一辈子，而网络时代知识总量不断增大也不断更新。因此宣传工作人员要有较强的文化素养，只接触新闻相关的知识是不够的，要广采博集，应该成为知识广博的"杂家"，需要具备全面立体的知识结构，对不同领域涉及的各种专业知识都要通晓，在经济、政治、文化、法律、科技、社会和国际等方面全面提升，拓宽自身的知识视野，才能以高质量的内容吸引读者。

（二）实验的精神：尊重试错、鼓励创新、主动革新

近年来，随着中央强调创新驱动战略，一个新词"试错"备受青睐。试错是一个很重要的过程，往往需要通过试对和试错这两种方式去找到勇气和智慧的结合点。试错的基本思想是人们在追求某一目标时，可以通过不断尝试消除误差，从而到达成功的彼岸。我国的改革进入深水区，要啃硬骨头，许多工作没有现成的经验，创新就显得特别重要，而试错常常是创新的前提。宣传工作人员要用实验的精神和态度迎接变革的来临，实验精神的核心不在于成败，而是一种面对未来的态度，是严谨的、科学的、勇于实践的态度，是敢于失败，忠于实践的态度，态度为变革赢得主动。

四、人文与责任意识

（一）担负品牌传播的社会责任

在新媒体突飞猛进发展的当下，宣传工作人员既要保持信息传播的基本功能，同时也要适应新媒体时代发展的特征，担负起品牌传播中的社会责任，决不能忽略道德准则和真实可靠的原则，要以"传递品牌价值，推动社会发展"为使命，担当起品牌传播应该承担的社会责任。

（二）提高品牌传播的公信力

移动互联网已经深入我们的生活和工作，并在诸多方面改变和改善我们的生活和工作形态，新媒体已经成为传播主流意识的重要渠道。在移动互联网时代，宣传工作人员失去了第一时间掌握信息的优势，社会中不乏拥有收集数据能力的人才和社会团体，且为数众多的自媒体能随时随地捕捉信息焦点并进行新闻发布，且产生巨大的社会影响力，这对传统媒体人是一个不小的冲击与挑战。因此，提高品牌传播的公信力，是每个宣传工作人员不应忘记的义务。

第二节　提升新闻宣传和品牌建设人员的专业技能素质

新传播生态下的品牌传播，与历史上各个时代对媒体人的要求都不同，不仅需要

宣传工作人员"眼观六路耳听八方",还需要具备高超的职业素养、媒介素养和社交素养;既要有相当水平的业务能力,还要有相关领域的素养。

一、融合四种议题的能力素质

(一)"四种议题"的构成

宣传工作人员要努力将以下"四种议题"有效融合、在品牌传播中强调价值分享。

公众议题:目前的公众议题更多的是涉及个体、企业等大众的、具有群众性与普遍性的公共问题,这类问题往往能引起大众热议。

媒体议题:媒体主宰公共议题的时代已一去不复返,媒体议题越来越偏向迎合公众的口味,能够被持续追踪和再发现的公众议题是媒体最为关注的。

企业议题:"公民化"倾向强调了企业作为"公民"应承担的社会责任,新媒体环境使企业时刻被公众关注。目前,以"社会责任"为主的企业议题逐渐成为企业平衡媒体、公众的主要手段。

政府议题:主要集中在报道民生成就,尽量避免介入媒体、公众与企业的多方纷争。运用"议题管理"传递企业"想传播"的信息,与利益相关方进行有效价值分享。

(二)"四种议题"的关系

企业议题之所以会被社会公众所关注,是因为和公众的切身利益有关系;之所以会被媒体所关注,是因为被公众关注、具有矛盾呈现和深入挖掘的特点;之所以会被政府所关注,是因为关乎百姓民生,道出了政府想倡导的社会治理思想。目前来看,企业特别是自然垄断企业将履行社会责任的信息作为四种议题的契合点是最佳选择。

二、快速自我更新的能力素质

(一)跨学科:学习各领域知识

当今社会,信息知识大爆炸,知识更新换代速度加快,新事物不断涌现,新学科相继建立,互联网、大数据、云计算、物联网等成为最新的知识领域。要做一名合格的宣传工作人员,仅有对工作的责任心和勤奋,以及敏锐感等基本素养,已经远远不能满足复杂的工作需求,创新意识和学习能力必不可少。这就要求宣传工作人员不仅要有深厚的文化底蕴,还应不断开阔眼界,积极主动地接纳和学习新事物,更新知识结构，将终身学习作为提高媒体从业能力的重中之重。从企业的角度具体来说，一是要有针对性地组织媒体从业人员参与学习和培训，不断提升自身知识储备和综合素质，完善宣传工作人员的知识结构，培养全能型人才；二是要通过量才用人的方法，把人员调配到适合的专业对口岗位，边工作边学习边提高，通过强化"干中学"来把握最新趋势，逐渐建设和培养一支素养深厚、具备梯次的媒体从业人员队伍❶；三是要关注报纸、电视等传统媒体发布的各类消息，及时了解网络、自媒体等新媒体上出现的各种内容和相关技术，保持对新知识的敏感，广泛吸纳新鲜事物，尽可能地做到与时俱进，紧跟时代潮流；四是要克服因循守旧，不满足已有成绩。勇于否定自我，改变原有的工作思路、工作方式，开创自己的新优势；敢于怀疑权威，打破常规，以新的方式或角度提出问题，以多元化的思路和角度解决问题❷。

（二）跨领域：提升综合竞争力

在当前产业融合的大趋势下，跨界已经成为各行各业成功融合的最佳方式，传媒业自然也不例外，无论是百度、阿里巴巴、腾讯等互联网巨头，还是万达、恒大等地产巨头都在积极践行跨界。宣传工作人员同样需要通过跨界来培养自己的综合竞争力。

三、有效连接用户的能力素质

（一）人与人的连接：互联时代最重要的是连接方式

如今互联网连接一切，包括人与人的连接（社交媒体）、人与物的连接（智能穿戴）、物与物的连接（物联网），这其中最重要的就是人与人连接方式的改变，这种改变打破了旧有的媒体形态。传统媒体通过报纸、广播、电视等载体，把内容传递给受众，在内容与受众之间，受众只能与内容实现单向度的连接，缺乏受众之间的相互连接。社交媒体的兴起，带来了裂变式的连接互动，这种互动过程本身就是传播过程，每一个节点都同时拥有接收和传播的功能。在新的连接形态下，受众通过内容相互连接在了一起，交流对内容的看法观点，成了用户的深度社交行为。用户对品牌传

---

❶ 《传统媒体的坏时代，是有"自生能力"媒体人的好时代》，见钛媒体，2014 年 11 月 11 日.
❷ 王艳.编辑从业者基本素质研究.中国报业，2015，01（下）：48-49.

播内容的观点交流，直接与用户的思想深度和价值观相关，从而真正实现了精神上的交流。

（二）品牌传播实质：重视粉丝价值并不断实现共鸣

新传播生态下如何迅速培养自己的忠实粉丝，成为品牌传播不得不面对的现实。传统的企业传播主要依靠广告宣传，而移动互联网时代，用户一方面排斥来自官方的各类广告宣传，另一方面却心甘情愿为自己喜爱的品牌做免费的宣传员。经营好粉丝成为企业品牌营销的关键，要让有血有肉的情感躯体心甘情愿地为品牌做传播，必须要打动他们。而如何打动粉丝，实现与粉丝的良性互动，就需要企业品牌传播要有个性、有情怀、有格调，不断与粉丝实现情感共鸣，只有这样才能发挥粉丝价值，成为品牌的拥护者。

（三）品牌传播方法：做好用户定位以聚焦品牌传播

品牌传播不仅主体多元，其客体的构成成分也较为复杂，呈现出数量庞大、分布广泛、利益诉求多样化的特征。就社会中的每一个成员而言，不同成员间存在各种差异，如年龄差异、性格差异、兴趣爱好差异、职业差异、受教育程度差异、文化背景差异等，决定了不同客体对企业所传播的信息、观念往往持有不同的态度。而处于移动互联网时代，受众更是分散在网络的各个角落，分散在论坛、微博、微信等各种各样的圈子里，企业品牌传播力如何聚焦成为企业共同的课题。宣传工作人员首先要明确宣传公关对象，进行准确的受众定位，包括受众区域定位、职业和身份定位、年龄定位、文化教育程度定位等，这是开展品牌传播工作的第一步和重要依据。只有明确了受众定位，企业品牌传播才能有的放矢，针对不同的受众，采取不同的工作方法、工作手段，在合适的传播阵地，通过不断的情感输送进行有效的粉丝互动，从而实现企业品牌传播的最终目的。

四、创新品牌传播的能力素质

（一）抢占传播的制高点，讲好企业品牌故事

要围绕中心、把握主线、因势应时，找准传播切入点、着力点和有利时机，解决好"说什么""怎么说""什么时候说"的问题，抢占传播制高点。讲好改革创新故事，坚持传统媒体与新兴媒体传播并举，国内和国际传播兼顾，运用重要著作、新华社内

参、央视访谈等高端媒体平台，组织开展重大主题传播。策划重大传播事件，讲好企业发展故事，增进发展共识、体制机制创新共识、深化改革共识、国际化战略共识。深化价值理念传播，强化社会表达，进一步强化企业核心发展理念。

（二）加强企业品牌管理，完善舆论引导体系

对内，要健全外联品牌工作体系，深化资源整合，形成彰显企业品牌形象的强大工作合力。深化集团化运作，强调重大活动的整体策划、上下联动、协同实施，增强各单位主动配合省公司开展工作的能动性、创造性，发挥好各单位的智力优势、资源优势和传播优势，持续提升集团运作整体效能。对外，要积极争取主管部门工作支持，严格落实媒体关系属地化管理要求，强化第三方话语权建设。做好闭环管理协同处置，完善事前风险预防、事中协同处置、事后提升管理的工作流程，实现舆情收集、研判、报告、处置、修复闭环管理。加快省公司舆情监测系统的应用，在有条件的地市级企业开展试点推广。组织跨区、跨省突发事件协同处置应急演练，强化对直属单位、地市和县级供电企业舆情处置工作指导。

五、参与社交活动的能力素质

（一）与各类媒体打交道的能力

在当今高度商业化和媒介化的社会中，对新闻媒介的合理运用是新闻宣传和品牌建设成功的关键。新闻宣传和品牌建设人员与新闻媒体的合作主要在以下几方面展开。第一，发布企业信息；第二，制造舆论热点，进行议程设置；第三，开展新闻宣传；第四，应对突发事件。这些工作内容都是新闻宣传和品牌建设工作中的重要内容，也是企业组织实现新闻宣传和品牌建设目标的主要工作手段。良好的媒介关系有利于形成针对企业的良好公众舆论。因此，新闻宣传和品牌建设人员应具备与媒体打交道的能力。

（二）与社会组织打交道的能力

企业需要与其他社会组织之间建立和保持良好的沟通，它是企业生存发展的重要保障和前提条件。企业各项活动的开展都必须依赖社会中其他相关组织和部门通力配合，从其他社会组织中获取指导、帮助以及支持。在各类社会组织中，企业宣传公关人员尤其要注意与政府及其各职能部门打交道的能力。企业与政府保持良好关系的目

的在于，争取政府及各职能部门对企业的了解、信任和支持，从而为企业的生存和发展争取良好的政策环境、法律保障、行政支持等。

（三）与社会公众打交道的能力

公众是新闻宣传与公共关系传播沟通的对象。公众的态度和行为直接影响到企业的目标、决策和行动，离开了公众，新闻宣传和品牌建设活动就失去了意义。因此，任何企业的宣传与公关人员应具备与社会中各种类型的公众打交道的能力，尤其是与企业的目标公众对象进行沟通交往的能力。一般来说，企业的性质、类型不同，其目标公众对象也不完全相同，但不管是哪一种性质的企业都应重视与以下类型社会公众的交往。一是意见领袖。意见领袖在信息的二级传播中往往扮演着中继和过滤作用，对大众传播和新闻宣传目标的实现产生重要影响。新闻宣传和品牌建设人员在社会交往过程中，尤其要重视与社会中这些特殊公众群体的交往，它往往能起到以点带面、事半功倍的效果；二是社会名流。社会名流尽管数量有限，但对传播的影响力巨大，能在舆论中成为焦点。新闻宣传和品牌建设人员应重视与这些身份地位特殊的社会公众的交往，善于利用这些名人的社会声望和关系网络扩大组织传播的影响力；三是国际公众。随着中国改革开放的不断推进，中国企业组织走出国门，在国外开展各种活动的机会越来越多，与此同时，越来越多的国外公众来到中国，他们会把在中国的所见所闻所感带回他们的国家，成为传播中国文化和企业形象的使者。

第三节　加强新闻宣传和品牌建设人员的国际传播能力

一、企业"走出去"需要国际传播能力保障

（一）中国企业不断加大走出国门的力度

"一带一路"倡议为中国企业走向世界提供了有力的支持和平台。近几年来，中国企业，在"一带一路"倡议和"走出去"战略的引领下，开始大胆走出国门，在世界各地进行投资，开展各类经济合作。中国的国家形象、企业形象、国民形象在经济合作的过程中被更加直接而生动地展现在世界各国人民面前。国家电网有限公司不断巩固由亚洲至欧洲的电力基础设施建设，通过供电支撑中国企业在希腊、欧洲以及非洲

经济社会发展中的作用，同时还积极进军巴西，在拉美拓展业务。自 2009 年首次涉足海外以来，国家电网有限公司在海外的累计投资金额已经突破 210 亿美元。

（二）企业走出去和品牌文化传播紧密相连

中国企业将中国的文化、价值观、风俗传统等一起带到世界各地，这是对外传播在经济活动中潜移默化地进行文化传播的方式。蕴含在经济活动中的文化传播也是我国对外传播战略实施的重要内容，现代传播体系的建立也将促进这种传播活动的开展。企业的"走出去"会和品牌文化的"走出去"紧密连接起来，而文化"走出去"更加深入，更能够传播当代中国的价值观念，分享中国文化和谐理念，创造能够影响世界文明进步的中国形象、中国故事、中国创造、中国思想、中国精神❶。

二、国际品牌建设为核心加强国际传播能力

（一）打通企业内部资源和渠道的整合能力

在世界经济一体化、信息传播全球化、传播媒介多元化的今天，企业战略传播作为一个着眼长远和全局的传播理念，已经成为传播学研究的一个重要分支。常态化、长期化的海外传播战略，其内核就是建设国际一流品牌。部分央企高管已经认识到传播就是生产力的重要意义，认为海外战略传播大有可为，从制度建设来看，要以前瞻性的顶层设计，将海外传播战略作为企业战略规划中的重要组成部分，成立由"一把手"负责的领导小组，将广告、宣传、公关等部门和资源提升到战略高度并加以整合，通过战略规划和风险预测，运用媒体传播、公关活动、危机应对、公共外交等手段，为央企海外发展创建良好舆论环境，营造有利于企业长期稳定发展的运营环境，减少和避免冲突及危机的发生发展，展现和提升央企整体实力和形象，确保品牌在传播内容和外在形象上的一致性。其不仅包含了媒体传播、群体沟通及营销活动，还涉及构建和谐社区、维护媒体关系等行为，通过与所在国及地区在政治、经济、社会等一系列长期重大问题上取得共识，为自身在当地的长远发展赢得社会各界的支持。

央企海外战略传播具有整合性，即以统一的指导思想和战略目标，将各种传播手段协调一致、紧密配合，持续发出统一的声音，展示统一的形象。其具有目的性，即

❶ 文化走出去路子闯出来．人民日报 2016 年 9 月 24 日，第 01 版。

以企业形象塑造、企业身份构建、公众态度转变及公众价值认同为目标，使央企与公众结成相互信任的关系，处于和谐发展的状态；具有平衡性，即双向平衡对称交流，一方面要把企业的想法和信息向外界进行传播和解释，另一方面将外界的意见和反馈向企业进行传达和阐述。❶

（二）内宣工作与外宣工作一体化统筹能力

在国际交流日益频繁、网络媒体高速发展的今天，国际公众和国内公众之间、国际舆论和国内舆论之间已经有了越来越深刻的交互影响，对内传播和对外传播的鸿沟和隔阂正在被打破。以习近平为代表的新一代领导集体认识到这方面问题的重要性，提出了"切实推动内宣外宣一体化发展"❷，在传播的理念、目标、手段等方面，要打通内外，并要重视国内外公众和舆论之间的相互影响。在2013年宣传思想工作会议上，习近平指出"宣传思想工作一定要把围绕中心、服务大局作为基本职责……做到因势而谋、应势而动、顺势而为……正面宣传为主……弘扬主旋律，传播正能量……动员各条战线各个部门一起来做"❸。对外传播需要承担巨大的社会历史责任，根据国内外的舆论形式调整战略、策略，对外传播的发展机制需要多部门联合作业，这也是现代传播体系建立的基本条件。

（三）运用理性传播和感情传播的协调能力

在企业品牌的国际传播活动中要重视多角度、复合式地进行工作部署。要在多方位出牌上下功夫，要重视打"事实牌"的人员部署，也要做好打"理性牌"和"感情牌"的人员安排。要打好"事实牌"，需要有能到现场开展报道工作的资深精锐队伍，队伍成员需要有不同领域的特长。此外，还要为打好科学的"理性牌"做好人员准备。这既需要知名专家的参与，又需要有接受过良好科学教育的记者的投入。❹

❶ 袁胜，许清茂.国外企业战略传播研究的启示.青年记者，2015年第29期：92.
❷ 为改革发展提供强大精神动力——二〇一四年宣传思想文化工作综述.人民日报，2015年1月5日：01版.
❸ 胸怀大局把握大势着眼大事努力把宣传思想工作做得更好.人民日报，2013年8月21日：01版。
❹ 黄河.重大事件国际传播的人员部署战略研究——以纽约时报西非疫情传播活动为例.对外传播，2017，03：40.